华中科技大学文科学术著作出版基金资助

去工业化的发生机制及影响研究

杨成林 著

Qugongyehua De Fasheng Jizhi
Ji Yingxiang Yanjiu

中国社会科学出版社

图书在版编目（CIP）数据

去工业化的发生机制及影响研究/杨成林著 . —北京：中国社会
科学出版社，2015.10
ISBN 978 - 7 - 5161 - 6486 - 0

Ⅰ.①去…　Ⅱ.①杨…　Ⅲ.①产业结构—影响—经济发展—
研究—世界　Ⅳ.①F113.1

中国版本图书馆 CIP 数据核字（2015）第 152711 号

出 版 人	赵剑英
责任编辑	刘晓红
责任校对	周晓东
责任印制	戴　宽
出　　版	中国社会科学出版社
社　　址	北京鼓楼西大街甲 158 号
邮　　编	100720
网　　址	http：//www.csspw.cn
发 行 部	010 - 84083685
门 市 部	010 - 84029450
经　　销	新华书店及其他书店
印　　装	北京君升印刷有限公司
版　　次	2015 年 10 月第 1 版
印　　次	2015 年 10 月第 1 次印刷
开　　本	710×1000　1/16
印　　张	12.75
插　　页	2
字　　数	239 千字
定　　价	48.00 元

凡购买中国社会科学出版社图书，如有质量问题请与本社营销中心联系调换
电话：010 - 84083683

目　录

导　论

自 20 世纪 50 年代以来，西方发达国家先后经历了工业，特别是经济制造业的产出和就业份额不断下降的现象。作为一种理论上的回应，一些社会学家和未来学者认为，这是人类社会从工业社会向后工业社会的演变过程，是经济不断走向高级化的过程，其中，最为著名的是社会学家丹尼斯·贝尔，他在一系列研究的基础上，于 1973 年出版了著名的《后工业社会的来临》。自此，去工业化逐渐走进了人们的视野，并由此引起了学术界的注意。

然而，在这些学者看来，去工业化是一种积极的经济现象，尽管在 20 世纪 80 年代的美国不断有质疑其产业空洞化的声音出现，并提出相应的"再工业化"政策。但从总体上看，主流的声音认为，去工业化是一种积极的，而不是消极的现象。也就是说，以服务业，而不是以商品生产为中心的经济是经济社会向高级发展演变的必然趋势。但是，情况确实如此吗？或是服务业何以能够成为经济运行和增长的基础呢？我们提出这样的疑问。当然，答案是否定的。尽管经济社会的发展有转向服务化的倾向，但工业制造业仍然是经济运行和增长以及创造财富的基础，而服务业的发展是为工业制造业服务的，或者说，制造业是服务业的基础和需求来源。

在卡尔多看来，工业经济中的制造业是经济增长的核心动力。而在古典经济学家看来，制造业不仅是增长的核心动力，而且是财富和价值创造的基础和来源。[①] 事实上，资本主义在过去几十年来的经济发展，特别是 2008 年的经济金融危机以及新近发生的主权债务危机，都在经验上证明了工业制造业在经济中的基础和核心地位，从而否定了服务业，特别是金融业和房地产业作为经济运行和增长的基础和核心地位。这也是欧美发达

---

① 事实上，卡尔多对制造业是经济增长核心动力的分析遵循着古典经济分析的传统。

国家再次提出经济"再工业化"的要义之所在。显然，在关于经济去工业化的"好与坏"的价值判断上，去工业化是消极的，而不是积极的。去工业化使经济丧失了运行和增长以及财富和价值创造的基础和核心动力。另外，如果去工业化是一种积极意义上的经济发展的必然趋势，那么为什么很多发展中国家和地区会发生工业制造业过早衰落，从而出现了消极的早熟去工业化呢？总之，无论在理论上，还是在实践上，工业，特别是制造业仍然是经济的基础和核心动力所在。

尽管如此，主流的西方经济学界仍然认为，经济的去工业化是一种积极意义上经济发展的"特征事实"，这不仅是意识形态使然，即资本主义是人类经济社会发展的最优制度，而去工业化是这一制度向更高级演变的必然趋势，而且也主要体现在对去工业化的传统解释上，即去工业化是经济的内因，如劳动生产率的提高等因素的结果，即使国际贸易和对外直接投资等外部因素也对去工业化产生了影响，但这些影响相对于内部因素是较小的，甚至可以忽略不计。然而，显而易见的是，这些解释根本没有触及经济去工业化的深层原因，与此同时，关于发展中国家和地区的早熟去工业化的解释也同样如此。这是因为，如果去工业化是一种积极的经济现象，那么去工业化不会给出现去工业化的发达国家以及出现早熟去工业化的发展中国家，造成经济上的种种困难。① 换句话说，仍需要在前人研究的基础上对经济的去工业化现象进行进一步的思考、探索和系统性的分析，并以此为基础探求去工业化的发生机制和根源。这既是理论探索本身对我们提出的要求，又是理论研究本身的魅力所在。

经济的去工业化是经济发展的"特征事实"，但这一"特征事实"绝不是传统观点所认为的积极的"特征事实"，对发达国家如此，对欠发达国家和地区更是如此。从现有的发生去工业化的国家和地区看，经济的去工业化是一种普遍的经济现象。任何国家和地区都必然要经历经济的去工业化进程，其或是如发达国家在实现工业化和现代化后出现的去工业化，或是如发展中国家和地区出现的早熟去工业化。对已经发生去工业化的国家和地区而言，如何获得"再工业化"政策的成功，或重塑工业制造业在经济中的基础和核心地位，是当务之急；而对于尚未发生去工业化，或

---

① 这种经济上的困难除了包括工厂关闭、失业和贫困增加等现象以及使出现这一现象的国家和地区丧失经济基础外，还包括与经济的去工业化进程相关的其他经济困难，如一个国家和地区的经常项目赤字、全球经济失衡以及虚拟经济的过度膨胀等问题。

是已经存在去工业化迹象的国家和地区而言，如何避免经济去工业化的发生则是保持经济稳定健康发展的重中之重。但是，所有这一切都需要建立在对经济去工业化的发生机制和根源的深刻了解的基础之上。而这也是我们对经济去工业化这一主题进行研究的基本目的之一。总之，无论是在理论上对去工业化现象进行探索，还是以此为基础在实践上对经济社会发展进行指导，都需要我们对经济的去工业化现象进行进一步的研究。

第一章 工业化的内涵及意义

从历史上看，工业化一直是经济社会发展的中心内容。为什么各个国家都要实现工业化？有一些因素，如需求变动和技术变革，是所有的国家所共有的。但是，诸如资源禀赋和经济政策等其他一些要素，各国则不尽相同。尽管各国间存在这样的共性和差异性，但推进工业化进程仍然是一个国家和地区经济社会发展的必经阶段，因为，现代经济增长和发展的历史表明，从传统农业社会向现代工业社会的转型和变革是经济社会不断向前发展的基本特征。而这一转型和变革的核心推动力量就是经济力，即通过推进工业化进程所获得的现代工业生产力。

与工业化一样，去工业化作为经济发展的"特征事实"，是世界经济历史自然演进的结果。这样的论断在"后工业论者"那里是被格外强调的。但去工业化与工业化一样，作为动态的历史进程，其背后的推动因素也有特殊性和例外。此外，更为重要的是，经济的去工业化与工业化作为历史进程的不同发展阶段，呈现出纵向的前后相继和横向相互交错的特征，这是二者关系的基本要义所在。

具体而言，我们可以从以下两个方面对二者的关系加以理解：首先，在国别范围内，主权国家在经历经济工业化（以发达工业化国家为主）进程后，普遍发生经济的去工业化。即使一个国家某个地区的工业化是以其他地区的去工业化为代价，但主权国家在总体上也经历了经济的去工业化进程。其次，落后和欠发达国家和地区的发展也要求这些国家和地区实现工业化，也就是说，在一些国家经历去工业化的同时，新的工业力量，特别是制造业力量不断地加入世界经济，并成为世界经济中新的工业制造业生产能力。[1] 因此，从工业化和去工业化的动态关系角度看，在对经济

---

[1] 即使落后国家实现工业化背后的推动因素不同，如工业化可能是产业政策的结果，也可能是国际产业转移的结果，或是一系列因素共同作用的结果，但实现经济的工业化是最终的目的。

的去工业化进程进行系统的分析之前，有必要对工业化的一些基本问题，特别是工业化对一个国家或地区经济社会发展的意义和作用等几个方面的问题，进行必要的梳理和回顾，以便在经济发展的动态进程中更好地理解经济的去工业化进程。

第一节　工业化的内涵及标志

一　工业化的内涵

工业化首先是一个过程，是人类社会由传统的农业社会向现代工业社会的转变过程，是人类社会发展的中心内容，是现代化的核心内容。这是迄今为止大多数学者在工业化含义上达成的基本共识。尽管存在这样的共识，不同的学者还是从不同的角度对工业化的内涵进行了界定，因此，既有学者从资源配置和经济结构转变和生产方式变革的角度去界定工业化，也有学者从狭义和广义的角度去区分工业化。其中有代表性的关于工业化的概念主要有以下几种：

1. 从资源再配置和经济结构转变的角度界定工业化——狭义的工业化。库兹涅茨（1989）认为，工业化就是产品的来源和资源的去处从农业活动向非农业生产活动转移的过程。巴格齐在《新帕尔格雷夫大辞典》中也对工业化的内涵进行了界定，其主要体现是："首先，一般来说，国民收入（或地区收入）中制造业和第二产业的占比提高了，或许因经济周期造成的中断除外；其次，在制造业和第二产业就业的劳动人口的比例也有增加的趋势。在这两种比率增加的同时，除了暂时的中断以外，整个人口的人均收入也增加了"。[①]

2. 工业化是社会生产方式的变革——广义的工业化。著名发展经济学家张培刚先生以这种方式对工业化的概念做了界定。早在20世纪40年代中期，他在其博士学位论文《农业与工业化》中将工业化定义为："一系列基要的（Strategical）生产函数连续发生变化的过程"，40余年之后，他在原有工业化定义的基础上，进一步地增补了工业化的概念，即"工业化是国民经济中一系列基要的生产函数（或生产要素组合方式）联系

---

① 《新帕尔格雷夫大辞典》（第2卷）（中译本），经济科学出版社1992年版，第861页。

发生由低级向高级的突破性变化过程"。① 工业化是一场包括工业发展和农业改革在内的"社会生产力的变革","是社会生产力的一场带有阶段性的变化"。② 他同时强调,工业化具有非常丰富的内涵,不仅包括机器大工业代替手工劳动的机械化,而且也包括以技术革新为特征的农业的现代化、生产组织和国民经济结构各个层次相应的调整和变动。

3. 其他定义。钱纳里(1996)对工业化的定义则有所不同。他认为,"工业化是指以不同的要素供给组合去满足类似的需求增长格局的一种途径"。这是一种对工业化的更加抽象、难以理解的概括,但却似乎更有概括性,毕竟,工业化作为一个历史范畴,各国的演进路径各不相同。③ 刘易斯的二元经济发展理论认为,发展中国家的工业化将农村的剩余劳动力源源不断地吸收到城市,因而工业化过程也就是农村的城市化过程。④ 也就是说,工业化过程的主要特征是农业劳动力大量地转向工业,农村人口大量地向城市流动和转移,最终,城镇人口超过农村人口。

工业发展是工业化的显著特征之一,但从工业化内涵和内容看,工业化绝不能狭隘地理解为工业发展。在这一过程中,工业发展绝不是孤立进行的,而总是与农业发展和服务业发展相辅相成的,总是以贸易的发展、市场的扩大和产权制度的建立以及完善等为前提和依托的。换句话说,工业化有着非常丰富的内涵,它代表了全面的经济社会发展和转型,这种发展和转型既包括宏观经济结构的演变、中观工业内部结构的转变,也包括生产组织方式和生产要素组合方式的变革,在更为宽泛的意义上,还包括以上述动态方面为基础的制度变革、文化发展以及人们意识的改变等经济社会方方面面的变化。

然而,一般而言,西方经济学家对工业化的阐述,大多偏重于从产业结构转变的角度去界定工业化,即第一、二次产业间的结构转变,其理论的潜在逻辑是工业化的过程就是产业结构"高级化"或"成熟化"的过程。具体而言,工业化一般是指第二产业(特别是工业和制造业)的增

---

① 张培刚:《发展经济学通论:农业国工业化问题》(第1卷),湖南出版社1991年版,第191—192页。

② 同上。

③ 徐险峰:《论以信息化带动工业化》,西南财经大学出版社2006年版,第10页。

④ 实际上,钱纳里、库兹涅茨、巴格齐和刘易斯等对工业化内涵的界定具有相似之处,只不过是通过不同的视角反映工业化进程中资源流动和经济结构转变的动态特征。

加值在国民收入中所占比重逐步提高，第二产业（特别是工业和制造业）就业人数占总就业人数的比重持续上升的过程。

不难看出，不同的学者根据自己对工业化进程的理解，分别从微观、中观和宏观的视角对工业化的内涵进行了界定，但尽管如此，在这些定义中，仍然可以找到某些共同的特征，即这些定义大多都是围绕着工业制造业在国民经济中地位和作用的上升而展开的，或者就是以此来界定工业化本身的内涵。因此，从这个视角出发，工业化可以被定义为，工业在国民经济中地位和作用的上升过程以及与之相伴随的一个国家或地区从传统的农业社会向现代工业社会转变的经济社会发展的全面转型和变革进程。

二　工业化的程度、阶段和标志

既然工业化是一种过程，那就必然要对这个进程的进度和阶段做出合理的判断，这就产生了对工业化具体进展阶段进行测度的问题。在工业化进度问题上，有学者已经提出诸如工业化率的概念来反映一个国家或地区具体的工业化程度。[①] 而在工业化阶段划分的问题上，比较常见的划分方法是将整个经济发展过程分为三个主要阶段，即前工业化阶段、工业化实现阶段以及后工业化阶段，其中，工业化实现阶段又分为工业化初期、工业化中期和工业化后期。例如，钱纳里和塞尔奎因将经济发展过程分为三个阶段，即准工业化阶段（初级产品生产阶段）、工业化实现阶段（包括工业化初级、中级和高级阶段）和后工业化阶段。[②] 在第一个阶段，农业等初级产品的生产占据统治地位；在第二个阶段，初级产品的生产份额大幅下降，社会基础设施和制造业份额上升，并弥补了初级产品份额的下降，与此同时，服务业的份额几乎不发生变化；在第三个阶段，工业制造业份额逐渐下降，而服务业份额则趋于不断地上升。

尽管学者们发展了很多衡量工业化阶段的指标，但一般而言，国际上较为通用的衡量工业化程度的经济指标主要有以下几种：一是由人均生产总值（人均 GDP）所代表的经济发展水平；二是工业化率，即工业增加值占全部生产总值的比重；三是三次产业结构；四是就业结构在时间过程

---

① H. 钱纳里等（1995）提出，工业化程度一般可以由国内生产总值中制造业份额的增加来度量。

② 准工业化是处于发达国家（工业化国家）和发展中国家（非工业化国家）中间地带的国家。关于准工业化的确定方法以及处于准工业化阶段国家所采用的经济发展战略的详尽论述，详见 H. 钱纳里等（1995）有关的论述。

中的变化；五是城市化率，即城镇常住人口占总人口数的比重；六是制造业增加值占总商品增加值的比重。工业化进程的阶段划分以及判断工业化阶段的不同经济指标的标志值见表1-1。

表1-1 不同工业化阶段的标志值

基本指标	前工业化阶段（1）	工业化实现阶段			后工业化阶段（5）
		工业化初期（2）	工业化中期（3）	工业化后期（4）	
1. 人均GDP（经济发展水平）					
（1）1864年（美元）	100—200	200—400	400—800	800—500	1500以上
（2）1995年（美元）	610—1220	1220—2430	2430—4870	4870—9120	9120以上
（3）1996年（美元）	620—1240	1240—2480	2480—4960	4960—9300	9300以上
（4）2000年（美元）	660—1320	1320—2640	2640—5280	5280—9910	9910以上
（5）2002年（美元）	680—1360	1360—2730	2730—5460	5460—10200	10200以上
（6）2004年（美元）	720—1440	1440—2880	2880—5760	5760—10810	10810以上
2. 三次产业结构（产业结构）	A>I	A>20%，且A<I	A<20%，且I>S	A<10%，且I>S	A<10%，且I<S
3. 制造业增加值占总商品增加值的比重（工业结构）	20%以下	20%—40%	40%—50%	50%—60%	60%以上
4. 人口城市化率（空间结构）	30%以下	30%—50%	50%—60%	60%—75%	75%以上
5. 第一产业就业人员占比（就业结构）	60%以上	45%—60%	30%—45%	10%—30%	10%以下
6. 工业化率	20%以下	20%—40%	40%—60%	60%以上	

注：①1864年与1996年的换算因子为6.2，系郭克莎（2004）计算；1996年与1995年、2000年、2002年、2004年的换算因子分别为0.981、1.065、1.097、1.162，系笔者根据美国经济研究局（BEA）提供的美国实际GDP数据推算；A、I、S分别代表第一、第二和第三产业增加值在GDP中所占的比重。

②制造业增加值占总商品增加值的比重，简称科迪指标。由科迪等（1990）提出，用以度量一个国家或地区的工业化水平。其中总商品增加值包括农业、林业、渔业、矿产业、制造业、建筑业、电力及其他公用事业等的增加值。

③笔者对此表亦有补充。

资料来源：转引自陈佳贵、黄群慧著《中国工业化与工业现代化问题研究》，经济管理出版社2009年版，第78—79页。

除了上述衡量工业化阶段的指标外，在工业化阶段划分的问题上，W. 霍夫曼在 20 世纪 30 年代初提出了著名的工业化阶段论，即工业化划分的四个阶段说。霍夫曼通过设置霍夫曼比率来确定一国所处的工业化阶段。在经验分析的基础上，他根据 20 多个国家的时间序列数据分析发现，尽管各国的工业化阶段在时间上有早有晚且发展水平各不相同，但都表现出一个共同的趋势，即伴随着一国工业化进程向前的推进，霍夫曼比率呈现出不断下降的趋势，这就是著名的"工业化经验法则"或"霍夫曼定理"（如表 1 - 2 所示）。[①] 霍夫曼比率如下式所示：

霍夫曼比率 = 消费品工业净产值 / 资本品工业净产值

表 1 - 2　　　　　　　　　　霍夫曼工业化阶段指标和特征

阶段	霍夫曼比率	阶段特征
第一阶段	5（±1）	消费品工业占优势
第二阶段	2.5（±1）	资本品工业迅速发展，消费品优势地位渐趋下降
第三阶段	1（±0.5）	资本品工业继续快速发展，两类工业达到平衡
第四阶段	1 以下	资本品工业占主导地位

资料来源：张培刚主编：《发展经济学教程》，经济科学出版社 2001 年版，第 500 页。

上述指标试图从不同的角度判断一个国家或地区所处的工业化阶段。应该说，对于任何一个处于工业化进程中的国家和地区而言，这些指标是对工业化进程所处阶段的一个比较全面的反映。在这里，值得一提的是，使用不同指标对一个国家和地区的工业化阶段进行测度可能会得到不同的结果。也就是说，不同指标所显示的工业化可能会处于不同的阶段。例如，对于一个国家或地区而言，人均 GDP 所显示的工业化阶段是工业化中期，而用人口的城市化率或其他指标所显示的工业化阶段可能是工业化初期。我们认为，尽管在工业化测度方面存在这样的问题，但总体而言，这种在工业化测度方面所显示的差异性，并不影响对一个国家或地区工业化所处阶段的基本判断。

---

① 在霍夫曼的分析中，他选择了分属消费品工业和资本品工业的 8 类产品。消费品工业包括：①食品、饮料和烟草等；②布匹和制鞋等；③皮革制品；④家具等。资本品工业包括：①生铁和有色金属；②机械；③车辆；④化工等。

第二节　工业化与现代化的关系

一　现代化的内涵

"现代化"（Modernization）一词，是 18 世纪后半期第一次工业革命以后才出现的一个历史范畴，是一个历史的、世界性的概念。① 在英语语系中，"现代化"（Modernization）一词是一个动态的名词，意为 to make moderen，即"成为现代的"之意。② "现代化"常被用来描述现代发生的经济、社会、政治和文化等经济社会全局性变迁的过程，其核心是"生产力的解放"和"人性的解放"。现代化有着非常广泛的含义和内容。但迄今为止，关于"现代化"的确切含义及其实质，学术界始终没有一致的看法。政治学家、经济学家、社会学家以及历史学家等都分别从不同的角度对工业化的内涵和内容进行了界定。

西里尔·E. 布莱克在《现代化的动力》一书中曾指出，"现代化"一词指的是近几个世纪以来，由于知识的爆炸性增长的改造过程所呈现的动态形式。现代化的特殊意义在于它的动态特征以及它对人类事务影响的普遍性。它发源于那种社会能够而且应当转变、变革时顺应人心的信念和心态。如果一定要下定义的话，那么现代化可以定义为："反映着人控制环境的知识亘古未有的增长，伴随着科学革命的发生，从历史上发展而来的各种体制适应迅速变化的各种功能的过程。"③ 从历史上角度看，现代化是指人类社会从工业革命以来所经历的一场急剧变革，这一变革是以工业化为推动力，导致传统的农业社会向现代工业社会的全球性大转变过程，它使工业主义渗透到政治、文化和思想等各个领域，并引起深刻的变化。④

根据马格纳雷拉的定义，现代化是发展中的社会为了获得发达工业社会所具有的一些共有特征，而经历文化与社会变迁，它是包容一切的全球性过程。具体而言，现代化是指世界上落后的国家和地区以北美及西欧地区等地的发达工业化国家的许多近现代以来形成的价值为目标和导向，是

① 周振华：《现代化是一个历史的世界性的概念》，《经济研究》1979 年第 8 期。
② 罗荣渠：《现代化理论与历史研究》，《历史研究》1986 年第 3 期。
③ 转引自张培刚《发展经济学通论：农业国工业化问题》（第 1 卷），湖南出版社 1991 年版。
④ 张培刚主编：《新发展经济学》，河南人民出版社 1999 年版。

通过经济社会的变革，追赶、达到和赶超发达工业化国家的过程。因此，在这样的意义上，现代化的概念和内涵与西方化的内涵相近，有时也被称为"西方化"。就内容而言，现代化一般包括：学术和知识的科学化、政治民主化、经济社会的工业化和城市化、意识形态和思想领域的自由和民主化以及文化上的人性化等经济社会发展的方方面面。

现代化通常被理解为以下的社会过程：①

1. 技术的发展。科学及技术的长足进步帮助人类解除自然对社会生活的控制。

2. 工业的发展。工业生产和市场经济的发展。借助机械化，工艺品、农产品的大量生产得以实现，通过市场进行交换、分配和消费。

3. 政治的发展。现代政治的特点在于大众参与政治过程，不论是革命也好，还是法西斯、共产主义政体，或是宪政民主。大众参与成为现代政治的特征。

4. 都市化的发展。人口集中趋势成为现代社会的特点，连带影响到政治、经济、文化、居住生活方式等。

5. 世俗化的发展。宗教力量减弱，理性文化发达。

事实上，马克思早在一百多年前，就曾在《资本论》第一卷第一版的序言中论述过有关现代化的思想，他指出："工业较发达的国家向工业较不发达的国家所显示的，只是后者未来的景象。"② 也就是说，在马克思看来，落后国家或地区要想成为较为发达的工业化国家，必须通过工业化道路来实现，而这恰是现代化内涵的本质规定性之一。即使马克思没有明确提到"现代化"一词，但他已经表达了这样的思想。所以，当今的西方现代化论者公认马克思的这一思想是关于落后国家发展道路和工业化问题的重要提示。③ 更为重要的是，马克思关于人类社会发展理论的最一般的理论框架和解释，实际上也是一种关于现代化的理论，只不过人类社会不断地向更高级的社会形态过渡，而终点是共产主义社会（见图 1 - 1）。也就是说，在唯物主义历史观的视野中，现代化进程被看成一个世界性的历史进程。

---

① 维基百科（http：//zh. wikipedia. org/wiki/% E7％8E％B0％E4％BB％A3％E5％8C％96）。

② 马克思：《资本论》（第 1 卷），人民出版社 2004 年版，第 8 页。

③ 《国际社会科学百科全书》中关于"现代化"词条的解释，一开始就引用马克思的这句话作为阐释现代化含义的第一根据。参见罗荣渠《现代化理论与历史研究》，《历史研究》1986 年第 3 期。

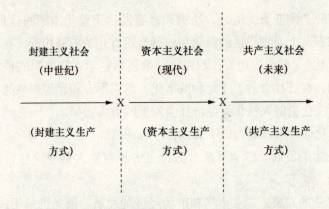

图 1 - 1　中世纪以来人类社会发展的总体演进序列

注：图中 X 是表示过渡的符号。

资料来源：罗荣渠：《建立马克思主义的现代化理论的初步探索》，《中国社会科学》1988 年第 1 期。

从以上分析可知，作为一种现代发生的经济、社会、政治和文化等经济社会全局性变迁过程，"现代化"一词的内涵可以主要归结为以下几个方面：一是在特定的国际关系格局下，落后的国家或地区旨在经济上和技术上赶超资本主义发达国家的现代历史进程；二是从工业化和现代化的关系角度出发，直接将现代化定义为工业化进程，具体而言，就是落后国家或地区的工业化进程；三是将现代化视为自科技革命以来人类社会史无前例的急剧变动过程的总称，这一变动包括经济领域、社会动员、政治发展以及心理适应等各个方面；四是从社会学、文化人类学和心理学的角度将现代化视为人类价值观、心理态度和生活方式的转变过程。①

由于现代化本身是一个内涵丰富、包罗万象的历史过程，很难一言以蔽之。因此，上文中关于现代化内涵总结的四种看法都只是从某一个角度，或是不同的学者以自身的学术背景为依托进行的界定。但总体而言，这四种观点都抓住了现代化本质规定性某个方面，尽管单个定义是很不全面的，但它们之间并不是截然对立的；相反，这些观点是相互补充的，甚至有些观点是相互渗透、相辅相成的。对有着极其丰富内涵的世界历史范畴的现代化而言，我们不太可能在一个定义中穷尽，并包罗现代化本质规定性的所有方面；相反，从不同的角度去理解和解构现代化，有助于加深

————————

① 罗荣渠：《现代化理论与历史研究》，《历史研究》1986 年第 3 期。

我们对这个历史变迁过程的深入的全方位的理解。

二　现代化的阶段划分和判断指标

现代化是一个漫长的历史过程，其发端于英国，工业化是人类社会从传统的农业社会向现代工业化社会过渡的分水岭。工业化革命是人类走向现代社会，走向现代化的起点。在现代化的阶段划分上，从18世纪到21世纪，人类社会从传统向现代的转变，即现代化进程可以被分为两大主要阶段。

现代化进程的两大阶段划分如下：

1. 第一个阶段，即第一次现代化发端于工业革命，主要指从传统农业社会向现代工业社会，从传统农业经济向现代工业经济，从传统的政治体制向现代民主政治等各个方面的转型和变革的历史进程。

2. 第二个阶段，即第二次现代化以互联网和信息技术的兴起为前提，是指从现代工业社会向知识社会，从工业经济向知识经济，从工业文明向知识文明等各方面全面转型和变革的历史过程。以这种形态为特征的经济社会发展和转型，在丹尼尔·贝尔（Daniel Bell）等社会学家的视野中，是一国获得"后工业"特征的过程，其结果是被他们称为"后工业社会"的经济社会形态。人类社会在通向现代化的历史长河中所经历的各主要阶段及各阶段主要内容，如图1－2所示。

与上述将工业革命以来人类现代化进程划分为两个阶段不同，也有学者将贯穿于工业革命以来的人类从传统农业社会向现代工业社会转变的现代化历程，视为三次大浪潮推动和促进的结果。这三次大浪潮以时间为轴向不断地将人类社会推向现代社会，推向现代化。

从时间上看，这三次工业化的人浪潮如下：[①]

1. 第一次现代化大浪潮始于英国的第一次工业革命，并由英国向其他西欧国家和地区扩散，具体而言，这次现代化浪潮的实质就是西欧国家的工业化历程。从时间上看，这次浪潮大约从18世纪后期开始到19世纪中期结束。它以非生物能源（蒸汽）和技术含量较低的机器大生产为特征，其物质技术基础是煤和铁。

2. 第二次现代化大浪潮是以第一次现代化浪潮和工业革命以来的工业化进程为基础和前提的。由于欧洲核心地区工业化和现代化进程所取得的巨大成就，使得这一趋势向其周围的地区扩散，并最终超越欧洲，向具

---

① 罗荣渠：《论现代化的世界进程》，《中国社会科学》1990年第5期。

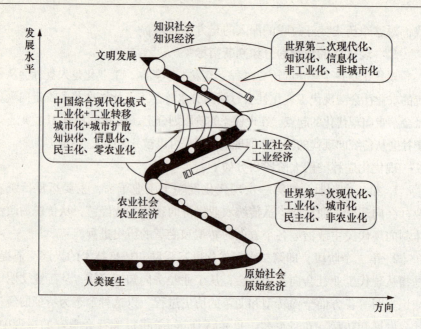

图 1 - 2　综合现代化的"运河模型"：两次现代化的协调发展

注：圆点代表人类文明起步、发展、成熟和过渡的发展周期。笔者对原图稍作改动。

资料来源：何传启：《东方复兴：现代化的三条道路》，商务印书馆 2003 年版。转引自陈柳钦《现代化的内涵及其理论演进》，《经济研究参考》2011 年第 44 期。

有异质文化地区传播，于是便形成了以"西化"与"欧化"为特征的推动现代化的第二次大浪潮。这次大浪潮形成于 19 世纪后半期，完成于 20 世纪初期。它的物质技术基础是电和钢铁。

3. 第三次工业化浪潮出现于 20 世纪中后期，它是与第二次工业革命同时进行的。新的物质技术基础，如人工合成材料、微电子技术的出现，取代了原有的物质技术基础。与此同时，新能源、新材料等与人工智能的结合，使科学技术直接转化为生产力，而跨国公司的出现则在不断地促进这一过程的同时，改变着现代世界的发展。

尽管人类社会从传统农业社会向现代社会转变是一个世界历史的进程，但人类社会的历史实践却告诉我们，这一现代化历程并不是直线式的扶摇直上，或是一帆风顺的，而是跳跃式地向前推进的，甚至其中穿插着倒退（见图 1 - 2）。繁荣与衰退、和平与战争、富有与贫穷是人类社会向前发展过程中所具有的一些基本特征。这些特征对于发达国家如此，对于立志于实现现代化的后发国家和地区同样如此，而对于整个人类社会而言更是如此。历史的实践同样告诉我们，尽管现代化的进程是一个充满羁绊的进程，但是人类社会不断地跨越羁绊，并在现代化进程中前行。

与工业化相类似，既然现代化也是一种动态的历史过程，那么也就存在对现代化程度进行判断的问题。虽然无论从纵向的时间上，还是从横向的国际比较看，不同国家或地区的现代化进程是不尽相同的，但是从已经实现现代化，或是从正处于现代化进程中的国家或地区看，现代化进程都显示出了一些共同特征。实际上，上文中对现代化的内涵界定就是对这样一些共同特征的抽象和概括。因此，为了以这些特征为依据对一个国家或地区的现代化进程进行测度，国际学术界已经提出相关的判断现代化进程的指标。

1960 年，在日本的箱银召开的现代化国际学术讨论会上，欧美和日本学者第一次提出了判断一个国家是否实现现代化的 8 项指标，分别是：①人口比较高地集中在城市地区，即整个社会越来越以城市为中心；②使用非生命能源的程度比较高，广泛的商品流通和服务设施的增加；③社会成员在广大空间的相互作用以及在经济和政治事务中的广泛参与；④代代相传的社会群体普遍解体，导致个人有更大的社会流动性，个人在社会中的行为具有更广泛和多种不同的范围；⑤全面推广文化知识以及随之而来的个人对其周围环境传播的世俗和越来越科学化的倾向；⑥广泛和深入的大众交流网络；⑦政府、商业、工业等大规模社会机构的存在以及这些机构中日益增多的官僚组织；⑧在一个大的民众团体控制下，各大民众团体加强统一（即国家），这些单位之间的相互作用日益强大（即国际关系）。①

很显然，测度现代化进程指标的多样性正是对现代化具有丰富内涵以及现代化进程本身多样性的反应。如上文中对测度工业化指标的讨论一

———————

① 参见布莱克《比较现代化》，上海译文出版社 1996 年版，第 44—47 页。另外，20 世纪 60 年代末 70 年代初，美国社会学家英格尔斯（Alex Inkeles）也曾提出了判断现代化的被称为"英格尔斯指标"的 10 项指标，这 10 项指标已成为国际上常用的关于现代化发展水平的指标，这些指标是：①人均 GDP 超过 3000 美元；②农业产值的 GDP 占比不超过 12%—15%；③服务业产值的 GDP 占比超过 45%；④非农就业人数占总就业人数的份额超过 70%；⑤成人识字率超过 80%；⑥在校大学生占 20—24 岁人口的比例在 10%—15% 之间；⑦单位医生的服务人数在 1000 人以下；⑧平均预期寿命在 70 岁以上；⑨人口自然增长率在 1% 之下；⑩城市人口占总人口的比重超过 50%。参见季建林《现代化的内涵、标准与进程的多样性》，《吉林省经济管理干部学院学报》2007 年第 6 期。

样，在现代化的测度问题上，不同的指标反映的只是现代化本质规定性的某个方面，因此，一个指标不可能反映出现代化进程的全部，而以一个指标对现代化所处的阶段进行界定，必然是以偏概全。所以说，这些指标之间同样是互相补充的，它们共同决定着一个国家或地区的现代化进程所处的历史阶段。在这里，必须指出的是，现代化作为一种过程，其内涵是不断变化的，无论在整体上，还是在现代化的某个本质规定性方面都是如此。因此，判断现代化的指标也应该是不断变化的，并根据现代化特征及其内涵的变化不断作出适时的调整。

三　工业化与现代化的相互关系

现代化本质规定性之一就是工业化，也就是说，在某种意义上，现代化的实质就是工业化，是现代工业生产方式和工业化生活方式的普遍扩散化的过程。① 特别地，这里的工业化也指经济落后的欠发达国家或地区实现工业化的历史进程。在这里，我们所指工业化，不仅是指 18 世纪后半期肇始于欧洲的工业革命所引起的那种工业化进程，即那只是早期的或是整个人类工业化进程的开端，是古典式工业化，而且是指迄今为止的人类社会的整个工业化历程。当然，仍需要特别指出的是，这一工业化历程是以 18 世纪工业化革命为起点的。

除英国以外，在整个人类的现代化历程中，西欧、北美的工业化进程，都起始于 19 世纪，一直到 20 世纪中期才进入高度的工业化阶段；而对于其他一些相对落后的国家或地区而言，工业化进程大都起始于 20 世纪；此外，贫穷落后的第三世界国家的工业化进程则起步更晚，大多以第二次世界大战后和平时期为起点。可以肯定地说，当今世界中所有贫穷落后的不发达国家或地区都共同致力于以实现工业化为目标，并以此作为改变贫穷落后的国家面貌、提高人民的生活水平及国际地位的唯一战略性措施。因此，在这样的意义上，用"工业化"来替代或概括从传统农业社会到现代工业社会的变迁动力、特征和过程等现代化进程的方方面面，已经成为学术界广泛接受的共识。② 即使从工业化过程本身来看，它也不仅局限于经济领域，它还涉及政治、文化以及社会等各个方面。而这一点也是我们一直强调的，即工业化代表了一种经济社会发展的全面转型和变革

---

① 罗荣渠：《论现代化的世界进程》，《中国社会科学》1990 年第 5 期。
② 罗荣渠：《现代化理论与历史研究》，《历史研究》1986 年第 3 期。

过程。"工业化一旦开始进行之后，必然会破坏传统的前工业社会"，从而加深工业社会与前工业社会的差别与对立。①

工业化是现代化的必然要求、核心内容和主要推动力。或者说，现代化的根本动力是经济力，是现代工业生产力。总而言之，正如我们在上文中所论述的，工业化和现代化之间的关系，无论如何强调都是不为过的。它们之间是包含与被包含、推动与被推动的关系，但尽管如此，我们仍然可以从其他的角度来理解二者之间的关系，即从二者的含义和内容中所显示出的一些共性和差异性的双重视角去理解它们之间的关系。这是因为，一方面，无论是现代化还是工业化其核心都是生产力的解放和发展或是技术进步；另一方面，现代化以其宽泛的内涵完全涵盖了工业化全部内容，也就是说，工业化是现代化内涵中的应有之义，工业化蕴含于现代化之中。所以说，二者在显示出一些共性的同时，也显示出一些差异性。

工业化与现代化之间的共性和差异性体现如下：②

1. 两者之间的共性。工业化和现代化之间的共性主要体现在以下几个方面：首先，无论是对于工业化还是对于现代化，技术上的创新和变革都是其最主要的核心和本质特征；其次，与技术上的创新同时发生的是生产组织的变革和经济结构的调整和变动，简言之，就是组织创新和技术创新；最后，从生产形态上看，过程的结果是传统自给自足的经济社会转变为以现代生产工具为主导的社会化大生产。

2. 二者之间的差异性。尽管工业化和现代化之间有很多共性，但无论是在内涵的广度还是深度上，或是以时间为纵向和以内容为横向的向度上，两者之间也存在着不同之处。它们之间的不同主要体现在以下两个方面：第一，现代化的含义和内涵远比工业化宽泛。从内容上看，工业化以生产力的变革和技术的创新为主体，并以与此相关的生产组织的变革和创新为主要内容，但现代化除了包含工业化的应有内容外，还包括政治、社会以及思想文化等方面变革和创新。总之，现代化是经济社会发展的一个总体的概念，而工业化是现代化的应有之义。第二，从历史发展的纵向看，现代化的过程就是人类社会不断演进和发展的过程，而工业化只不过是这一过程中的一个特定的阶段。现代化可以向人类发展进程两端无限延

① 罗荣渠：《现代化理论与历史研究》，《历史研究》1986 年第 3 期。
② 张培刚：《发展经济学通论》（第 1 卷），湖南出版社 1991 年版，第 197—200 页。

伸，人类社会的整个发展历程都可以说是不断实现现代化的过程，而工业化主要是指从传统的农业社会向工业社会的转变过程。相比而言，工业化过程只不过是现代化过程中的一个短暂的阶段。另外，即使一个国家或地区已经实现了工业化，也将面临不断地实现现代化的任务。

综上所述，现代化进程是人类社会不断向前发展的历史进程，它代表了人类社会从传统农业社会向现代社会过渡的全面转型和变革的进程，但无论是在内涵上，还是在外延上，这一转型和变革的进程都要比工业化所代表的转型和变革进程要宽泛得多，也就是说，现代化涵盖了工业化的所有内容，工业化孕育于现代化之中。事实上，现代化不仅是一种转型和变革的进程，更是人类社会不断向前推进和发展的一种实质性升华。当然，这一升华的动力来源于经济力，来源于工业化，来源于工业生产力。而这也恰是欠发达国家或地区追赶，并力图超越发达国家和地区，实现现代化美好愿景的唯一战略性出路。

第三节　工业化的本质和意义

一　工业化的本质

有学者认为，工业化的本意是产业化，本质是专业化或生产组织方式的变化。工业化的英文表达是 industrialize 或 industrialization，本是产业化的意思，并不仅仅是指发展工业，因为工业只是产业之一。[①] 也就是说，社会生产分工中工业的出现和发展，是工业化的基本前提。产业化首先是对自给自足的自然经济来说的，并以自然经济为起点，或者传统农业社会是工业化的逻辑起点。在自然经济的条件下，每个家庭都是一个相对完整的经济单元，虽然存在较为简单的专业化和分工，但很明显，这种专业化和分工还不足以，也不可能形成独立的产业。

产业的产生和发展壮大，即产业化，是与专业化和分工的发展紧密地联系在一起的。如工业最初是通过家庭内部分工，以家庭手工业为起点发展起来的。这种过程的持续延续，不断促使不同的家庭通过专业化和分

---

① 刘世锦等：《传统与现代之间——增长模式转型与新型工业化道路的选择》，中国人民大学出版社 2006 年版，第 18 页。

工，形成了手工业产业，并最终从农业中分离出来。伴随着市场的扩大和技术的进步，工厂手工业逐渐地演变为机器大工业。与此同时，商业和信贷等产业也在这个过程中逐渐地形成和发展起来。这个基本的过程及其产生的一系列结果，就是我们称为的"产业化"或"工业化"的过程。工业化以传统农业社会为起点，它代表了不同产业以传统农业社会为起点的不断产生和发展的过程，但工业化不仅包括工业的产业化，而且也包括农业和服务业等各个相关行业的产业化。因此，在这样的意义上，工业化是以市场的扩大和技术的进步为主要推动力，其本质特征是专业化和分工，或是以此为基础的生产组织方式变革。

专业化和分工，即产业化过程对传统自给自足农业经济的分化和瓦解形成工业化的逻辑起点和基础，或者，将工业化的本质理解为专业化的过程，似乎是一种将工业化本质理解为一种结果，而这种结果是和工业化过程本身平行的、同时发生的，并且包含于工业化过程本身之中的观点。即使这一理解无论从理论上，还是从逻辑上都是无可置疑的，而且也是正确的。但很显然，从上文中提到的关于工业化的内涵看，这一关于工业化本质规定性的理解是不同于大多数现有的关于工业化内涵的理解的。可以肯定地说，将工业化理解为专业化或是生产组织方式的变革，是对工业化本质的一种片面的不完全的理解，它只是代表了工业化本质规定性的一个方面。工业化的本质必须从工业化过程的本身中去寻找，其必须是对工业化过程的高度概括和抽象。

特别值得一提的是，专业化和分工，或是产业化过程正是马克思分析资本主义产生、发生和发展过程中所重点强调和分析的。① 在这方面，马克思在资本主义原始积累的基础上，重点分析了以协作、分工和专业化为前提的工厂手工业向机器大工业化的过渡。这一过程就是典型的工业化进程，而且是工业资本主义兴起和上升时期的最为原初的工业化进程。

尽管马克思在他的著作中没有提出"工业化"这个术语，或是对工业化进行专门的界定，但很显然，工业化这个概念是存在的，是马克思重点分析的。马克思不但分析了工业资本主义兴起的原因，即工业化的原

① 即使按照马克思的分析，将工业化的本意理解为产业化，本质理解为专业化或生产组织方式的变化，也同样在某种程度上具有合理性。但正如我们在上文中所指出的，这一理解只能代表工业化的本质规定性的一个方面。因此，对于具有广泛内涵的工业化进程来说，这是一种不完善的理解。

因，而且他对资本主义的批判性分析就是以这种形态的资本主义——工业资本主义为对象的。在《资本论》的第四篇（相对剩余价值的生产）中，马克思事实上对工业化进程进行了深入细致的分析，而且这种分析是以分工和专业化及资本主义原始积累为起点的一般性分析。以此为基础，马克思对"现代工业"、"工厂制度"或"机器体系"跟"工场手工业"进行了区分和对比。现代工业之所以区别于工场手工业，是由于机器起了主要作用，生产方式发生了变革。生产方式的变革，在工厂手工业中以劳动力为起点，在大工业中以劳动资料为起点，因此，首先应该研究，劳动资料如何从工具转化为机器，或者说，机器和手工业工具有什么区别。① 事实上，尽管马克思分析了工业化过程的根源或是源头，但劳动资料从工具转化为机器的过程就是工业化的过程。②

　　事实上，工业化的本质即蕴含于工业化的内涵和内容之中。正如上文所指，作为一种动态的过程，工业化是工业制造业在一个国家或地区的整体经济中地位和作用的上升过程，是工业生产方式代替，并改造传统农业生产或是手工业生产方式的过程，是工业经济逐步取得主导地位的发展过程。它是现代化的实质内容和主要推动力，也是发展中国家和地区走向繁荣富强，实现现代化的唯一根本出路。在更宽泛的意义上，工业化过程是经济社会全面转型和变革的进程，是人类经济社会发展的不可逾越的历史阶段。因此，尽管作为一个历史的范畴，工业化本身的内涵和外延虽可以无限地放大，或是包罗万象的，但总体而言，工业化的本质主要是指工业，特别是制造业在经济中地位和作用的上升过程，即经济力或工业生产力是推动一个国家和地区经济社会发展以及转型和变革的基础和核心动力。③

---

① 马克思：《资本论》（第 1 卷），人民出版社 2004 年版，第 427 页。
② 在马克思看来，工业化本身（机器替代劳动的过程）就是生产和追求剩余价值的过程，或是这一过程的结果。"像其他一切发展劳动生产力的方法一样，机器是要使商品便宜，是要缩短工人为自己花费的工作日部分，以便延长它无偿地给予资本家的工作日部分。机器是生产剩余价值的手段。"而不是约翰·斯图亚特·穆勒在他的《政治经济学原理》一书中说的："值得怀疑的是，一切已有的机器发明，是否减轻了任何人每天的辛劳。"参见马克思《资本论》（第 1 卷），人民出版社 2004 年版，第 427 页。
③ 工业制造业在经济中地位和作用的上升主要指工业制造业的产值和就业份额的上升以及与此相伴随的企业组织的变革、市场范围的扩大、贸易的发展、产权制度的建立和不断完善等各个方面。

二　工业化的作用和意义

作为经济运行和增长的基础和核心动力，以及推动现代化的实质性内容，工业制造业的发展壮大或是工业化的结果，或是孕育于工业化进程之中。作为对工业制造业，或工业化进程这一重要性的理论回应，尼古拉斯·卡尔多提出了与制造业相关的三个著名的增长规律，它们分别是：第一，制造业产出的增长与 GDP 的增长之间存在强正相关关系；第二，制造业产出的增长与制造业生产率的增长之间存在强正相关关系，这个规律也被称为"维登规律"（Verdoorn's Law）；第三，制造业产出的增长与非制造业生产率的增长之间存在强正相关关系。这三个规律被统称为卡尔多经济增长定律（Kaldor's Law），被认为是说明了工业增长与经济发展之间的关系，也就是工业制造业，特别是工业化进程本身的重要性。[①]

鉴于工业化的这种重要性，卡尔多传授给他的学生辛格三件最重要的事情都是围绕着工业化而展开的，它们分别是："第一，发展中国家必须实现工业化；第二，它们只有通过保护才能实现工业化；第三，任何人谈别的事情都是骗人的！"[②] 尽管卡尔多的这一教诲主要是针对发展中国家和地区而言的，但他却道出了工业制造业在经济增长中的重要性，特别是工业化进程对于落后国家和地区实现现代化的极端重要性。也就是说，对于落后国家和地区而言，工业化是其获得发达工业化国家所具有的一些共同特征，如较高的生活和福利水平等，所必须经历的阶段。它是发展中国家和地区实现现代化的唯一战略性措施。

经济理论来源于对现实感性世界中经济现象的抽象，而反过来，现实中的经济现象又用以检验理论的正确性。在这里，世界各国的工业化历程已经验证了工业化对于一个国家和地区的重要性，特别是对于经济增长和收入水平的提高的极端重要性。工业化进程中的经济不同于成熟经济，因为，这种经济的资源再分配过程，即资源由生产率较低的部门向生产率较高的部门转移，所以，可以对全面增长做出重大贡献。[③] 如表 1-3 所示

---

① 简新华、余江：《中国工业化与新型工业化道路》，山东人民出版社 2009 年版，第 57 页。

② 瑟尔瓦尔在他的《增长与发展》中特别记录了卡尔多交给他的学生辛格的这三件事。参见 A. P. 瑟尔瓦尔《增长与发展》，中国财政经济出版社 2001 年版，第 94—96 页。

③ 参见 H. 钱纳里等《工业化和经济增长的比较研究》，吴奇、王松宝等译，上海三联书店 1995 年版，第 14 页。

的是，美国和日本的工业化进程中农业和制造业全要素生产率的增长及两者之间的差额。从数据上看，在工业化进程中，尽管农业和制造业的全要素生产率在总体上都持增长的态势，但相比而言，制造业的全要素生产率的增长较快。一方面，这体现了工业化进程也是农业的现代化进程，代表了从传统农业向现代农业的转型进程；另一方面，以制造业增长为特征的工业化对经济增长的贡献不断增大，也就是说，工业化的过程也是经济加快增长的过程。

表 1 – 3　　　　　　　　美国和日本全要素的生产率增长　　　　　　单位:%

国家和年度	全要素生产率年增长率		生产率增长差距
	农业	制造业	
美国			
1839—1959 年 1869—1929 年	0.3	1.9	1.6
1929—1966 年	1.8	1.9	0.1
1966—1973 年	1.0	2.3	1.3
日本			
1887—1904 年	1.0	1.1	0.1
1904—1919 年	1.4	2.1	0.7
1919—1938 年	0.7	2.9	2.2
1954—1976 年	2.4	6.1	3.7

注：笔者对原表进行了删节。

资料来源：美国：威廉森和林德特（1980）；日本：大日川和武松（1983）。转引自 H. 钱纳里等《工业化和经济增长的比较研究》，吴奇、王松宝等译，上海三联书店 1995 年版，第 340 页。

　　更为具体的，为了更加详细地解释工业化的作用，H. 钱纳里等（1995）在各种各样的国家环境中深入地研究了这一问题。他们概括了制造业的如下特点，并用以解释工业化在它们多部门框架中的作用:[①]

　　（1）对工业品的需求收入弹性较高；

　　（2）工业品的可贸易程度大，但在国内产品和国外产品间的替代性

———————

① H. 钱纳里等：《工业化和经济增长的比较研究》，吴奇、王松宝等译，上海三联书店1995 年版，第 483 页。

程度不同；

（3）按照比较优势建立的工业部门，允许劳动和资本向生产价值较大的部门流动重新配置，并且从专业化和规模经济中挖掘潜在收益；

（4）制造业增长是制造业变化的主要原因之一。

事实上，工业制造业的重要作用并不仅仅体现在国内的经济增长以及其他方面，而且也体现在一个国家作为整体所拥有的国际竞争力方面。也就是说，强大的工业制造业是一个国家或地区所拥有的国际竞争力的基础和核心。不论是在国际经贸领域，还是在国际政治领域，甚至在军事领域都是如此。因此，工业化进程对于任意一个国家或地区获得这种国际竞争力的意义是不言而喻的。在这方面，始于英国工业革命见证了英国霸权的兴起，"日不落"帝国的霸权正是以其当时强大的工业制造业为基础和前提的，而昔日的"日不落"帝国伴随着工业制造业的衰落而成为"日落"的帝国。同样，取代英国成为霸权的美国，也建立在强大的工业制造业基础之上，而德国和日本作为大国的再次兴起，也是源于它们强大的工业制造业。即使是与美国一道成为两极霸权之一的苏联也同样如此，强大的工业制造业构成了苏联与美国竞争的经济基础。所不同的是，苏联霸权的衰落是以极端的方式出现的，而美国的霸权衰落是以一种渐进的方式出现的。伴随着美国工业制造业的衰落和东方新兴工业力量的兴起，世界体系的霸权逐渐地从美国向东亚地区转移，而且这种转移是动态的、历史的，它取决于以工业制造业为主导的经济力量的变化。因此，工业制造业对于任何国家和地区而言，都是极其重要的。而工业制造业的发展壮大必须通过工业化进程来实现，也就是说，工业化进程本身对于任何国家和地区来说，都是极其重要的。

在亚当·斯密等古典政治经济学家看来，工业化代表了资本主义上升时期的时代精神，但马克思对这一时代精神是持批判态度的。马克思认为，工业资本主义的兴起是资本追求剩余价值和利润的结果，也即工业资本主义的生产方式是剩余价值生产的最高形式。马克思对资本主义的批判性分析皆源于此。在这样的批判视角之下，马克思不仅强调了工业化对价值及剩余价值生产的意义，而且也强调了工业制造业在资本主义经济中的重要地位和作用。如上文中我们所强调的，卡尔多的宏观经济分析遵循着古典经济分析的传统，而这一点在马克思关于"机器和大工业"的分析中得到了验证。在马克思看来，一个工业部门生产方式的变革，会引起其他部门生产方式的变革。① 大工业必须掌握它特有的生产资料，即机器本身，必须用机器来生产机器。这样，大工业才建立起与自己相适应的技术基础，才得以自立。② 也就是说，在马克思看来，技术进步和生产方式的变革具有技术外溢的特征，因此，一个部门的技术进步不仅会提高自身的生产率，而且也会对其他部门，甚至是整体经济产生正向的影响。而工业制造业作为一个整体，更是具有这样的特征。

与此同时，资本家之间的竞争，使机器和工厂体系不断改进和扩充，从而引起社会的生产力和生产关系的不断变革。"现代工业从不把某一生产过程的现存形式看成和当作最后的形式。因此，现代工业的技术基础是革命的，而所有以往的生产方式的技术基础本质上是保守的。……因此，大工业的本性决定了劳动的变换、职能的更动和工人的全面流动。另外，大工业在它的资本主义形式上在生产出旧的分工及其固定化的专业。"③ 在这里，马克思将大工业不断发展壮大的工业化进程视为资源重新配置和再分配的过程，而资本家之间的竞争促使技术基础不断地发生变革。

综上所述，工业化以及工业制造业在整体经济中的作用是无论如何强调都不为过的。现代经济学家用现代经济学的话语体系表达了工业化以及工业制造业的这一重要性，而古典经济学家和马克思不过是以不同的方式和话语表达了相同的含义。他们对工业化的理解是相同的，也即工业制造业以及工业化进程本身是一个国家和地区经济运行和增长的基础和核心动力。总之，工业资本主义的不断发展代表了上升时期资本主义的时代精神，造就了工业化进程中发达资本主义国家经济增长的高速发展，并为发达资本主义国家实现人民生活水平的提高，国家竞争力的提升以及实现现代化提供了核心动力。与此同时，工业化也是发展中国家和地区摆脱贫穷落后，赶超发达国家和地区，实现现代化的必由之路。也就是说，对处于任何时期，任何发展阶段的任何国家和地区而言，工业制造业或工业化进程都具有极其重要的地位和作用。

---

① 马克思：《资本论》（第 1 卷），人民出版社 2004 年版，第 440 页。
② 同上书，第 441 页。
③ 同上书，第 560 页。

第四节 小结

对任何国家和地区而言,工业化是一种不可逾越的历史过程。[①] 这是对于工业化的基本共识。自 18 世纪 60 年代的英国以来,西欧和北美以及日本为主的发达工业化国家已经先后实现了工业化,并获得了欠发达国家和地区所追求的现代化特征。与此同时,欠发达国家和地区也在通向工业化和现代化的道路之上,并处于不同的工业化进程和阶段之中。

然而,作为工业化进程的进一步延伸,已经实现工业化进程的国家和地区大多又经历了经济的去工业化进程,即使在后工业化论者看来,这是经济高级化的标志,是现代化进程向前演进的必然结果。但关于去工业化成因及其影响的好与坏的价值判断,至今都存在争论,而且这种争论更是受到去工业化本身动态性的影响。除了实现工业化和现代化的发达国家外,也有很多发展中国家和地区经历了经济的去工业化进程,但这些国家和地区所经历的去工业化是在其人均收入水平很低,并且是在其处于工业化进程之中的时候出现的,因此,这种形式的去工业化代表的是工业化进程的逆转或停滞,而不是工业化进程的一种自然延伸。此外,一些有利可图的初级产品的生产者也受到了"去工业化"和"荷兰病"的困扰和损害。[②]

总之,去工业化不仅发生在已经实现工业化和现代化的国家和地区,而且很多处于工业化进程中和不同工业化阶段的国家和地区,特别是人均收入水平较低或很低的国家和地区也发生了经济的去工业化。在成因方面,正如工业化背后的推动力量一样,去工业化背后的推动力量同样是多

[①] 有少数的袖珍小国和自然禀赋、历史条件、地理独特的国家和地区,如摩纳哥、梵蒂冈、新加坡、迪拜等,不是通过发展工业而繁荣富裕起来的,但如果没有全球范围内工业化和城市化带来的工业和城市文明的影响、对石油等自然资源的巨大需求,这些少数国家和地区也不可能通过发展旅游业、博彩业、商业、金融业、运输业和石油产业实现繁荣富裕。从这个角度看,这些国家和地区的繁荣富裕同样也离不开工业化和城市化,因此,在这样的意义上,工业化是任何一个国家和地区由贫穷落后走向繁荣富强的必由之路。是任何一个国家经济社会发展不可逾越的必经阶段。参见简新华、余江《中国工业化与新型工业化道路》,山东人民出版社 2009 年版,第 9—10 页。

[②] H. 钱纳里等:《工业化和经济增长的比较研究》,吴奇、王松宝等译,上海三联书店 1995 年版。

样的、复杂性的。这一成因的多样性和复杂性不仅体现在发达经济体的去工业化进程上，更体现在发展中国家和地区的去工业化进程上，也即去工业化形式的多样性本身即代表了其成因的多样性和复杂性。

　　鉴于去工业化和工业化之间的动态性关系，以及去工业化本身的多样性和复杂性特征，因而，在对工业化进行了简要的分析和回顾之后，对作为工业化的延续或是逆转的去工业化进程进行系统的研究之前，有必要对去工业化的内涵及表现等一些基本问题做出简要的分析。

第二章　去工业化的内涵及影响

　　"去工业化"（De - industrialization）一词最早的出现，是旨在反映二战后盟国作为战胜国对德国、日本等战败国的工业生产进行限制和改造，以削弱其经济基础的经济制裁方式。① 第二次世界大战后，西方发达国家在普遍经历了经济增长的"黄金时期"后，服务业在经济中的重要性与日俱增；相反，商品生产，即工业，特别是制造业在总就业量中的重要性不断地减小。使用卡尔多的比喻，战后时期经济发展的最显著的"特征事实"之一，是制造业就业人数在大多数工业化国家和许多中高等收入发展中国家的迅速下降。虽然在经济发展的长期过程，这已是众所周知的现象，但就业结构的这种大幅变化以及规模和速度的相对变化，在此期间形成了一个没有先例的现象（José Gabriel Palma，2005）。

　　20 世纪中叶，社会科学家们开始预测后工业社会的到来，在后工业社会中，经济活动以服务提供，而不是实物商品的生产为中心（Clark，1957；Bell，1973）。自此，经济的去工业化问题逐渐地进入了学术界的视野。然而，主流的声音认为，去工业化是经济发展的必然趋势，是经济"高级化"或产业"高级化"的必然表现。即使在去工业化的贸易效应不断增强的情况下也是如此，换句话说，去工业化是积极的去工业化。这种观点认为，去工业化主要是经济内部（Internal）力量驱动的结果。但事实却并非如此，这种观点不仅没有得到经济发展事实在经验上的验证，而且更是受到 2008 年的金融危机和主权国家债务危机的质疑和挑战。同时，这种观点也不能解释发展中国家和地区出现的"早熟去工业化"。因而，以服务业引领经济的经济发展和产业结构演变模式，并不是经济"高级化"，相反是经济"病态化"的表现。

---

　　① 一般将英文单词"De - industrialization"译成"去工业化"或"非工业化"。在本书中，我们采用第一种译法，即将"De - industrialization"译为"去工业化"。

本章以上一章对工业化的研究为基础，对作为工业化延续或是逆转的去工业化进程进行了分析，主要包括对去工业化内涵的梳理和界定，对去工业化一般表现的概括，以及对去工业化作为经济社会的一种转型和变革进程对经济社会发展各个方面的影响等。

第一节　去工业化的内涵及不同形式

自去工业化问题进入国际学术界的视野以来，学者们从不同的角度理解去工业化，并以概念的形式加以阐述和界定。一般来说，学术界对去工业化概念的理解大致有两种思路：一是基于地理学意义上的去工业化，这种理解思路与产业空洞化的概念密切相关；二是基于宏观经济视角的去工业化，这种理解思路与工业或制造业就业和产值的变化（绝对或相对变化）、制造品的贸易余额以及一国制造品在全球制造业贸易中份额的下降等相关。此外，针对很多发展中国家和地区在其人均收入水平很低时出现的去工业化，学术界也界定了一种被称为"早熟去工业化"的去工业化形式。

一　地理学意义上的去工业化

在地理学的意义上，发达国家将进行产业转移，即将其产品生产转移到低成本的发展中国家，这个过程被称为"生产过程的地理转移"、新型的国际劳动分工或是生产能力在全球范围内的重配。Fligstein（1999）将去工业化视为就业机会从第一世界的发达国家向第三世界发展中国家的转移过程。实际上，地理学意义上的去工业化也包括产业的国内梯度转移，即制造业企业将制造业从中心地带首先转移到郊区，而后又从郊区转移到国内的非核心地区，最后才进行产业的跨国转移。

在地理学意义上，去工业化现象及其内涵多从对外直接投资的角度加以理解和阐述。在这里，与去工业化现象密切相关的是产业"空洞化"，而产业"空洞化"又与对外直接投资（Direct Investment）密切相关。学术界对产业"空洞化"内涵有着不同的理解，有广义与狭义之分。所谓广义的产业"空洞化"，是指伴随着对外直接投资而出现的国内第一、第二产业比重下降，第三产业比重上升的以经济服务化为特征的去工业化现象；所谓狭义的产业"空洞化"，是指伴随着对外直接投资而出现的生产向国外转移，国内制造业不断萎缩、弱化的经济现象。

二 宏观经济视角下的去工业化

在经济发展的过程中，几乎所有国家都遵循大致相同的路径。伴随着经济的发展，农业的国家就业份额下降，并有制造业就业所占份额迅速上升。这个过程被称为"工业化"。然而，存在这样一个确定的点，在这一点上制造业就业份额趋于稳定，而后开始再次回落。与此同时，存在有一个与之相对应的服务业就业占国家就业份额不断上升的趋势。通过与前面阶段相类比，这个过程通常被描述为"去工业化"（Rowthorn and Coutts，2004）。应该说，这种从相对意义上对经济的去工业化进程进行的概念界定是常见的一种，但正如我们所看到的，这种概念的界定并不能代表去工业化内涵的全部内容。实际上，不同的学者根据其自身对去工业化现象的不同理解，从不同的角度对去工业化的概念和内涵加以界定。因此，去工业化内涵有广义和狭义之分。

所谓狭义的去工业化，是指曾作为经济繁荣基础的工业，特别是制造业不断地走向衰落的过程，主要表现为制造业的就业和产出出现绝对和相对（占总量的份额或是相对于其他经济部门）的下降。美国劳工经济学家 Barry Bluestone 和 Bennett Harrison（1982）认为，去工业化是广泛而系统地从一个国家的基础生产能力上撤资，从而导致制造业就业的大幅减少以及工业生产能力大幅下降的现象。英国学者 Stephen Bazen 和 Tony Thirlwall 认为，所谓去工业化，是指制造业部门的长期萎缩及制造业就业出现长期的绝对的下降。[1] 与此相反，Alderson（1999）将去工业化定义为制造业就业相对于其他经济部门就业的下降。[2] 在这种定义给定的情况下，制造业部门产出和就业的绝对水平是不加以考虑的，但这并不意味着，对绝对水平给予关注对于我们理解去工业化现象是不重要的（Singh，1977、1989）。Krugman（1996）定义了一种所谓的"去工业化解说"，即源于对外贸易（对应于纯粹的国内需求或技术变化）的高工资制造业工作的减少是美国工人工资收入在总体水平上停滞和下降的主要原因。

有学者认为，应该从工业就业相对下降的角度来理解经济的去工业化

---

① Stephen, Tony Thirlwall. UK Industrialization and Deindustrialization（3rd），Heinémann，1997：15 – 19.

② 也有其他学者从制造业产出和就业份额的相对意义上界定去工业化。参见 Pieper，2000；Yong Kang，2005；Rowthorn and Ramaswamy，1997、1999；Rowthorn and Coutts，2004。

（Kucera and Milberg, 2002），"这是一个使用宽泛的词，其核心含义是一个传统上工业经济一直在经济中占据主导地位的国家和地区，其工业就业出现了相对下降。在一个处于技术变革和经济全球化的经济中，这种状况可能是经济高速增长或是长期转变的结果。在某些情况下，这种趋势可能不仅包括相对下降，也可能包含绝对下降；不仅包括工业产出的下降，还包括工业就业的下降"（Knoxt and Agnew, 1996）。

　　狭义的去工业化主要是从就业和产值的角度去界定发达资本主义国家经济结构的变化，但是如果要全方面地反映发达资本主义国家经济社会结构的变化，仅拘泥于就业和产值方面的变化，必然以偏概全，以一孔之见代替全面的分析。因此，去工业化本身必然要求从更为宽泛的意义上，对经济的去工业化进程加以概括和界定。Nicholas Abercrombie 等（1994）认为，去工业化被认为是导致制造业衰落的原因，这反映出经济内部结构的变化。对于英美等发达国家来说，去工业化也伴随着制造业产业国际竞争力的下降，例如，英国在 20 世纪 80 年代首次成为工业革命发生以来的制成品净进口国。作为凯恩克罗斯的报告评论员，Nicholas Kaldor（1979）将去工业化定义为这样的一种状况，即一国制造业占世界贸易的份额持续下降，或进口制成品占国内支出比重持续上升。结果是，该国获得实现其经济外部平衡的、足够的制造品贸易盈余将变得日益困难。[①] 实际上，作为经济社会发展的动态过程，去工业化和工业化一样，不仅是一种经济现象，同时也是社会、政治和人文现象（Donald, 1999）。另外，由于存在原因、时间、结果及扩散效应等方面的差异，经济的去工业化进程应是一个历史转型的过程。这一过程不仅指就业的数量及质量等方面的变化，而且也包括与其自身相关的社会结构等方方面面的变化（Cowie and Heathcott, 2003）。

　　应该说，现有文献对去工业化的内涵界定，已经很好地反映了这一现象或过程的本质特征。尽管作为一种延续工业化的动态过程，不同学者从不同的视角对去工业化内涵进行了界定，但这些对去工业化的概念和内涵的界定基本上都是围绕着工业，特别是制造业在国民经济中地位和作用的下降而展开的。制造业地位和作用的下降不仅体现在制造业的就业方面（相对和绝对），而且也体现在制造业产出方面（相对和绝对）。在更为宽

---

　　① 参见 N. Kaldor, "Comment", in Blackaby, op. cit., p. 18, 转引自 Kamitake Yoshiro, 1990。

泛的意义上，去工业化所代表的是与工业化进程相类似的，并为后工业论者所重点强调的经济社会发展的全面转型和变革。总之，国际学术界一般将经济中制造业地位和作用的下降过程视为经济的去工业化进程。

三　典型去工业化和早熟去工业化

作为经济发展的"特征事实"，去工业化并不是发达国家的特有现象。一些发展中国家也过早地出现了经济的去工业化现象，即"早熟的去工业化"（premature deindustrialization）。所谓"早熟的去工业化"是指在收入水平极低的发展中国家所出现的去工业化现象。"早熟的去工业化"是与发达国家出现的典型去工业化相比较而言的，在这里，它有两个层面的含义：第一，"早熟"是指这种去工业化形式是在人均收入水平极低的情况下出现的；第二，"早熟"是指出现这种类型去工业化的国家是在没有完成工业化并实现现代化的情况下出现的去工业化现象，因而，这种类型的去工业化代表的是正常工业化进程的一种停滞，抑或是逆转。很显然，这种类型的去工业化是与发达国家出现的去工业化不同的。但这种去工业化确实发生了，而且正在很多发展中国家和地区发生。发达国家典型的去工业化以及其与发展中国家早熟去工业化的比较，如图2-1—2-2所示。

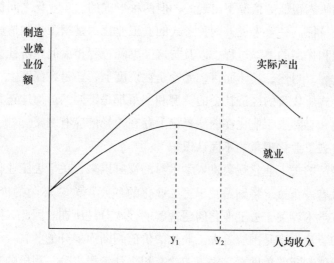

图2-1　典型的去工业化进程

注：Rowthorn 和 Ramaswamy（1999）指出，典型的去工业化首先体现在就业领域，而后是产出。y_1 代表的人均收入低于 y_2。而当相对就业的下降到 y_1 时，实际产量一直增长到 y_2，并由此开始下降。根据一些欧洲国家为样本的研究显示，y_1 是9000美元左右。

资料来源：Kassem，2010。

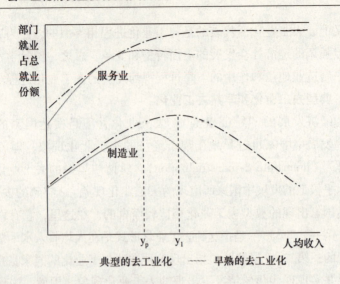

图 2 - 2　典型的去工业化 vs 早熟去工业化

资料来源：Kassem，2010。

尽管与发达国家典型的去工业化相比，发展中国家早熟的去工业化是其在人均收入很低的情况下出现的，但两种形式的去工业化之间仍存在很多共同的特征。一般来说，两种形式的去工业化都是指工业制造业在国民经济地位和作用的下降过程，以及与这一下降过程相关的经济社会的转型和变革过程。当然，具体而言，无论是在广度上，还是在深度上，两种去工业化形式所代表的经济社会的转型和变革都是不同的。而这正是典型的去工业化和早熟去工业化在内涵界定上存在差异的应有之义。

四　去工业化现象的不同认识

自经济的去工业化现象进入学术界的视野以来，关于去工业化本身的争论就没有停止过，特别是关于去工业化的"好"与"坏"的价值判断。这是西方学术界关于去工业化问题理解的根本分歧所在。因此，围绕着去工业化的争论大多是围绕着去工业化的价值判断而展开的。

从价值判断的角度看，去工业化有积极和消极之分。积极的去工业化是指劳动生产率和产出以及真实收入增长，工业就业人数占总就业人数的比重下降，但这种下降被服务业的快速增长所吸收，即经济能实现充分就业的状态。这种去工业化被认为是所有经济在发展过程中所具有的一个"正常"的结构性特征和经济成功的标志（Clark，1940、1957）。克拉克以威廉·配第的发现为基础，继承和发展了费雪（A. G. B. Fisher）在1935年首次提出的"三次产业"的概念，通过分析一些国家的大量时间序列数据，对产业结构演变的一般规律进行了考察。他的研究表明，伴随着经济的发展和人均收入水平的提高，劳动力首先从第一产业（农业）向第二产业（制造业）转移；当人均收入水平进一步提高时，劳动便从第二产业向第三产业（商业和服务业）转移。由于克拉克和配第都强调不同部门间的收入差异对劳动力转移的影响，因此，这一产业结构演变的基本规律被人们称为"配第—克拉克定理"。

与积极的去工业化相反，消极的去工业化是指工业领域处于危机状态，表现在工业生产增长缓慢甚至下降，工业就业绝对下降，服务业就业虽然在不断增加，但这种增加不能满足所有的就业需求，即经济不能实现充分就业（Kassem, 2010）。Rowthorn 和 Wells（1987）通过消极的去工业化来讨论经济的去工业化现象。在他们看来，消极的去工业化是阻止经济达到潜在经济增长和充分就业的一个结构性失衡的病态状况，而英国被看成是积极去工业化的典型例子。

然而，一般的情况却是，消极和积极的去工业化大多同时发生，也就是说，任何一个给定的经济体所经历的去工业化进程，不可能是任何一个单一的去工业化形式的结果。相反，工业经济体所经历的去工业化是在时间和空间上不断变化的"积极"和"消极"因素相互结合的结果（Alderson, 1999）。

进一步地说，尽管关于去工业化"好"与"坏"的价值判断，是积极和消极因素共同作用的结果，但整体而言，这两种相反的力量共同决定了去工业化到底是积极的去工业化，还是消极的去工业化。从过去和当前资本主义世界经济的发展历程来看，去工业化应被界定为一种消极的去工业化，而远非一些学者所认为的那样，是一种"积极的"经济现象或产业结构演变过程。这是因为，第一，去工业化所代表的经济"高级化"趋势，应能保证经济的充分就业、一国产业的国际竞争力、国际收支平衡以及稳定的经济增长等确保一国经济稳定健康发展的总量指标，但自经历了战后增长的"黄金时期"后，资本主义世界经济的增长和发展历程根本没有在经验上验证这种经济的"高级化"趋势。第二，尽管主流观点认为，去工业化是发达经济体经济发展过程中的"特征事实"，但为什么很多发展中国家在其人均收入水平还很低的时候也发生了去工业化现象呢?① 第三,2008 年的经济金融危机和新近发生的主权国家债务危机都向这种观点提出了质疑和挑战。因此,最后的结论是,去工业化应被定性为一种消极的去工业化。

第二节　去工业化的影响

正如上文所强调的,像工业化代表着从农业社会到工业社会的全面转型和变革一样,去工业化(无论是积极的去工业化,还是消极的去工业化)也必然代表一种经济社会的全面转型和变革,因此,去工业化对一个国家或地区的经济社会发展必然会产生全方位的影响。同时,也正是源于去工业化的这些影响,学术界才会对去工业化现象有如此之多的争论。不论是关于去工业化是否发生,还是关于去工业化"积极"与"消极"的价值判断,都源于此。因此,在进一步系统地分析经济的去工业化现象之前,有必要对去工业化进程所带来的经济社会影响进行梳理。

一　去工业化的经济影响

一直以来,经济增长的状况以及影响经济增长的因素都是经济学家们最为关心的问题,因此,作为一种"特征事实",去工业化对经济增长的影响自然也就成为对去工业化现象进行理解的重要方面。但正如对去工业化本身的理解一样,去工业化对经济增长的影响也存在争论,这也就是说,有观点认为去工业化对经济增长有积极的影响,而其他观点则认为去工业化对经济增长存在负面的影响。正如我们所看到的,去工业化对经济增长的影响方向的争论,正是去工业化是"消极"或是"积极"的价值判断的最重要方面之一。

事实上,大多数认为去工业化是经济发展的必然现象,或是经济或产业结构"高级化"结果的学者,即使没有专门论证去工业化对经济增长的积极影响,他们的分析中也显示,通常是将这一结果作为一种事实来看待。与社会学者如 Clark (1940、1957) 等认为去工业化是一种"积极"

---

① 早熟的去工业化是一种消极的去工业化形式,这是学术界的基本共识。而这也正是这种消极去工业化被定义为"早熟"去工业化的应有之义。

现象的观点相类似，去工业化的内部因素论者大多认为，去工业化是增长过程的必然结果。因此，去工业化必然对经济增长产生积极和正向的影响。

Crafts（1996）就英国 20 世纪中期以来的去工业化与经济增长的关系进行了论证。他的基本结论是，劳动力的去工业化是以提高创新回报的专用性和经济自由化为前提的促进经济增长率提高过程中的一个固有部分。对经济增长和长期的经济福利和政策制定而言，去工业化的逆转本身是好的这一观点，是一个严重的错误。[①] Rowthorn 和 Ramaswamy（1997）在强调制造业在技术进步及其溢出效应（特别是对服务业的溢出效应）的重要作用的同时，认为发达经济体的去工业化进程使经济作为一个整体的生产率增长越来越依赖于服务业部门。在他们看来，发达国家的去工业化进程在这样的意义上似乎有助于发达国家生活水平的提高。

与上述观点相反，其他一些学者则明确否定，或是反对去工业化对经济增长产生积极影响的观点，并认为去工业化对经济增长和社会福利产生了负向的影响，并以此为据，论证去工业化是一种"消极"的经济现象或过程，即使这一现象或过程是经济发展的"特征事实"，或是经济发展的必然趋势。

Spilimbergo（1997）发展了多恩布什—费希尔—萨缪尔逊模型用以解释去工业化和贸易之间的关系。他的结论是，贸易通过比较优势增加了福利，但促进了经济向服务业的转型，降低了经济增长率。Du（2005）则以韩国为例，考察了去工业化和经济增长的关系。他认为，去工业化通过两种途径对经济增长产生了负面影响。这两种途径是：第一，不同部门的不同劳动生产率的增长——生产要素（劳动力）从制造业部门（生产率增长快）向服务业部门（生产率增长慢）流动时将带来效率上的损失；第二，要素投入比例的变化，即与制造业相比，服务业具有较低的资本—劳动比，因此，伴随着劳动力由制造业部门向服务业部门的流动，经济中的投资或对资本的需求将会减少，从而影响整体经济的最终投入和增长。而去工业化对经济增长的影响是这两种效应的共同作用的结果。在 20 世纪 90 年代的韩国，劳动力的年转移效应在 0.2%—0.45%，而累积的劳

---

① 实际上，就制造业份额及生产率增长而言，去工业化时期英国比其他国家要小，但同期英国的经济增长速度却并不比其他国家慢，这意味着去工业化可能有助于英国经济增长（Alan，2003）。

动力年转移效应在 0.4% —0.6% 。

Hersh 和 Weller（2003）则认为，由于制造业在经济中的基础和核心地位，制造业不仅是技术创新和扩散所引至的供给增长的源泉，而且也是经济发展向纵深拓展和扩大就业所引致的需求不断增长的源泉。与其他产业相比，制造业不仅是技术创新的主体，而且其本身的扩张也需要更多的中间投入品，如资本和服务等。对任何国家而言，制造业的地位在何时都是不应该忽视的。而在美国，一系列不当的经济政策是使制造业本身的发展受到了人为的削弱。因此，这种源于不当的经济政策而导致的去工业化对美国的经济增长产生了不利的影响，特别是破坏了其长期经济增长的潜力。①

二 去工业化的社会影响

鉴于去工业化对经济社会发展影响的全面性，不同学者对去工业化影响的不同方面给予了关注。因而，除了去工业化对经济增长的影响外，其他学者将注意力集中在去工业化影响的其他方面，特别是去工业化对社会生活各个方面的影响，如社会福利、收入不平等、性别工资差异、劳动力再培训和再就业等种种问题。

在去工业化对社会福利的影响方面，Spilimbergo（1997）在讨论去工业化和国际贸易之间关系的基础上，强调如果技术进步是外生的，去工业化本身并不会影响经济福利，但如果技术进步内生于经济，那么当东道国一些部门所积累的技术被国外通过干中学的方式所吸收时，去工业化就会降低经济福利。② Tchesnokova（2003）则以一个包含两个部门的、单要素的、开放经济的动态模型为基础，讨论了当信贷市场不完善时，贸易自由化对拥有较低比较优势国家财富分配领域的负向影响。他的结论是，由于这种负向的财富分配效应超过了其来自贸易自由化的利得。所以，贸易自由影响了经济的去工业化，进而对经济福利产生了负向影响。

Stephanie（2003）认为，与服务业相比，制造业部门的典型特征是具

---

① 事实上，正如我们在本书后面的第六章所分析的，无论在理论上，还是在发生去工业化国家经济增长的实践上，去工业化对经济增长都有着极强的负面影响。

② 在 Spilimbergo（1997）研究的基础上，Spilimbergo（1998）以效用函数为基础，在微观层面上论证了以比较优势为原理的国际贸易对去工业化的影响，进而对发生去工业化国家的社会福利的影响。但他的结论是，在整体上，较之贸易利得而言，去工业化所造成的福利损失是次要的或是第二位的。

有较高的和较平均的工资收入。因此，工作机会从制造业向服务业的转移，将导致较大份额的低工资就业和贫困人口。也就是说，去工业化和失业等社会经济因素在很大程度上说明了发达资本主义民主国家税前及接受转移支付的劳动年龄人口的贫困率。[①] Sorokina（2007）强调了去工业化对工人再培训和再就业的影响。他认为，去工业化使得从制造业转移出来的工人增加了对再培训的需求。另外，也有学者研究了去工业化对性别工资差异（Kongar，2008）和种族工资不平等的影响（McCall，2001）。

Doussard 等（2009）以芝加哥为对象，研究了去工业化对五个不同收入层级的影响。结论是，去工业化导致工资降低、贫困率上升以及收入的不平等。更进一步地，该研究指出，去工业化对低收入群体的影响最大。Ostry 等（2001）以加拿大西部地区的大不列颠哥伦比亚省的锯木业为例，分析了去工业化对工人的生理、心理工作条件及对工人健康的影响。他们的结论是，伴随着去工业化进程和技术进步的推进，对制造业就业和工作条件的这种长期负面影响，很可能是影响工人健康的主要因素，并且已经并持续影响了很多工人。

美国印第安纳州的雷克县（Lake County）是去工业化的典型案例。值得注意的是，雷克县的去工业化与其日益加剧的贫困化是同时出现的。雷克县的去工业化进程最早，可以追溯到 20 世纪 60 年代，在那个时候，很多制造业企业开始了一系列的大幅裁员，而在其后的几十年这种状况非但没有好转，反而越发严重。20 世纪 80 年代早期，由于钢铁业为了应对多年来的低效率、生产过剩以及来自国外的竞争而大幅裁员，使得雷克县出现了最为严重的企业裁员状况。此间，虽然服务业有所增长，但相比制造业而言，仍然是次要的就业需求来源。时至今日，雷克县在美国钢铁地位的衰落和去工业化的阵痛中走向了衰落。[②] 作为雷克县最大城市的加里地区是该县制造业失业最为严重的地区。[③] 去工业化使得加里地区成为现

---

① 其他学者（如 Bluestone and Harrison，1982；Gustafsson and Johansson，1999；Alderson and Nielsen，2002）也有相同的观点。另外，以美国印第安纳州莱克县 1964—1993 年数据为例进行实证分析也证实了这一观点，参见 Brady and Wallace，2001。

② David Brady and Michael Wallace. Deindustrialization and Poverty：Manufacturing Decline and AFDC Recipiency in Lake County，Indiana 1964 – 1993. Sociological Forum，Vol. 16，No. 2（Jun，2001），pp. 321—358.

③ 加里地区的经济支柱是钢铁、石油化工等。在 20 世纪 60 年代的繁荣时期，仅美国钢铁加里钢铁厂、内陆钢铁厂以及标准石油炼化厂就雇用了超过 5 万名制造业工人。

代贫民窟的象征，失业、贫困、吸毒、犯罪以及学校减少和家庭解体等交织在一起。20世纪90年代，加里地区曾三次被选为"美国谋杀之都"。[①]总之，去工业化不仅与该地区经济社会状况的恶化同时出现，而且成为种种社会问题的成因或是来源。

20世纪，特别是第二次世界大战以来，发达资本主义国家的社会结构发生了巨大变化，其重要特征之一就是"中产阶级"的发展和壮大。[②]一般认为，中产阶级构成了发达国家的阶级基础，这使得发达国家社会稳定而缺少动荡。不过中产阶级的内涵和队伍正在发生巨大的变化。根据现代化的一般规律，随着经济社会的发展，社会的收入结构将"金字塔形"逐步转变为"橄榄形"产生出一个中产阶级大众，成为缓和社会矛盾和促进社会稳定的基础。如果按照收入水平来划分，一些收入较高的工业制造业领域的蓝领工人也属于中产阶级的范畴。事实上，这一特征正是发达工业化国家中产阶级内部结构的基本特征，例如，高薪的制造业岗位曾经一度成为美国主流中产阶级社会的基础。因此，去工业化在减少工业制造业领域蓝领工人就业数量的同时，不断地改变着发达国家中产阶级的结构，进而影响社会结构。也就是说，中产阶级的这种结构嬗变源于去工业化对中产阶级的挤压。

一直以来，工会力量在劳资关系的调整中占据重要地位。强大的工会在劳资谈判中发挥着重要作用。但第二次世界大战以来，以英美为首的一些发达资本主义国家的工会力量一直处于不断衰落的状态。自20世纪50年代开始，随着传统生产方式、产业结构，进而劳动关系被打破，工人阶级的内部结构也随之发生了深刻的变化。传统产业工人逐渐走向分散，向新产业、新技术领域，向中小私营企业，向白领阶层和非全日制岗位转移。也就是说，工会力量衰落的决定性因素是劳动力的重心从制造业中的蓝领工人转向知识工人。由于缺少产业工人工会这个核心，工人运动也就

---

① 参见 David Brady and Michael Wallace. Deindustrialization and Poverty：Manufacturing Decline and AFDC Recipiency in Lake County，Indiana 1964 – 1993. Sociological Forum，Vol. 16，No. 2（Jun，2001），pp. 321 – 358。

② 中产阶级是一个历史范畴，没有统一的、明确的定义。一般而言，中产阶级有两个比较常见的划分标准：一是职业，一般将从事脑力劳动的工人划分为中产阶级；二是人均或家庭收入，一般将社会结构中的中等收入者视为中产阶级。总之，无论从经济、政治地位，还是从社会文化地位上看，处于中产阶级行列的人群均居于现阶段社会的中间水平，但很显然，这是一个貌似明晰，实则含混的定义。

不存在了。① 而制造业工人的消失或转移正是工业制造业衰落，即去工业化的结果。

第三节　小结

作为工业化进程的延续或是逆转，作为经济发展过程中的"特征事实"，去工业化进程并不是发达国家所特有的经济现象，很多发展中国家和地区在其人均收入水平很低的时候也出现了类似的经济现象，即早熟的去工业化。从概念和形式上看，去工业化既有地理学意义上的去工业化，又有宏观视角下的去工业化，也有发达国家典型的去工业化和发展中国家早熟的去工业化之分，其中，宏观视角下的去工业化亦有广义和狭义之分。此外，学术界关于去工业化现象的"好"与"坏"的价值判断，也有不同的认识。当然，在我们看来，去工业化是一种"消极"的去工业化，而不是产业"高级化"或经济"成熟化"的表现。

作为一种动态的过程，去工业化是在时间的过程中形成的，并且具有不同的表现形式。一般来说，去工业化首先表现在传统产业的消失和衰败上；其次，去工业化表现在部分城市的衰败，即城市的去工业化上；最后，作为进一步在空间上的拓展，去工业化表现在传统工业制造业中心或产业带的衰落上。与此同时，伴随着这种工业制造业在时间和空间上的衰落，去工业化也带来了严重的经济社会影响。从失业的增加、贫困和犯罪率的增长，到较低且不稳定的经济增长，再到社会结构的变化等一系列的经济社会问题，都是源自去工业化的影响。

不难看出，不论在内涵上，还是外延上，对去工业化现象的理解都可以向深度和广度拓展，而这恰恰说明去工业化与工业化一样，代表了经济社会发展的转型和变革。那么去工业化为什么会发生呢？或者去工业化的发生机制是什么呢？接下来，本书将重点探讨去工业化的发生机制或成因，以揭开推动去工业化发生的背后力量面纱。

---

① Peter F. Druker, The New Realities, Harper & Row Publishers, 1989, p. 193.

第三章　去工业化的发生机制

去工业化是经济增长和发展过程中的"特征事实",不仅发达工业化国家先后经历了经济的去工业化,而且也有很多不发达国家和地区也经历了经济的去工业化。但是,正如现有文献所指出的,关于去工业化的成因一直存有争论,而且在这些争论的基础上,已经形成了不同的解释去工业化成因的思想线索。① 然而,尽管这些思想线索在某种程度上能够解释去工业化的成因,但很显然,它们不能对经济的去工业化现象,作出合理的、充分的、深入的解释。因此,有必要对去工业化的成因或发生机制进行进一步的分析,进而寻找去工业化发生的深层根源。而这正是本章所要做的。本章在现有文献研究的基础上,构建了一个马克思主义的理论分析框架,用以解释去工业化发生机制或根源。

第一节　去工业化的实质及影响因素

一　去工业化的实质

在理论上,去工业化的研究大多都围绕着卡尔多主义的宏观经济理论来展开,即认为工业,特别是其中的制造业是经济增长的核心动力,经济的增长率决定于制造业的增长率(Kaldor,1966、1967)。实际上,卡尔多对制造业在经济中地位和作用的分析,遵循着古典经济分析的传统,与

---

① 现有文献一般将消费需求结构变化、劳动生产率(特别是制造业劳动生产率相对于整体经济的提高)、对外直接投资、国际贸易(特别是南—北贸易的结果)、"荷兰病"资源诅咒型传导机制以及不当经济政策等因素视为去工业化的成因。很显然,这些成因并不能解释去工业化的根源,或者说,它们本身就是更深层根源在经济上不同方面的反映。另外,现有文献对去工业化主要驱动力量在统计学意义上的解释(主要是消费需求结构和劳动生产率的提高)也存在很大的问题,因此,需要重新对推动去工业化发生力量的主次或层次性进行解释。

此同时，他的分析也受到了 Young（1928）的极大影响。①

在古典经济学的视野中，工业，特别是制造业（产业资本）是财富创造的主体，是经济中价值和剩余价值创造的主体。在斯密看来，工业，特别是制造业是国民财富创造的主体；作为斯密经济理论的批判者，马克思也同样认为，工业制造业是财富创造的主体（各种使用价值）。同时，他强调了工业制造业也是价值和剩余价值创造的主体。在现代经济学的语境中，制造业历来是中产阶级就业的主要来源，它提供了工人向上流动的路径。制造业的就业人数是构成许多区域和地方经济的基础，制造业的增长能在其内外部创造出更多的经济活动。在这样的意义上，制造业的增长具有较高乘数效应。对发达经济体而言，制造业仍然是财富的创造者、生产率提高的主体，其重要性不应该被低估。② 例如，对于美国来说，强大的制造业一直是美国财富和权力的关键特征（Cohen and Zysman，1987）。③

所以说，任何对经济去工业化的理解都应该围绕着制造业是经济运行和增长核心动力的卡尔多主义的宏观经济理论来展开。这也就是说，制造业不仅需要更多的中间投入，而且制造业的技术创新和技术扩散是整体经济技术进步和劳动生产率提高的基础，制造业自身的增长决定着整体经济的增长率。在古典经济学的语境中，工业制造业不仅是财富创造的主体，而且是价值和剩余价值创造的主体。因此，对于任何国家和地区而言，制造业仍然是极其重要的，在过去如此，在当前和未来同样如此。

事实上，正是基于工业制造业在经济中的这种重要性，上文的分析已经从侧面或是相反的角度，说明了去工业化的实质。具体而言，去工业化的实质就蕴含于去工业化的内涵之中，即去工业化或是其实质就是指工业，特别是制造业在经济中地位和作用的下降过程。当然，这一工业制造业的下降过程使经济作为一个整体，丧失运行和增长的核心动力，以及财富和价值创造的来源或主体。

更进一步地说，在更深的层面上，去工业化的实质是指推动经济去工业化发生的根源或内在机制。在这里，像资本逐利本质下的工业化进程一

---

① Young（1928）强调制造业扩张整体的宏观经济外溢效应，即所谓规模的宏观经济。

② Economist Intelligence Unit. Globalization and manufacturing. 2010.

③ 其他关于制造业是经济增长核心的具体分析，参见 Baker and Lee, 1993；Hersh and Weller, 2003。

样，去工业化仍然是资本逐利本质下资本剥削劳动的必然结果，是资本主义制度的必然产物，是生产社会化和资本主义私人占有之间基本矛盾在经济上的必然表现和结果。因此，对去工业化实质的理解不能停留在表面上，换句话说，去工业化在本质上虽然表现为工业制造业在经济中地位和作用的下降过程，但在更深层的根源上，其实质是对抗性的劳资关系下，资本剥削劳动的必然结果，即去工业化的实质就是资本逐利本质下资本对活劳动的剥削。

二 去工业化的影响因素

正如推动工业化背后因素的多样性一样，推动去工业化背后的因素也是多样的。在我们的分析中，资本逐利的本质是整个分析的源头，或者说，去工业化的一切其他成因或实现途径，不是资本逐利本质在经济上的表现形式，就是资本逐利的结果，进而间接地对经济的去工业化产生影响。

在竞争的压力下，资本家若不想在激烈的竞争中被淘汰或是在竞争中获得超额利润，就必须在平均价格被迫降低之前，改进原有的生产方法，进行技术创新和改进。这一过程的结果是劳动生产力的提高。不难分析，资本逐利的本质在竞争的外在推动下，可以得到以下几个主要结果：

1. 随着资本主义的发展，通过绝对剩余价值生产攫取剩余价值的方式，逐渐地让位于通过相对剩余价值生产的方式攫取剩余价值。在相对剩余价值生产的方式成为攫取剩余价值主要方式后，资本逐利的本质和资本家之间的竞争迫使资本家不断地用机器代替活劳动，结果是资本技术构成的不断提高，劳动需求的较少，即大量活劳动被排斥在生产过程之外。

2. 对于单个资本家而言，技术进步和劳动生产率的提高能够使其获得超额剩余价值或利润，但这一提高的必然结果是单位时间内生产商品量的增加。因而，对于整体资本主义而言，劳动生产率提高促使源于资本主义基本矛盾的生产过剩的系统性趋势得到进一步强化，进而强化了生产过剩的系统性危机。

3. 资本逐利本质和资本家之间竞争的结合在促进劳动生产力发展，提高生产效率的同时，也导致了资本积累和积聚。也就是说，这一过程的结果是导致了资本的集中和集聚，使资本成为越来越大的单元，并获得了越来越多的垄断能力。但越是如此，资本就越来越排斥活劳动，也即伴随着资本的集中和积聚，单位资本吸收的劳动力数量将越来越少。而这就是典型的去工业化进程。

4. 资本逐利本质和资本家之间竞争的结合不断促使资本主义走向全球化。早在 100 多年前，马克思和恩格斯就曾在《共产党宣言》中对资本主义生产方式在全球范围内的扩张和发展过程中做过精辟的论述。在马克思和恩格斯看来，资产阶级创造世界市场完全是出于最大限度地攫取剩余价值的贪婪本性。"不断扩大产品销路的需要，驱使资产阶级奔走于全球各地，它必须到处落户，到处开发，到处建立联系。资产阶级由于开拓了世界市场，使一切国家的生产和消费都成为世界性的了"。"过去那种地方的和民族的自给自足和闭关自守状态，被各民族的各方面的互相往来和各方面的互相依赖所代替了"。资产阶级"按照自己的面貌为自己创造出一个世界"。① "创造世界市场的趋势已经直接包含在资本的概念本身中。任何界限都变现为必须克服的限制"。② "资产阶级的真实任务是建立世界市场和以这种市场为基础的生产"。③

5. 由于新工业制造业生产能力的不断加入以及原有的过剩制造业生产能力没有被淘汰等原因，导致了全球制造业领域生产过剩趋势的长期化，并引起了资本的盈利能力危机和危机趋势的长期化，从而导致资本绕过产业资本的形式获得利润。结果是经济的去工业化。

进一步地说，尽管经济全球化所包含的贸易全球化和以对外直接投资为特征的生产全球化是资本逐利本质的必然结果。但这里必须指出的是，以跨国公司为主体的对外直接投资在 20 世纪七八十年代的兴起有其自身的时代背景。这一背景本身也是资本逐利的结果，即资本主义世界 20 世纪 60 年代末 70 年代初的盈利能力危机以及这种危机长期化。因此，与早熟的去工业化一样，生产过剩以及盈利能力危机，特别是这二者的长期化既是对外直接投资的时代背景，又是资本投资于海外寻找利润的原因。

俄罗斯式的极端经济制度转变所导致的去工业化不在我们的研究范围内，但这种病态化的去工业化以及由此产生的经济发展模式，为什么不能被逆转或是进行经济的"再工业化"呢？这才是我们关注的焦点。事实上，俄罗斯经济的去工业化和现实中的经济发展模式有其特殊的时代和经济背景，当然，这一背景并不源于苏联的解体，而是与其他发展中国家和

---

① 《马克思恩格斯选集》（第一卷），人民出版社 1995 年版，第 276 页。
② 《马克思恩格斯全集》（第 30 卷），人民出版社 1972 年版，第 388 页。
③ 《马克思恩格斯全集》（第 29 卷），人民出版社 1972 年版，第 348 页。

地区早熟工业化的时代背景是相同的。另外，关于早熟去工业化成因的现有解释至多是这种形式去工业化的次要因素或发生背景，而且深层的根源需要从其发生和发展的经济及时代背景中去找。这一时代背景是早熟去工业化发生的充分必要条件，其特征是工业制造品在全球范围内的生产过剩状态以及由此引发的盈利能力危机。

综上所述，去工业化的根源以及作为其经济上表现的去工业化的其他成因和时代背景，都可被纳入到一个马克思主义的分析框架之中，如图 3 − 1 所示。但这一分析需要进一步的拓展。这是因为，我们既没有在理论上对去工业化的发生机制进行分析和梳理，也没有对全球范围内长期持续的生产过剩状态以及由此造成的盈利能力危机和经济长期停滞做出更为具体的分析。事实上，这一经济长期停滞的状态及其后果不仅是发达经济体去工业化主要成因之一，而且也是早熟去工业化发生的时代背景和主要原因。与此同时，这一状态不仅是资本逐利本质在逻辑上的必然反映，更是现实资本主义经济在过去几十年的发展历程中所具有的时代特征。更为重要的是，这一理论框架不仅能够解释发达国家的典型去工业化进程，而且

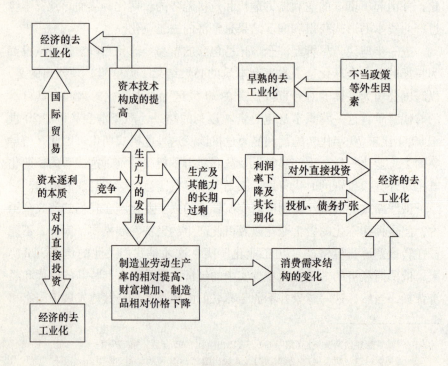

图 3−1 去工业化发生机制的分析框架

也能够对发展中国家和地区早熟去工业化形式进行解释。① 此外，这一框架也能够对还没有出现去工业化现象的欠发达国家和地区是否将出现去工业化现象进行预见，并能预见或回答发达国家在 2008 年危机后再次提出的"再工业化"策略能否取得经济上的成功。

第二节　去工业化的根本原因

上文已经指出，驱动经济去工业化的终极力量是资本逐利的本质，而这些具体的导致经济去工业化的成因，只不过是资本逐利本质在经济上不同方面的反映。因此，经济去工业化的发生有其深刻的制度根源，它是资本主义制度的必然产物。

一　资本技术构成的变化与去工业化的发生

虽然在马克思的理论中没有经济去工业化的概念，但去工业化是马克思经济理论在逻辑上的一种自然延伸，或者去工业化本身就是马克思所论述的，只不过马克思没有使用去工业化这一概念。事实上，去工业化是伴随着资本主义的发展而发生和发展的。去工业化的可能性就蕴藏在资本主义的发展之中，只有资本主义获得了充分的发展，这种可能性才会变为现实性。经济的去工业化是资本逐利的本质在逻辑上和经济上的必然表现，它和生产过剩的经济危机一样，是资本主义制度的必然产物，只不过它们是同一根源在经济上的不同表现形式。因此，对去工业化的成因或发生机制进行研究，须以资本逐利的本质为出发点，并在资本主义的发展演变的线索中去寻找。

资本在本质上不是物，而是一定社会历史形态下的生产关系。资本体现了资本家对工人的剥削关系，其存在的根本动力是获得利润或是剩余价值。资本剥削剩余价值主要通过两种方法，即绝对剩余价值生产和相对剩余价值生产。我把通过延长工作日而生产的剩余价值，叫作绝对剩余价值；相反，我把通过缩短必要劳动时间、相应地改变工作日的两个组成部

---

① 显然，不当经济政策等外生冲击不可能是发生去工业化，特别是早熟去工业化的根源。此外，即使"荷兰病"是一些国家和地区出现去工业化的原因，但是我们关于去工业化的理解和分析中，世界制造业领域的生产过剩以及由此造成的盈利能力危机是这种去工业化形式出现的时代和经济背景。

分的量的比例而生产的剩余价值，叫作相对剩余价值。①

　　资本主义发展的初期阶段，较低的社会劳动生产力要求资本家主要依靠延长工作日，即通过绝对剩余价值生产的方法来增加剩余价值的量。但是，通过延长工作日增加剩余价值的方法面临着两个因素的制约，一是劳动者的生理界限；二是社会的道德界限。在某种意义上，资本主义在近代的发展史就是资产阶级和无产阶级围绕着工作日，展开斗争的历史。这种斗争决定了工作日的实际长度及其发展变化。资本主义历史发展的实践证明，通过绝对剩余价值的方法本身就具有历史性，一方面，它是阶段斗争的产物；另一方面，它是资本主义推动生产力发展的产物。自 1866 年，英国的工人阶级在第一次提出 8 小时的工作日以来，工作日长度在资本主义世界不断地缩短，特别是在一些发达资本主义国家。二战后，国际工人运动和科技革命所带来的生产力的飞速发展，一些发达国家的工作日长度甚至比战前更加缩短了。因此，作为一个具有历史特征的剩余价值生产的方法，其必然要退出历史的舞台或成为次要的获得更多剩余价值和利润的来源。但资本逐利的本性，必然要求其他的方法来增加剩余价值或利润。而相对剩余价值的生产方法便承担了资本的这一历史使命，由此，伴随着绝对剩余价值生产方法逐渐退出历史的舞台，相对剩余价值生产的方法便走上了历史的舞台，成为资本获利的主要方法。

　　与绝对剩余价值生产方法相比，相对剩余价值是指在工作日长度一定的情况下，用缩短必要劳动时间相对延长剩余劳动时间的办法来增加剩余价值。也就是说，缩短必要劳动时间是相对剩余价值生产的前提和条件，而要缩短劳动时间就要降低劳动力的价值，要降低劳动力价值，就要提高社会的劳动生产率，以降低维持和再生产劳动力所需的生活资料的价值。所以，相对剩余价值生产，是生产力的发展和社会劳动生产率的普遍提高的结果。这一过程的动态特征如下：劳动生产力↑→社会必要劳动时间↓→劳动力价值↓→剩余价值↑。社会劳动生产力的发展是资本的历史任务和历史权力。② 劳动生产力的提高，我们在这里一般是指劳动过程中的这样一种变化，这种变化能缩短生产某种商品的社会必需的劳动时间，从而使较小量的劳动获得生产较大量使用价值的能力。③ 因此，资本必须变革

---

　　① 马克思：《资本论》（第 1 卷），人民出版社 2004 年版，第 366 页。

　　② 《马克思恩格斯全集》（第 32 卷），人民出版社 1998 年版，第 461 页。

　　③ 马克思：《资本论》（第 1 卷），人民出版社 2004 年版，第 366 页。

劳动过程技术条件和社会条件，从而变革生产方式本身，以提高劳动生产力，通过提高劳动生产力来降低劳动力的价值，从而缩短再生产劳动力价值所必要的工作日部分。①

然而，必须说明的是，"劳动力价值随着它的再生产所必需的劳动时间的缩短而降低，这种必要劳动时间的全部缩短等于所有这些特殊生产部门中这种劳动时间缩短的总和。在这里，我们把这个总结果看成好像是每个个别场合的直接结果和直接目的。当一个资本家提高劳动力来使衬衫便宜的时候，他绝不是必然抱有相应地降低劳动力的价值，从而减少必要劳动时间的目的；但是，只要他最终促成这个结果，他也就促成一般剩余价值率的提高"。② 现在，这个商品的个别价值低于它的社会价值，也就是说，这个商品所花费的劳动时间，少于在社会平均条件下生产的大宗同类商品所花费的劳动时间。③ 也就是说，相对剩余价值的生产，不是资本的直接要求和运动的结果，而是资本家直接追求超额剩余价值或利润自发运动的结果。在这里，马克思强调，对超额剩余价值的追求是竞争的强制规律发生作用的结果，是存在于单个资本家意识中的动机。

资本逐利的本质是资本主义的内在动力，而资本家间的竞争则构成了资本主义的外在推力。面对竞争压力，资本家的反应不是被动地降低价格或减少生产，接受较低的利润率，而是通过提高工人的劳动强度，或采取新的生产方法来降低成本。与此同时，具有竞争优势的资本家也不甘于固守现有的市场份额，坐享其成，而是扩大生产，力图抢夺别人的市场。竞争的趋势根本不是被动地将生产约束在市场的限制之内，而是迫使资本家不顾市场的限制发展生产力。所以，生产的"无政府状态"是系统性生产过剩的根源。④ 生产过剩是通过竞争迫使落后的生产者退出市场的手段，因而它并不是竞争引起的偶然事件，而是资本主义生产方式的必然结果。生产过剩是资本主义生产方式发展生产力所必须付出的代价。⑤ 在竞争压力的驱使下，经常性的生产过剩的趋势成为资本主义的一个特征，危

---

① 马克思：《资本论》（第1卷），人民出版社2004年版，第366页。
② 同上书，第367页。
③ 同上书，第368—369页。
④ 西蒙·克拉克：《经济危机理论：马克思的视角》，杨建生译，北京师范大学出版社2011年版，第19页。
⑤ 同上书，第90页。

机趋势必然是系统性的，而不是偶然的。①

　　在马克思看来，生产率的提高不可避免地与生产规模的扩大联系在一起，这意味需要更大的资本。这是由资本主义积累的一般规律所决定的。资本主义生产过程实质上同时就是积累过程。② 正因为如此，资本无意中为一个更高的生产方式创造物质条件。③ 在这里，资本的原始积累不是我们分析的起点，因此，在从手工业到资本主义生产的过渡中，我们必须假定已经有这种积累。④ 这是因为，一旦资本主义制度的一般基础奠定下来，在积累过程中就一定会出现一个时刻，那时社会劳动生产率的发展成为积累的最强有力的杠杆。⑤

　　如果撇开土壤肥力等自然条件，撇开单独地进行劳动的独立生产者的技能（这种技能更多地表现在质量即制品的优劣上，而不是表现在数量即制品的多寡上），那么，社会劳动生产率的水平就表现为一个工人在一定时间内……但是，不管是条件还是结果，只要生产资料的量比并入生产资料的劳动力相对增长，这就表示劳动生产率增长了。因而，劳动生产率的增长，表现为劳动的量比它所推动的生产资料的量相对减少，或者说，表现为劳动过程的主观因素的量比它的客观因素的量相对地减少。⑥

　　以上分析表明，只有在资本主义的形式上，才具有大规模生产的基础。一切在这个基础上生长起来提高社会劳动生产力的方法，同时也就是提高剩余价值或剩余产品的生产的方法，而剩余价值或剩余产品又是积累的形成要素。剩余价值不断再转化为资本，变现为进入生产过程的资本量的不断增长。这种增长又成为一种扩大的生产规模以及随之出现的提高劳动生产力和加速剩余价值生产的方法的基础。可见，一定程度的资本积累变现为特殊的资本主义的生产方式的条件，而特殊的资本主义生产方式又反过来引起资本的加速积累。因此，特殊的资本主义的生产方式随着资本

---

　　① 西蒙·克拉克：《经济危机理论：马克思的视角》，杨建生译，北京师范大学出版社2011年版，第81页。

　　② 马克思：《资本论》（第3卷），人民出版社2004年版，第242页。

　　③ 《马克思恩格斯全集》（第32卷），人民出版社1998年版，第461页。

　　④ 马克思：《资本论》（第1卷），人民出版社2004年版，第720页。

　　⑤ 同上书，第717页。从时间上看，资本主义积累的危机趋势始于1825年，从这一年开始，资本主义积累的动力变成由相对剩余价值生产所推动的生产力发展。参见西蒙·克拉克《经济危机理论：马克思的视角》，杨建生译，北京师范大学出版社2011年版，第91页。

　　⑥ 马克思：《资本论》（第1卷），人民出版社2004年版，第718页。

积累而发展，资本积累特殊的资本主义的生产方式而发展。这两种经济因素由于这种互相推动的复合关系，引起资本技术构成的变化。从而使资本的可变组成部分同不变组成部分相比越来越小。①

这一过程的一个间接的结果是，资本技术构成的提高，即生产资料的量比推动它的劳动力的量相对增长。资本的技术构成是指生产资料和劳动力之间的量的比例，它是由生产力和生产技术发展水平所决定的。对于资本积累而言，在正常的积累进程中形成的追加资本，主要是充当利用新发明和新发现的手段，总之，是充分利用工业改良。但是随着时间的推移，旧资本总有一天也会从头到尾地更新，会脱皮，并且同样会以技术上更加完善的形态再生出来，在这种形态下，用较少的劳动就足以推动较多量的机器和原料，由此必然引起对劳动需求的绝对减少，不言而喻，经历这种更新过程的资本越是由于集中运行而大量积聚，对劳动需求的减少就越厉害。② 可见，一方面，在积累进程中形成的追加资本，同它自己的量比较起来，会越来越少地吸收工人。另一方面，周期地按新的构成再生出来的旧资本，会越来越多地排斥它以前所雇用的工人。③

除了正常的积累外，资本扩张的途径还包括资本的集中。这是已经形成的各资本的积聚，是它们的个体独立性的消灭，是资本家剥夺资本家，是许多小资本转化为少数大资本。④ 随着资本主义生产和积累的发展，竞争和信用——集中的两个最强有力的杠杆，也以同样的程度发展起来。⑤竞争斗争是通过使商品便宜来进行的。在其他条件不变时，商品的便宜取决于劳动生产率，而劳动生产率取决于生产规模。⑥ 此外，信用事业作为一种崭新的力量，随着资本主义生产而形成和发展起来，并成为资本家竞争中的一个新的可怕的武器和实现资本集中的一个庞大的社会机构。从结果上看，集中在这样加强和加速积累作用的同时，又扩大和加速资本技术构成的变革，即减少资本的可变部分来增加它的不变部分，从而减少对劳动的相对需求。⑦

---

① 马克思：《资本论》（第1卷），人民出版社 2004 年版，第 720—721 页。
② 同上书，第 724 页。
③ 同上。
④ 同上书，第 722 页。
⑤ 同上。
⑥ 同上。
⑦ 同上书，第 724 页。

二 资本垄断和集中及经济长期停滞的去工业化效应

尽管资本逐利的本性要求资本不断地走向积聚或集中，但从资本主义发展的时代背景来看，马克思所分析的资本主义仍然是竞争时期的资本主义。在这方面，我们提出的疑问是，与竞争时期的资本主义相比，当今的资本主义世界经济发生变化了吗，或者资本主义在当今的特征是否像其所获得的"垄断资本主义或国家垄断的资本主义"等称谓那样，真的具有垄断的特征，而不具有资本主义外在推动力的竞争特性呢？当然，答案是否定的。

不可否认，在某些领域大资本的确获得了垄断，但至少从全球范围来看，特别是从发达资本主义世界来看，垄断的特征不具有普遍性，也就是说，垄断仍然是竞争中的垄断，它来源于竞争，并时刻面临着其他资本的竞争或是潜在资本的竞争。在这一点上，资本主义在本质上是没有发生变化的，资本逐利和竞争仍是资本主义的本质特征，特别是在经济全球化的背景下更是如此。此外，必须提及的一点是，当前，资本逐利的本质同民族国家（欠发达的国家和地区）崛起和实现现代化的愿望结合在一起，而在发达的资本主义国家这种状况就是国家垄断的资本主义，也即国家和大的垄断资本结合在一起。结果是，资本之间的竞争和国家之间的竞争相结合，其中，国家之间的竞争服务于本国的资本，以使其获得竞争优势，而反过来，资本支持资本主义国家以使其获得力量，并为其对外竞争提供帮助。所以，系统性的生产过剩在资本走向集中和垄断之后，仍然是资本主义生产的基本特征。①

事实上，资本主义的经济发展历程已经在经验上验证了上文中竞争压力下资本逐利的主要结果，即一方面，资本必然走向集聚和集中，并获得相应垄断能力；另一方面，资本主义竞争的本质并没有发生变化，变化的只是形式而已，因此，系统性的生产过剩以及盈利能力危机仍然是资本主义生产的基本特征。下面我们将对以上两点对去工业化的影响作出简要的分析：

1. 资本的集聚和集中。上文中已经提到，资本积累和集中既是生产力发展的结果，又是生产力发展的原因，此二者是相互作用的。但无论如

---

① 这里的系统性生产过剩指的仍然是相对的生产过剩，它是资本主义制度的必然产物，源于资本主义的基本矛盾。

何，在资本规模不断扩大的同时，生产力是不断发展的，资本的技术构成是不断提高的，因此，对劳动力的需求是不断减少的。这既是逻辑上推演出来的结果，更是资本主义经济发展的结果。

从历史上看，19世纪50年代以来，在资本不断积累的同时，资本主义世界出现了五次较为明显的以并购为主要手段的资本集中浪潮，但很显然，对这几次并购浪潮进行具体的分析，不是我们所讨论的。我们关心的是，资本通过并购的方式变为越来越大的单元。正如乔治·斯蒂格勒所言，美国没有一个大公司不是通过某种程度、某种方式的并购而成长起来的，几乎没有一家大公司是靠内部扩张成长起来的。美国的100家最大的生产制造企业拥有的生产制造业资本份额从1909年到20世纪40年代后期变化不大。此后，根据理查德·迪博弗提供的证据，这一份额在20世纪60年代末从40%迅速提高到50%，并且在其后几十年中持续缓慢地上升。每1000个雇佣劳动力中生产制造单位（工厂）职工所占比重，从1909年到20世纪60年代初期增长十倍，而且可以肯定，生产制造企业（公司）的平均绝对规模增长得更快。① 此外，更为重要的是，当前，大多数垄断资本都是资本密集型，特别是技术密集型，它们经常以自己获得的某个方面的垄断能力为前提，获得超额利润。与传统的提高劳动生产率，降低单位商品的社会必要劳动时间相比，这种获得超额利润的方式对劳动力的排斥能力更强。也就是说，资本越是走向积聚、集中和垄断，对劳动力的需求就越少（见图3-2）。而这恰是欧美等发达国家制造业就业份额不断萎缩的重要原因之一。

2. 系统性生产过剩和盈利能力危机。20世纪以来，资本主义世界分别经历了两次世界大战以及期间发生的"大萧条"，此后，建立在此基础上的是资本主义世界在二战后经济增长的"黄金时期"，表现是经济中主要指标包括：产业、就业、投资及生产率都达到了或是接近了资本主义发展史上的最高水平。此间，德国和日本等经历了二战洗礼的国家的制造业获得了飞速的发展，不但成功地取得了其国内的制造品市场，反而，在制造品贸易领域，逆转了与美国的贸易关系，即不断地占领美国国内的制造品市场。

---

① 弗雷德里克·普赖尔：《美国资本主义的未来——决定美国经济制度的长期因素及其变化》，黄胜强等译，中国社会科学出版社2004年版，第284页。

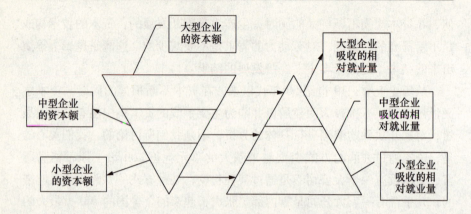

图 3 - 2 企业资本额大小与其吸收相对就业量的关系

然而，这一快速经济增长过程的结果是，肇始于 20 世纪 60 年代中后期的制造品在全球范围内的生产过剩以及由此引发的盈利能力危机（1965—1973 年）。这既是资本家之间的竞争的结果，又是国家间竞争的结果。竞争仍然是资本主义发展的外在推动力，在竞争时期的资本主义如此，在当代的资本主义社会更是如此，但竞争的结果仍然是生产的相对过剩。也就是说，竞争由生产力发展的动力，变成了资本主义经济停滞和衰退的原因。但是，与以前资本主义通过危机的方式淘汰过剩的生产能力以恢复盈利能力不同，资本主义发明了各种各样的方式，目的是避免大规模（如 1929—1933 年的大萧条）经济危机的爆发。结果是，生产过剩的趋势长期化，利润率没有得到足够的恢复，加之新的制造业生产能力不断地加入，使得这一过剩的趋势更加严重。

自此，资本主义以工业制造业为主体的实体经济一直处于停滞，甚至是萎缩的状态。在这种情况下，资本为了获得足够多的利润，纷纷转向海外寻找盈利的机会，或是绕过实体经济，通过投机或债务扩张的方式获得利润。这一点也在经验上验证了斯威齐的观点，即大规模的金融投机与实体经济的停滞植根于同样的经济困境之中，也就是说，经济生活在无法依赖实体经济的增长时，便转向金融业务以扩大金融资本的积累。从时间看，这一过程大体与发达经济体的去工业化历程是同时出现的，而且发展中国家和地区早熟的去工业化也是在这一过程中出现的。因此，全球制造业生产过剩的趋势以及由此引发的资本盈利能力问题，特别是经济随后出现的长期停滞，是发达国家去工业化及发展中国家早熟去工业化的主要成因。

尽管在布鲁厄看来，马克思留下的不是对历史的一种完美的解释，而是对欧洲历史的一种不联系的框架，一种对资本主义生产方式的分析，但他留给我们的是如何将其分析进行扩展的一些引人注目的指示。[①] 的确，马克思留给我们的是一些引人注目的指示。这一指示在分析其他问题时如此，在分析经济去工业化的动因方面同样也如此。另外，资本主义历史发展的实践也告诉我们，马克思批判政治经济学之后一个半世纪间所发生的一切，证明了马克思对资本主义运动规律的根本分析是十分正确的。[②]

第三节 经济长期停滞的去工业化
效应：实证分析

一 资本主义世界经济的长期停滞

在马克思看来，当斯密用资本过剩、资本积累来说明利润率下降时，说的是永久性的影响问题，而这是错误的；相反，暂时的资本过剩、生产过剩、危机则是另一回事。[③] 永久性的危机是没有的。生产过剩不会引起利润率的持续下降，但是它具有持久性的周期性。[④] 但现实是，资本主义世界经济确实经历了长期的停滞，而且至今仍没有复苏的迹象。上文中已经指出，经济的长期停滞源于制造业在全球范围内的长期持续生产过剩的状态，但为什么全球制造业的生产会长期存在持续过剩的现象呢？这是一个必须澄清的极其重要的问题。

事实上，全球制造业产能过剩以及由此引发的利润实现困难和利润率的下滑现象，正是马克思经济周期及危机理论在现实经济中的反应。无论在逻辑上，还是在实践上都是如此。但现实中，资本主义的企业和国家通过各种各样的方式来阻碍发挥淘汰过剩生产能力的机制作用（主要是通过经济危机的方式淘汰过剩的生产能力），加之新的制造业生产能力的不

---

① 布鲁厄：《马克思主义的帝国主义论》，陆俊译，重庆出版社 2003 年版，第 14 页。
② 西蒙·克拉克：《经济危机理论：马克思的视角》，杨建生译，北京师范大学出版社 2011 年版，第 2 页。
③ 《马克思恩格斯全集》（第 34 卷），人民出版社 2008 年版，第 532 页。
④ 同上书，第 532 页。

断形成和加入，使本已过剩的生产能力更是雪上加霜。简言之，"淘汰不畅"而"加入过甚"或"退出过少"而"进入过多"是全球制造业生产过剩形成的根源。下面我们将从不同的方面讨论这些成因：

1. 新制造业生产能力的不断形成和加入，使全球制造业生产过剩的趋势不断强化。资本的推动和民族国家崛起及实现现代化愿望的结合，使得以民族国家为单元的制造业生产能力不断地加入世界制造业体系中，先是日本和德国等发达国家，而后是以亚洲"四小龙"和巴西为代表的新兴经济体和新兴制造业大国，最后是中国、印度等发展中大国的加入。例如，欠发达国家中的少数成员——东亚国家最为突出，也包括 20 世纪 70 年代的墨西哥和巴西——的制造商们仍然能够加入到部分产业生产中来并获利不菲，其出口也呈迅速增长的态势。[①] 在 1965—1990 年间，东亚"四小龙"——新兴工业化国家（NICs）——的出口在国际市场上的份额由 1.2% 猛增到 6.4%，其成就相当于日本在 1950—1975 年取得的经济成绩。到 1990 年，亚洲（不包括日本和欧佩克成员国）在全球商品出口总额中占 13.1%，比美国的 11.7%，德国的 12.7%，日本的 8.5% 都要高。[②] 即使在一些国家，制造业的兴起是外国直接投资和国际产业转移的结果，但不可否认的是，这种制造业的生产能力在世界范围内的扩张，不断地加剧制造业在全球范围内生产过剩的状态。因此，对发达资本主义国家而言，制造业生产过剩的状况仍然是一个沉重的负担。

2. 过剩（包括落后的）的生产能力没有及时被淘汰，以缓解生产过剩的压力。过剩的生产能力没有通过大规模经济危机的方式加以淘汰，从而未能给新一轮的经济扩张提供基础。不是大萧条时期企业在世界范围的倒闭，进而消除了过剩的生产及其能力。取而代之的是凯恩斯开出的药方客观上促成了生产过剩局面的长期化，阻止了经济的衰退——实际上是经济萧条（像 1929—1933 年的"大萧条"一样）——这一剂猛药发挥作用。从历史上看，经济衰退和萧条为新一轮的经济复苏扫清了道路。[③] 在这方面，2008 年的经济金融危机亦没能通过消除过剩生产能力的方式挽救处于危机和停滞状态的资本主义经济；相反，取而代之的则是凯恩斯国

---

① 罗伯特·布伦纳：《繁荣与泡沫——全球视角中的美国经济》，王生升译，经济科学出版社 2003 年版，第 25 页。

② 同上书，第 32 页。

③ 同上书，第 29 页。

家干预主义在全球范围内的再度兴起。也就是说,主权国家以各种方式防止"大萧条"式危机的爆发,但实践证明,这种努力不仅收效甚微,更使整个资本主义经济深陷危机之中而不能自拔。

3. 企业领域的微观经济行为对制造业产能过剩的影响。企业的微观经济行为对制造业产能过剩的影响主要体现在两个方面:一是发达经济体制造商们的行为。作为制造业领域的既定在位者,发达经济的制造业企业在面对产能过剩对价格产生的向下压力时,其最优的策略不是退出该行业,而是坚守在原行业中。这是因为,巨额的固定资产,特别是专用性较强的资产一经投入就沉淀下来,因此很难转为他用。此外,企业还有其他一些来之不易的专有资产,如与供应商和客户建立的广泛联系以及建立在多年经营经验之上的技术性知识等,也都不能顺利地转为他用。从某种意义上讲,这些企业已经被套牢在原有行业之中。所以,对这些制造商而言,增加利润的最好途径,不是将资本转投其他行业,而是提高在本行业中的投资,从而加快技术的创新和变革。[①] 二是欠发达国家和地区制造商们的行为。在生产持续过剩的背景下,在面对来自发达国家和其他发展国家的制造品竞争压力下,一些国家和地区的制造业企业仍然利用其比较优势,特别是劳动力成本方面的优势,在某些制造业领域获得了不菲的利润。对这些制造商来说,不管现有行业的状况如此,进入该行业获得利润是其最优的策略选择。当然,这些制造业企业之所以能够获利,是建立在低廉的劳动成本的基础上的。

在结束此部分的分析之前,仍值得一提的是,乔万尼·阿瑞吉(Giovanni Arrighi)对布伦纳关于长期停滞的分析给予了建设性的评价,并在此基础上对1873—1896年和1773—1993年两次长期的经济低迷时期进行有意义的比较分析。这种对比分析非常有助于我们进一步地深入理解全球经济在20世纪后半期的长期停滞产生的原因和主要特征。在阿瑞吉看来,"这种对比立即显露出这两个时期惊人的相似之处。两者都是盈利能力下降的漫长时期;两者的特征都是体系范围内对资本主义企业的竞争压力加剧;两者发生之前世界贸易和生产的扩张,也都罕见地持续进行并盈利不菲。此外,在这两个时期内,盈利能力危机和竞争加剧的来源都与前期扩

---

① 罗伯特·布伦纳:《繁荣与泡沫——全球视角中的美国经济》,王生升译,经济科学出版社2003年版,第20页。

张的来源一样：后发国家成功地'赶上'了以前由一个主导国家'垄断的'发展成就。"①

然而，尽管两次长期低迷时期存在许多相似之处，但阿瑞吉却更加强调两个时期的不同之处。他认为，在一些关键的方面，两个长期低迷时期的区别甚至比它们之间的相似之处更加重要。在类似于20世纪后期那种竞争加剧的情况面前，19世纪后期的世界资本主义出现了20多年的相对停滞，其间出现了大量局部或短时的危机和衰退，但却并没有发生体系范围的重组，也就是布伦纳所说的恢复盈利能力的标准的资本主义方式。特别是，制造业中继续存在着"进入过多"和"退出过剩"，也出现了技术和组织的重大创新，它们加剧而不是减轻了体系范围内竞争的压力。② 与20世纪后期的长期停滞相比，尽管体系范围内的重组没有出现，但19世纪最后几年资本的盈利能力却得到了恢复，并导致经济繁荣的出现。阿瑞吉将这种盈利能力的恢复归结为一种对体系范围内竞争加剧的回应，体现了世界资本主义体系从其最早的前工业时期开端直到目前的特征。"这个回应包括资本积累过程'金融化'的世界体系趋势，它以该时代的主导资本主义经济为中心。这种趋势是资本家之间的竞争从正和游戏向负和游戏转化的组成部分，也是在世界资本主义处于衰落之中的霸权中心至少暂时恢复盈利能力的一个关键机制。"③ 在阿瑞吉看来，这种盈利能力的恢复主要来自三个方面的动力：一是金本位制使国家不能将本币的贬值和升值作为竞争的手段；二是贸易保护以及海外殖民扩张对统一世界市场的破坏；三是新兴资本主义大国和衰落资本主义大国海外扩张中军备竞赛的升级对经济的影响。很显然，在这些方面，20世纪后期长期停滞状态中的竞争是沿着极其不同的路径展开的。与此同时，正如布伦纳本人所指出的，美国非但没有像英国在上一个长期低迷和金融扩张时期那样向世界经济提供资金，反而自20世纪80年代以来一直以空前的速度吸收资金。④

近150年来唯一一次体系崩溃发生在从第一轮到第二轮不平衡发展的

① 乔万尼·阿瑞吉：《亚当·斯密在北京——21世纪的谱系》，路爱国等译，社会科学文献出版社2003年版，第111—112页。
② 同上书，第112页。在阿瑞吉看来，两次世界大战的巨大灾难和两次世界大战期间20世纪30年代全球经济崩溃而告结束。事实上，这个崩溃是以往一个半世纪内符合布伦纳关于体系范围重组或"彻底萧条"形象的唯一事件。
③ 同上书，第113页。
④ 同上。

转化之中。① 在这一点上，我们同意布伦纳的观点，如果不出现体系范围内的重组，那么资本的盈利能力就无法恢复到正常的水平。这是因为，资本主义本身已经不能通过扩张及其他方式恢复正常的盈利水平。资本主义已经发展到了其自身的极限状态，或换句话说，资本主义的发展终结了其自身的进一步发展。从表面上看，这似乎有些不可思议，但事实却是如此。在这个意义上，将 2008 年的经济金融危机与 1929—1933 年的"大萧条"进行比较是完全不合理的。"大萧条"意味着资本主义世界体系的重组，而 2008 年的危机却没有产生相同的结果。因此，资本主义要想重新获得繁荣，为第三轮不平衡发展创造条件，必须进行体系的重组，而现实是，当今的资本主义世界也正在呼唤体系重组的到来，尽管其后果可能是可怕的或是毁灭性的。

二 长期停滞与发达经济体的去工业化

无论是一种历史的巧合，还是一种历史的必然，发达经济体的去工业化大约与经济增长的"黄金时期"后出现的资本主义世界的盈利能力危机同时出现，尽管我们不能确定去工业化作为一种趋势出现的具体时间，但去工业化的确与盈利能力危机的出现显示出了某种一致性，并且在盈利能力危机期间，丹尼斯·贝尔（1973）出版了他极具影响力的未来社会发展的预测——《后工业社会的来临》，更是增添了对这种一致性的理解。当然，在我们看来，发达经济去工业化现象与资本主义盈利能力危机大致同时出现，并不是一种历史的巧合，而是一种历史的必然。这一点是确定无疑的。除了我们讨论的一些相关因素外，我们反复强调，战后繁荣后出现的盈利能力危机以及随之出现的长期经济停滞是发达经济体去工业化发生及其长期持续的重要成因，甚至可以说是去工业化的核心动力所在。

资本逐利仍然是我们分析的起点，它是由资本主义的本质所决定的。从获利的途径来看，尽管资本逐利或是榨取剩余价值可以通过种种方式，甚至可以说资本是无孔不入的，只要能够获得利润即可，但从现实来看，特别是 20 世纪 80 年代以来，资本逐利主要是通过两种主要方式，一是产业资本的形式，即通过组织实实在在生产获得利润；二是绕过产业资本的

---

① 乔万尼·阿瑞吉：《亚当·斯密在北京——21 世纪的谱系》，路爱国等译，社会科学文献出版社 2003 年版，第 113 页。

形式，通过投机和过度负债的方式，主要是虚拟资本，或进一步地说，是虚拟经济的方式获得利润。因此，我们对资本逐利的分析，就围绕着这两种主要的途径展开。肇始于 20 世纪 60 年代中后期的盈利能力危机以及随后的长期经济停滞，截断了资本，特别是过剩资本通过产业资本的形式获得利润的途径。而这正是资本获得利润的主要方式，也是价值生产和剩余价值的主要来源和获取方式。所以，资本必然会通过其他方式获得利润。伴随着资本主义经济的长期停滞，资本规避盈利能力危机以及长期停滞的方式，或是恢复在发达资本主义国家曾经获得利润率，主要通过以下两种方式：

1. 将生产转移到其他具有较低成本的国家和地区，在全球范围内配置生产和从事经营活动，即 20 世纪 80 年代以来，以对外直接投资为主要手段的生产全球化逐渐兴起。在主流的西方经济学看来，这种方式是要素在全球流动的结果，有利于资源在全球范围内的优化配置。但这种狭隘的观点和乌托邦式的想法，在我们的分析面前，立即露出了弊端。这是因为，生产全球化不过是资本在全球范围内主动和被动逐利的结果，其中，被动逐利是在资本主义经济停滞的情况下，资本被迫流向海外获得足够多利润的意义上说的，而且资本主义经济停滞持续的时间越长，资本海外逐利的动力越强，其规模也越大，并且会一直持续到在海外无利可图，或是与国内生产或利用其他方式获得相同的利润为止。尽管上文中指出，对外直接投资有很大一部分是在发达国家之间发生的，但发达国家流向发展中国家和地区的资金同样是显而易见的，并且这种趋势在不断地加强。在这方面，最显著的例子是东亚地区，特别是作为制造业大国崛起的中国在 20 世纪 90 年代以来吸收和利用对外直接投资的能力。

2. 资本绕过产业资本的形式，即通过投机等非常规的方式获得利润。在一个生产持续过剩，实体经济的增长缓慢，利润不断下降及实现困难的世界里，资本需要绕过实体经济等组织生产的方式获得利润，并通过债务扩张和获得投机利润的方式寻找出路。以美国为例，20 世纪 70 年代以来，特别是 20 世纪 80 年代初开始，由于美国制造业部门利润率的持续下降导致资本积累过剩，大量的过剩资本于是绕开产业资本的形式和生产环节涌入金融领域获得利润。从 1975 年到 1990 年，私人固定资本投资转向 FIRE 产业（金融、保险和房地产业）的比例翻了一番，从 12%—13% 上升到了 25%—26%；从 1982 年到 1990 年，几乎有 25% 的固定资产投资转向了 FIRE。[1] 正如我们在上文中比较两次长期衰退时所强调的，与 19 世纪后期的低迷时期相比，美国不但没有像英国那样向世界经济提供资金，反而自 20 世纪 80 年代以来一直以空前的速度吸收资金。更为重要的是，这些资金不是进入实体经济领域以组织生产，而是进入金融和房地产等领域。当然，不可否认，这种情况的出现是以美元的霸权地位和美国拥有世界上最发达的、最大的金融市场为基本前提的。正如阿瑞吉所言："金融扩张已经成为整个世界资本主义体系的过程"。[2]

关于资本绕过产业资本的形式，利用投机等方式获得利润的问题，马克思在论述产业资本、商业资本及金融资本之间的关系时，就曾做出过精辟的论述。他认为"投机一般的是发生在生产过剩已经非常严重的时期。它给生产过剩提供暂时的出路，但是，这样它又加速了危机的来临和加强了危机的力度。危机本身首先爆发在投机领域中，后来才波及生产。因此，从表面上看，似乎危机爆发的原因不是生产过剩，而只不过是作为生产过剩征兆的过分投机，似乎跟着而来的生产解体不是解体前急剧发展的必然结果，而不过是投机领域内发生破产的简单反应"。[3] 也就是说，从表面上看，危机由金融危机或商业危机引发，而金融或商业危机又源于投机或"过度贸易"，但实际上，投机并不是金融或商业狂热的结果，而是生产过剩趋势的结果。由此，我们推断，生产过剩的长期化必然使其自身造成的投机危机长期化，而这一点正是 20 世纪 80 年代以来，资本主义世界经济所具有的基本特征之一。

虽然以上两种方式为过剩资本提供了暂时的出路，但对于像美国等发达国家作为整体而言，则意味着本应投在国内的资金，投向了国外，或是本应投在工业特别是制造业的资金，绕过这种产业资本的形式获得利润。

---

① 罗伯特·布伦纳：《繁荣与泡沫——全球视角中的美国经济》，王生升译，经济科学出版社 2003 年版，第 60 页。在这里，必须强调的一点是，虽然债务扩张和投机获利的方式，特别是虚拟经济的兴起和不断扩张是生产持续过剩和长期停滞的结果，但是这种结果的形成也是有前提条件的，或是其他因素对这种结果也有促进和辅助作用，其中，最为重要的是布雷顿森林体系崩溃后以美元为霸权的国际货币金融体系和以放松金融监管为特征的新自由主义的兴起。

② 乔万尼·阿瑞吉、贝弗里·J. 西尔弗等著：《现代世界体系的混沌与治理》，王宇洁译，生活·读书·新知三联书店 2003 年版，第 231 页。

③ 马克思、恩格斯：《时评·1850 年 5—10 月》，载《马克思恩格斯全集》（第 10 卷），人民出版社 1998 年版，第 575 页。

结果是，工厂的消失，失业和贫困的增加，进而工业制造业的就业和产出份额相对于经济的整体产出和就业以及相对其他产业相对萎缩。这是一个动态的过程，这个过程伴随着制造品在全球范围内持续过剩以及实体经济的持续停滞，不断地持续着，至今，这种过程或趋势仍然没有停止的趋势。在这里，经济的去工业化是一部分资本绕过产业资本的形式获得利润，造成发达资本主义国家宏观经济状况和产业结构不断恶化（远非高级化）的必然结果，其体现了个体资本主义与整体资本主义之间的矛盾，也就是说，个体资本主义的牟利需求是以整体资本主义的利益为代价的。而信奉自由主义的资本主义国家却对此无能为力。[1]

除了利用上述两种方式恢复日益低迷的利润率外，资本还通过进一步走向垄断和集中的方式，特别是技术垄断以控制产业价值链高端的方式获得利润，甚至是超额利润。尽管资本积累和积聚成更大的单元是资本逐利的一般趋势和必然结果，但一般而言，企业经济组织的集中通常都有其自身的时代背景。例如，1873—1896 年和 1973—1993 年两次长期萧条时期出现的以并购为特征的组织变革和创新都是很好的例证。一是 19 世纪中后期出现的企业并购浪潮。1873—1896 年的大萧条使 19 世纪的家族资本主义向三个截然不同的方向发展，这一分歧源自英、美、德三国工商业组织对当时竞争压力激化这一挑战的回应。[2] 这一回应的结果是，英国的工商业进一步专注于全球商业和金融业的中介活动；美国在最初沿着与德国相同的方向前进——即横向合并，约束竞争，但在 19 世纪最后 20 年，不断变化的美、德工商业企业开始分道扬镳。在德国，进行纵向一体化的趋势很快消失，资本集中主要推动了横向合并（Landes，1966，109—110）。[3] 而在美国，纵向一体化的趋势发展得最为充分和成功。二是 20 世纪 70 年代中期，特别是 80 年代以来出现的企业集中的并购浪潮。从规

---

① 面对经济去工业化或产业空洞化，发达资本主义国家，特别是美国在 20 世纪 80 年代就提出旨在恢复工业制造业核心基础的"再工业化"策略。但实践证明，再工业化没有取得经济上的成功。在下文中，我们将系统的分析发达经济提出经济"再工业化"的背景及失败的成因，特别是 2008 年危机发生后，以美国为首的西方发达国家再次提出的"再工业化"，为什么不能取得成功的原因。另外，这里还必须指出的一点是，尽管资本主义国家发挥着国家的职能，但这种职能通常是为大资本或是资本家集团的利益服务的，而不是为整体资本主义的利益服务的。

② 乔万尼·阿瑞吉、贝弗里·J. 西尔弗等：《现代世界体系的混沌与治理》，王宇洁译，生活·读书·新知三联书店 2003 年版，第 142 页。

③ 同上书，第 141 页。

模上看，这一次并购的规模比以往任何一次都大，仅在 1985 年的兼并高潮中，就发生了 3000 多起兼并事件，此外，在这一次的并购浪潮中，跨国并购获得了较大的发展，并成为资本主义国家资本输出的重要形式。例如，到 1988 年，外国以兼并形式在美国的投资占投资总额的 92.3%，并且呈上升的势头，到 1991 年，外国公司兼并美国公司的金额达到 197 亿美元。[①]

企业组织规模（包括单个企业的规模和企业数量）的演变沿着两个方向进行，一是上文中提到的企业走向了垄断和集中；二是劳动密集型低端制造业的逐渐消失。简言之，资本主义企业作为一个群体正在走向两极，但这企业向两极的分化却对工业制造业就业或经济的去工业化产生了同向的影响。一端是企业规模的不断扩大且数量在减少，进而排斥劳动力的能力进一步增强；另一端是企业的数量在不断地减少，直接导致工厂的关闭，失业的增加。事实上，企业组织自身的变化也认证了去工业化的一个基本的特征，即去工业化首先并主要发生在低端的劳动密集型或是产品同质程度高，不容易实现差异化的制造业领域。在这些领域，竞争激烈，产品容易复制，生产过剩的趋势更强。

三 长期停滞与发展中国家和地区的早熟去工业化

如果发展中国家不出现早熟去工业化这种去工业化的形式，那么，它们的经济社会发展将沿着与发达工业化国家相同的方式演进。这不是农业社会、工业社会以及后工业化社会等总体概念引领的结果，或是工业社会向后工业社会转变的路径依赖的结果，而是资本主义经济社会发展的必然趋势。很显然，一些落后的国家和地区要想像发达国家那样，实现民族国家的崛起以及实现现代化，必然要经历工业化进程，而从工业化发生逆转时——发生去工业化的经济阶段起，继续向纵深推进工业化进程是经济社会获得进一步发展的必经阶段。

从一些出现早熟去工业化的发展中国家和地区看，这些国家的去工

---

① 宋养琰：《西方国家并购的五大浪潮》，人民网（http：//theory. people. com. cn/GB/40537/6619499. html）。另外，值得一提的是，大规模并购的出现是以巨额的贷款为前提的。贷款的爆炸式增长导致公司资产—负债率的大幅上升，但是，贷款的增长并不是增加固定资产融资为目的的，而是出于回购股份、合并和收购等目的。在整个 20 世纪 80 年代，股息占公司利润的百分比比 70 年代的平均水平提高了 1/3。因此，并购等方式在使企业不断集中的同时，也直接成为制造业企业的获利方式之一。参见罗伯特·布伦纳：《繁荣与泡沫——全球视角中的美国经济》，王生升译，经济科学出版社 2003 年版，第 52 页。

业化进程大多与 20 世纪 60 年代末 70 年代初的盈利能力危机以及随后的长期停滞相重叠，也就是说，这些国家和地区在工业处于工业化进程中时，资本主义世界经济就已经处于生产过剩和长期停滞的状态，因此，这些国家和地区生产的制造品不仅面对来自发达工业化国家的竞争，而且也要面对来自其他发展国家和地区生产制造品的竞争。正如上文所指出的，对一些具体问题的细枝末节的分析不是我们的重点，我们所关注的是，是什么原因造成了这种本应该经历正常的工业化进程的经济体，经历了早熟的去工业化进程——一种消极的对经济社会发展具有极大破坏性的进程。

自 20 世纪 70 年代以来，资本主义世界经济面临着持续的生产过剩和实体经济的长期停滞。在这样一个生产持续过剩以及长期停滞的世界中，发展中国家和地区的工业化进程本身就是长期停滞和生产过剩的成因之一。正如布伦纳指出的，在一些行业，特别是低端劳动密集型的低端制造业，尽管存在着生产过剩，但发展中国家的制造业企业还是能够通过其成本优势，特别是劳动力成本的优势，获得较为丰厚的利润。但伴随着经济的发展，劳动力成本必然要提高，因此，其成本优势必然会逐渐地丧失，当这种成本优势在面对虽然仍具有较高人力成本，但却同时也具有较高的劳动生产率的发达国家制造业企业生产制造品的竞争时，就会出现劣势的状态。结果是，原来获得的较高利润率不断地被挤压，直到低于资本通过其他方式获得的利润。如果这种状况普遍出现在处于工业化进程中的发展中国家和地区的工业制造业领域，那么工业化的进程就会被迫停滞，并逐渐出现工业制造业不断萎缩的去工业化进程。换句话说，本应该进行积累或投资的，以进一步促进工业化的资本，退出了工业制造业领域，绕过产业资本的形式获得利润。

关于早熟去工业化成因的解释，我们并不否认传统解释的重要性，如不当的经济和产业政策以及其他一些成因对这种形式去工业化造成的影响。但是，这些成因大多是可以被克服的，并一般不具有对经济的长期影响，而且这些影响大多是次要的或辅助性的。从另一个角度看，如果传统解释是早熟去工业化的主要成因，那么克服了这些成因（如进行适当的制度创新或是废除不合理的制度安排等）会逆转早熟的去工业化进程，或是正常的工业化进程会沿着原来停滞的阶段继续向前推进。但事实证明，情况远非如此。巴西是这一状况的很好的例子。自"巴西奇迹"转变为的"拉美陷阱"后,其早熟的去工业化进程不仅没有实现逆转,而且其经济更是在长时期内处于停滞状态。

在谈论早熟去工业化这个问题时,我们不得不提到与此密切相关的一个重要问题,即一些发展中国家和地区出现的所谓"中等收入陷阱"。世界银行《东亚经济发展报告(2006)》提出了"中等收入陷阱"(Middle Income Trap)的概念,其基本的含义是,很少有中等收入的国家或经济体成功地跻身高收入国家的行列,这些国家在人均收入达到中等收入水平后,往往会陷入经济增长的停滞状态。在竞争力方面,这些国家既无法在工资方面与低收入国家竞争,又无法在尖端技术研制方面与富裕国家竞争。当今世界,绝大多数国家是发展中国家,存在所谓的"中等收入陷阱"问题。例如,巴西、阿根廷、墨西哥和智利等拉美国家以及马来西亚等一些亚洲国家都是"中等收入陷阱"的典型代表。这些国家在20世纪70年代均进入了中等收入国家行列,但直到现在,这些经济体仍陷入陷阱之中而不能自拔,其经济的停滞状态是显而易见的。不难看出,存在"中等收入陷阱"的国家大多是或全部是经历早熟去工业化进程的国家。早熟的去工业化进程是"中等收入陷阱"的一个重要方面,是经济停滞状态的具体体现。从成因上看,早熟去工业化与"中等收入陷阱"源自同一深层次原因,即全球制造业持续的产能过剩及其造成的长期经济停滞状态,只不过"中等收入陷阱"的概念无论在内涵,还是在外延上都要比早熟去工业化更为丰富。

然而,国际上也不是没有成功跨越"中等收入陷阱"的案例。日本、韩国和亚洲"四小龙"都是这些成功案例的典型代表,但是,在比较大的经济体中,仅有日本和韩国两个国家成功地实现了由低收入国家向高收入国家的转变。就人均GDP而言,日本和韩国分别在1972年和1987年接近3000美元,而分别大约在1984年和1987年突破10000美元。从时间上看,由中等收入国家向高收入国家的转变,日本花了大约12年时间,而韩国大约花了8年的时间。在这里,更为重要的是,成功跨越"中等收入陷阱"的国家也是没有出现早熟去工业化的国家,不仅日韩如此,新加坡、中国台湾等国家和地区同样如此。也就是说,这些国家和地区都经历了与欧美发达国家大致相同的经济和产业演变模式或路径,特别是它们顺利地将工业化推向纵深,并成功地实现了工业化和现代化。①

<h2 style="text-align:center">第四节　去工业化的实现途径</h2>

资本主义生产方式是去工业化的根本原因，而去工业化的效应则主要是通过对外直接投资、工业经济转变为资源型经济等方式或途径实现的。因此，在遵循资本逐利本质的原则下，需要对导致经济去工业化发生的一些主要的具体途径或方式进行分析。

一　对外直接投资与去工业化的发生

20 世纪 80 年代以来，国际学术界开始关注经济全球化对发达国家去工业化的影响。但围绕着经济全球化对去工业化的早期分析，大多数以工业化时期世界贸易的"古典国际劳动分工"（Classic International Division of Labor）模式为中心，即不发达的南方国家专门从事生产和提取初级产品和原材料，而经济发达的北方国家专门将进口的初级产品和原材料生产为制成品，抑或是落后的国家和地区专门生产其具有比较优势的劳动密集型产品，而发达国家则生产资本，特别是技术密集型产品。实践证明，在不平等的国际分工和贸易模式下，世界经济的确在一定时期内造就了充满活力和不断增长的发达国家的制造业。

然而，20 世纪 60 年代末，这个长期占统治地位的世界贸易模式开始改变，并创造了被称为"新的劳动国际分工"（New International Division of Labor）的格局。在此期间，伴随着信息革命开始减少与地理距离相关的障碍许多跨国公司为了降低生产成本，将它们的日常生产工作重新配置到世界经济中低工资的国家和地区，变得越来越成为一种可行的经营策略。作为一个整体，跨国公司将其生产经营活动扩张到许多国家和地区，

---

① 关于这些国家和地区成功跨越"中等收入陷阱"以及成功避免早熟去工业化的原因，很显然，完全经济上的解释存在很大局限性。在这里，应像阿瑞吉一样，将这一分析拓展到与美国霸权相关的国际政治和军事领域。也就是说，这些国家和地区的工业化和经济发展与美国的帮助和持续是有很大关联的，但这些帮助和持续是有其政治和军事意义的，例如，韩国和中国台湾的成功能够为其他的东南亚国家提供成功的样板，从而中国和朝鲜对这些国家和地区的吸引力。但这种分析显然已经远超出我们分析的范围，因此，对这一原因的分析导致为止。

从事着一体化,甚至是全球化的生产和经营。① 与此同时,许多企业通过两种方式,试图提高其自身的组织灵活性:①通过较小的和日新月异的分布在全球网络中的经营单位,分散它们自己的商业运作,其中的每一个在更大的连锁经营活动中执行着特定的任务;②向第三方服务提供商外包某些以合同为基础的不重要业务功能。这些趋势的共同影响是,昔日的劳动国际分工得到重新调整,留下一个专门从事劳动密集型和低技能制造品生产的迅速工业化的南方国家和一个从事高技能经济活动(如战略管理、产品开发、市场营销和财务)的经历去工业化的北方国家。②

除国际贸易外,经济全球化影响去工业化的另外一种重要的方式是对外直接投资,而对外直接投资的主体是跨国公司。跨国公司在全球范围内配置其资源的对外扩张过程,大多是以对外直接投资的形式出现的。1970—1998 年对外直接投资的世界总量占全球 GDP 中的百分比见图 3 - 3。早在 20 世纪 50 年代,西欧经济的繁荣与发展提供了主要的盈利机会,美国的跨国公司开始大量增加海外投资的份额;另外,不断提高的国际贸易的相对成本也削弱了美国企业在国内投资的愿望。③ 结果是,美国对西欧国家汽车、电机等制造品的出口数量逐渐减少,此外,更为重要的是,外来资本的流入促进了欧洲制造业的快速发展,欧洲的制造业企业不仅占有了原来失去的国内市场,而且还成功地逆转了欧美之间的贸易关系,反过来向美国出口其曾经向美国进口的制造品。源于此,与对外直接投资相关的产业"空洞化"问题逐渐地进入了人们的视野,但由于美国经济当时的绝对霸权地位,这一问题没有引起足够的重视。

---

① 第二次世界大战后,作为生产全球化的主体,跨国公司迅速成长和发展起来。以美国为例,从 1950 年到 1966 年,美国跨国公司子公司的数量增长了 3 倍,从 7000 家增长到 2.3 万家,同时,其规模也增加了一倍。截至 1999 年,世界跨国公司达到 6.3 万家,大约 75% 基于北美、西欧和日本,100 家最大的跨国公司中有 99 家来自发达国家,国外子公司达到 69 万家。参见杨仕文:《美国非工业化研究》,江西人民出版社 2009 年版,第 32—33 页。

② Christopher Kollmeyer. "Explaining Deindustrialization: How Affluence, Productivity Growth, and Globalization Diminish Manufacturing Employment." *AJS*, Volume 114 Number 6 (May 2009), pp. 1649—1650.

③ 罗伯特·布伦纳:《繁荣与泡沫——全球视角中的美国经济》,王生升译,经济科学出版社 2003 年版,第 7 页。贸易相对成本的上升是由于欧洲国家,特别是欧共体成立时,为了保护本国产业免受国外的竞争而设置的贸易壁垒。

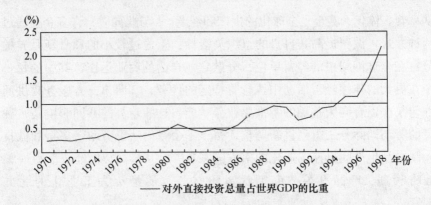

图 3 - 3　1970—1998 年对外国直接投资的世界总量占全球 GDP 中的百分比

资料来源：蒂斯德尔等：《经济全球化》，第 9 页。转引自沈汉《资本主义史——从世界体系形成到经济全球化》，学林出版社 2008 年版，第 364 页。

产业空洞化与去工业化是密切相关的，它是一种典型的去工业化形式。从字面含义上看，"空"与"去"具有相同的含义，它们都用来描述工厂的关闭、工人的失业等现象，即工业制造业的萎缩，因此，二者有时代表相同的含义，或被用来表达同一经济现象。直到 20 世纪 80 年代，伴随着美国以实体经济衰落为特征的去工业化，逐渐地成为人们讨论的焦点，产业空洞化的问题才真正引起经济学家和评论家们的注意。

当今世界，对外直接投资不仅推动着经济全球化，特别是生产的全球化，而且其本身也是全球化的重要组成部分。对外直接投资是一套新的企业战略，旨在废除战后资本、劳动力和国家之间旧的社会契约，恢复可以接受的盈利水平，以回应 20 世纪 70 年代的"利润挤压"。这一战略的结果是，经济出现了"空洞化"（Hollowing）——企业已经不再承担其国内投资和生产的直接投资，而是取而代之，将资金投向国外。尽管对外直接投资不是经济去工业化的唯一原因，但它"确实是美国失去其制造业基础的一个主要原因"。[1] 而当越来越多的制造业企业到国外寻找更低的劳动力成本时，最终结果便是对外直接投资在近年来增长所导致的去工业化。[2]

事实上，关于这一主题的早期回应，将跨国公司对外直接投资活动的

---

[1]　Harrison, *Bennett and Barry Bluestone. The Great U - Turn.* New York：Basic Books, 1988, pp. 29.

[2]　Arthur S. "Alderson. Explaining Deindustrialization：Globalization, Failure, or Success？." *American Sociological Review*, Vol. 64, No. 5（Oct., 1999）, p. 705.

很大一部分归咎于制造业生产从北方国家到南方国家的重新分配。这是基于比较优势原理，资源在全球范围内再配置。虽然这一论点都流行了一段时间，但它有一定的局限性。首先，在资本从北方外逃到南方的全球化图景中，对外直接投资决策主要遵循的是简单的劳动力成本差异。但这样的直接投资模式描述是高度不准确的。因为，大多数对外直接投资流动于具有大致相同的劳动力市场条件的国家之间，其中，国与国之间在劳动力成本差异是相对较小的（例如，美国和德国）。其次，经验反复证明，劳动力成本差异至多对对外直接投资产生的适度的或次要的影响。① 所以说，以劳动力成本等比较优势为前提的制造业在南北间的重组，并不是过去几十年来对外直接投资的一般模式。

从动机上看，虽然利率驱动是跨国公司对外直接投资的最基本动因，但不同的对外直接投资模式却清楚地告诉我们，推动跨国直接投资的因素是多种多样的。与此同时，也正是由于这样的原因，形成了不同的解释跨国直接投资成因的理论。总体而言，跨国直接投资理论通常旨在回答以下：①企业为什么要到国外去投资经营？②企业为什么能到国外去投资经营？③企业应该到国外什么地方去投资经营，或者说，企业到国外投资经营的最优区位选择是什么？主要的国际投资理论如下：

1. 垄断优势理论。针对传统的资本国际理论对于解释二战后各国之间进行的对外直接投资时，所凸显的不足，美国学者海默（S. Hymer）在其 1960 年的博士学位论文《一国企业的国际经营活动：关于对外直接投资的研究》中，首次以垄断优势来解释跨国公司的对外直接投资行为。② 随后海默的理论经由其导师金德尔伯格（C. P. Kindleberger）的发展完善及系统阐述，发展成为最早的研究国际直接投资成因的理论。③ 由于这二人在理论上开创了以国际直接投资为研究对象的新领域，故学术界将他们

---

① Arthur S. Alderson. "Explaining Deindustrialization: Globalization, Failure, or Success?" *American Sociological Review*, Vol. 64, No. 5 (Oct., 1999), p. 703. Harrison and Bluestone (1988) 对上述观点做出了回应，他们强调，除了劳动力成本因素外，一系列的其他因素也对对外直接投资产生了影响。但在讨论产业空洞化问题时，他们强调，劳动力成本差异是过去二三十年来对外直接投资上升的一个关键的决定性因素。

② S. Hymer. "International Opertions of National Firms: A Study of Direct Foreign Investment". *Doctoral Dissertation, Massachusetts Institute Technology*, 1960.

③ 在海默理论的基础上，金德尔伯格通过对美国公司对外直接投资行为的考察，认为垄断优势是美国企业对外直接投资的决定性因素。参见 C. P. Kindleberger, *American Business Abroad: Six Lectures Direct Investment*, New Haven, Yale University Press, 1969。

并列为垄断优势理论的开创者。这一理论通常被称为"海默—金德尔伯格传统"或"海默—金德尔伯格学说"。如图3-4所示的是垄断优势理论的逻辑结构。

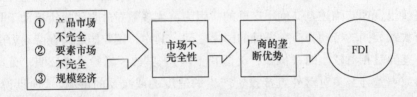

图3-4　市场不完善与垄断优势

资料来源：赵春明：《跨国公司与国际直接投资》，机械工业出版社2007年版，第25页。

2. 内部化理论。内部化理论是解释对外直接投资动因的重要理论之一，其主要代表人物是英国学者巴克利（P. J. Buckley）、卡森（M. Casson）和加拿大学者拉格曼（A. M. Rugman）。内部化理论以科斯和威廉姆森等人的交易成本理论以及经济行为人的有限理性和机会主义倾向为前提假设，强调内部化所带来的增益，是企业对外直接投资的原因。在拉格曼看来，内部化是企业在内部建立市场的过程。企业的内部价格（影子价格）是一种计划价格，润滑着这一机构，使内部市场足以像潜在的（但未实现的）正常市场一样发挥作用。① 尽管在巴克利和卡森看来，内部化也存在成本，但只要对外直接投资的内部化收益大于外部国际市场的交易成本和内部化成本，企业就拥有了从事跨国经营的动力，即通过建立对外直接投资的内部市场（Internal Markets）来取代具有较高交易成本或市场失灵的外部市场（External Markets）。② 因此，市场内部化与跨国公司存在之间的联系很简单：当市场内部化跨越国境时，跨国公司就产生了。③ 而这一过程就是通过对外直接投资实现的。

3. 国际生产折中理论。国际生产折中理论是由英国学者邓宁（J. H. Dunning）提出的。自20世纪70年代以来，邓宁在前人研究的基础上，撰写了一系列关于对外直接投资动因的论文，由于邓宁对前人的对外

---

① A. M. Rugman. *Inside the Multinationals: The Economics of Internal Markets*. London: Croom. Helm Ltd. , 1981.

② 彼得·J. 巴克利、马克·卡森：《跨国公司的未来》，中国金融出版社2005年版。

③ 同上书，第40页。

投资理论采取了"折中"的手法，因而，他的对外直接投资理论被称为国际生产折中理论。该理论认为，企业必须拥有三个方面的优势，才能进行对外直接投资。这三个优势分别为：①跨国公司拥有其他国家的企业所不具有的所有权优势；②内部化优势；③区位优势。① 跨国公司从事国际经济活动的方式选择见表 3 - 1。邓宁的对外投资理论的主要贡献在于他的区位优势论，即区位优势是决定跨国公司投资行为和方向的重要因素。

表 3 - 1　　　　　　　跨国公司从事国际经济活动的方式选择

拥有优势（O）	区位优势（L）	内部化优势（I）		方式选择
有	有	有	→	对外直接投资
有	无	有	→	出口
有	无	无	→	许可证安排（无形资产有偿转让）

　　资料来源：张小蒂、王焕祥：《国际投资与跨国公司》，浙江大学出版社 2004 年版，第 55 页。

　　4. 产品生命周期理论。产品生命周期理论是由美国学者维农（R. Vernon）提出的，由于维农从产品生命周期的不同阶段来解释跨国公司的对外投资行为，故该理论由此得名。维农认为，尽管区位因素对跨国投资行为来说是极其重要的，但这一重要性不是一成不变的，而是伴随着跨国企业生产产品本身生命周期的不同而变化的，因而，对跨国公司参与国际经济活动的方式有着重要的影响。②

　　5. 小岛清的比较优势理论。对外投资领域的比较优势理论是日本学者小岛清（K. Kojima）于 20 世纪 70 年代提出的，用以解释日本式的对外投资行为。在小岛清看来，对外投资的决定因素应基于国际分工和比较利益（比较成本或比较利润率）的原则。他认为，对外直接投资应从本国已经处于或即将处于比较劣势的产业，即边际产业部门开始，并依次进行。但这一理论是以特定时代背景下，日本式的投资行为为研究对象，并不能解释大量的非边际产业的对外直接投资行为，因此，缺乏普遍性。③

----

　　① 基于所有权优势、内部化优势以及区位优势，邓宁的理论有时被称为"三优势"理论，即 OLI（Ownership - Location - Internalization）理论。

　　② 维农将产品的生命周期分为三个阶段：①产品创新阶段；②成熟阶段；③标准化阶段。参见 R. Vernon, "International Investment and international trade in the Product Cycle", *Quarterly Journal of Economics*, May 1966。

　　③ 小岛清本人也意识到了这一点。他认为，日本式的对外直接投资与美国式的对外直接投资是两种不同类型的对外直接投资。

在总结分析了对外直接投资的主要理论之后，现在我们依次针对各投资理论来回答上文提出的三个问题。①垄断优势理论从厂商自身拥有的垄断优势出发，解释了企业对外直接投资的能力及依据。这一理论回答了（1）和（2），但对（3）没有给予关注和回答。②内部化理论较好地回答了（1）和（2），但对（3）亦没有回答。③国际生产折中理论虽然回答了（1）、（2）和（3），但其创新主要局限于区位优势对于对外直接投资的影响。④区性产品生命周期理论建立在微观的企业理论基础之上，虽然该理论回答了（1）、（2）和（3），但该理论是以战后美国跨国公司对欧洲的直接投资经历为背景的，有其自身的局限性，所以，不具有一般性。⑤小岛清的投资理论虽然也有其自身的特点，但同样受限于其研究的时代背景，即20世纪50—70年代日本式的对外直接投资，因此，该理论亦缺乏普遍性。①

除了上文中关于对外直接投资的理论外，还有一些决定对外投资的因素介于这些理论和资本逐利的本质之间，我们将其称为决定对外直接投资的直接动因。正如上文所指出的，推动对外直接投资的原因有很多，但一般来说，对外直接投资的直接动因主要有以下几种：①市场导向型投资。这一投资类型的目的主要有四种：第一，开辟新市场；第二，保护和扩大原有市场；第三，绕过贸易障碍或壁垒；第四，竞争性跟进，即跟随竞争者进入新市场，以保持竞争平衡，维护市场份额。②自然资源或原材料寻求型投资。这一投资是企业为了寻求稳定的资源、能源以及原材料供应而进行的对外直接投资。③追求优惠政策型投资。这一类型的投资主要是由于一些发展中国家和地区，为了吸引外资而推出的优惠政策，例如，较低的税率和较宽松的环境规制政策等。对于跨国企业的国内生产而言，将生产转移到具有优惠政策的国家和地区，可以减少风险，降低成本，并提高经营效率和利润。④效率导向型投资。这一类型的投资主要出于两种目的：一是降低生产成本及运输成本等，提高效率；二是扩大生产规模，实现规模经济。⑤技术寻求型投资。这种类型的投资是指企业通过对外直接投资的方式获得投资国先进的技术和管理经验。

以上分析表明，推动对外直接投资的背后因素是复杂多样的，因此，既不能用单一的理论，又不能用单一的直接原因来完全解释这一经济现

---

① 参见张小蒂、王焕祥《国际投资与跨国公司》，浙江大学出版社2004年版，第66—67页。

象，否则，必然是以偏概全。不同的对外投资理论和直接原因从不同的角度，为对外投资行为的动因提供了解释。但正如我们所强调的，对外直接投资的根本动力在于企业对利润的追求，也就是说，资本逐利的本质是对外直接投资行为的最基本动因。利润驱动、对外直接投资理论及对外直接投资的直接动因之间的关系，如图3-5所示。

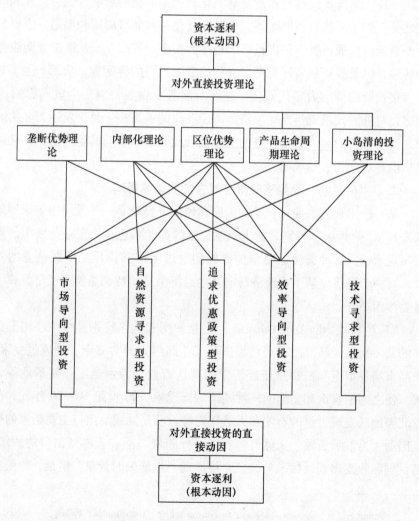

图3-5 对外直接投资理论、直接动因与资本逐利本质之间的关系

作为推动去工业化的重要力量之一，对外直接投资成因的多样性，已经充分地证明了去工业化成因的多样性。隐藏在对外直接投资背后的推动力量，通过对对外直接投资的影响，间接地对经济的去工业化产生了影响，因此，推动对外直接投资的成因本身就是去工业化发生的成因。不难看出，对对外直接投资成因的分析，拓展和深化了我们对于去工业化成因或发生机制的了解。

在这里，值得一提的是，在影响渠道方面，如国际贸易对去工业化的影响一样，对外直接投资对产业空洞化或去工业化的影响，也有直接和间接之分。除了一些直接原因外，也存在其他一些间接原因和渠道，主要是对外直接投资通过提高国内投资的边际回报率，导致投资从制造业向服务业转移，以及投资从实际投资向纯粹的金融投资的再配置，从而产生了对外直接投资的劳动力替代效应，进而对制造业就业份额产生负向影响。[①]总之，对外直接投资与发达经济体去工业化的关系——整个发达工业化国家之间所经历的对外直接投资的上升显著地影响制造业的就业量，并且这种影响是负向的、消极的。[②]

二　"荷兰病"及经济政策等对去工业化的影响

从一些出现去工业化现象的国家和地区，特别是一些发展中国家和地区来看，"荷兰病"特别是扩大化意义上的荷兰病也是去工业化发生的重要实现途径。这种资源诅咒型传导机制通过阻碍和排斥工业制造业的发展，对一个经济体从工业经济转向其他经济形态，特别是能源经济发挥了重要作用。

"荷兰病"（the Dutch disease）是指一国和地区特别是指中小国家经济的某一初级产品部门（经济指资源产业部门）异常繁荣，并通过要素、产品市场等渠道和机制挤压经济中的其他行业，特别是工业制造业等领域，使之逐渐衰退和萎缩的一种经济病态现象。20 世纪 50—70 年代，荷兰北海地区发现大量的石油和天然气资源，已是制成品出口主要国家的荷兰因而大力发展石油、天然气等行业，伴随着石油和天然气出口的剧增，荷兰国际收支出现巨额顺差，使经济显现一片繁荣的景象。但是，伴随着

---

① Arthur S. , "Alderson. Explaining Deindustrialization: Globalization, Failure, or Success?" *American Sociological Review*, Vol. 64, No. 5（Oct. , 1999）, p. 717. 一些学者将对外直接投资的这一影响视为"财富陷阱"（如 Letto – Gillies, 1992）。

② 一些中国学者（如李东阳，2000；杜鹏、宗刚，2002）等认为，发达国家的对外直接投资对投资国国内制造业就业的影响甚微。因此，对外直接投资并不是产业空洞化或去工业化的成因。

石油和天然气资源的开采和出口，经济中的资源（劳动力和资本等）大量流入资源出口部门，导致了非资源部门出口竞争力的下降，传统工业制造业部门的迅速衰退和萎缩，以及由此造成的经济上的长期困难和经济的去工业化现象。20 世纪 80 年代初期，荷兰遭受通货膨胀上升、制成品出口下降、收入增长率降低、失业率增加的困扰。这种以牺牲其他行业（农业和工业）为代价的资源产业短期"繁荣"的现象，在国际上被称为"荷兰病"。在这里，"荷兰病"是典型的资源诅咒型传导机制。

在去工业化的问题上，"荷兰病"作为一种资源诅咒型传导机制，这种"病"的起源就在于不同国家制造业的就业人数和人均收入之间的关系。遵循不同工业化议程的国家都旨在产生一个制造业的贸易顺差，而不是像一些自然资源丰富，并因此能够通过初级商品的贸易盈余为制造业贸易赤字融资那样，产生制造业的贸易赤字。然而，在现实中，这种"初级商品效应"是一个较为普遍的现象，它同样适用于能够通过服务，特别是旅游业和金融业的发展产生显著贸易盈余的国家和地区。在这样的意义上，经济的去工业化也通常与初级商品出口的突然骤增或与一个出口服务部门的成功发展相关（主要是旅游或金融）。从这个角度来看，"荷兰病"是指一个国家经历的这样一个过程，即这个国家由通过制造业领域获得贸易顺差转变为通过初级商品或服务的出口获得贸易顺差。当这种情况发生的时候，荷兰病沿着两条不同的路径对发生去工业化的国家产生影响：第一，"荷兰病"作为一些国家和地区去工业化的主要原因，如旅游业（例如，希腊、塞浦路斯和马耳他）和金融服务业（例如，瑞士、卢森堡和中国香港）等对这些国家和地区去工业化的影响；第二，"荷兰病"成为影响一些发达国家去工业化的附加因素，进一步地促进了这些国家去工业化的发生。例如，挪威和英国在北海地区的石油开采和出口，以及澳大利亚采矿业的过度繁荣对这些国家去工业化进程的影响。

作为对"荷兰病"概念及内容的进一步扩大化，除了"荷兰病"的上述来源之外，这种"病"也蔓延到了一些拉美国家，但在这种情况下，问题的关键在于这些国家并没有出现自然资源的重大发现或服务出口部门的繁荣发展，而是经济政策制度的一个急剧转变。具体而言，这种"荷兰病"来源于以整体经济改革和体制演变为背景的金融和贸易的自由化所导致的国家主导型（State－led）工业化战略的突然急剧逆转。例如，巴西和人均收入最高的三个拉美国家（阿根廷、智利和乌拉圭）都经历了拉美国家中最为严重的去工业化，但在此之前，他们却是拉美国家中工业化最迅速的，并实施了最激烈的政策变革的国家。从这个视角看，拉美国家和工业化国家之间，源于新自由主义政策和通货紧缩的经济后果的主要区别在于，前者由于他们低得多的收入水平，阻碍了其向一个更加成熟产业化模式的过渡。①

综上所述，在这种宽泛的意义上，"荷兰病"对去工业化影响源于以下三种不同原因中的一种：第一，自然资源的突然发现，如石油、天然气以及矿产等；第二，出口服务部门的繁荣发展，特别是旅游业和金融业的发展；第三，传统经济政策的急剧转变。实际上，就大多数国家的早熟去工业化而言，去工业化很可能是其中两个，抑或是三个因素共同作用的结果。

人类经济社会的发展要经历农业社会、工业社会和后工业社会三种主要形态，这是基本的规律，但这一基本规律的演进是不同因素推动的结果。尽管这些因素有主次之分，但这并不意味着除了主要因素外的其他因素或是次要因素，甚至是偶然的因素，对经济规律的演进不具有决定性的作用。在这方面，发达国家经济去工业化背后的推动因素是多种多样的，并且传统观点将其归结为内部因素和外部因素，特别是内部因素的结果。但这种观点遇到了现实的挑战，因为，一些发展中国家和地区的经济发展已经证明，去工业化并不是发达国家的特有现象，人均收入水平较低，或是很低的国家和地区也有类似的现象出现。尽管过程的结果是相同的，但其意义是不同的，这在事实上否定了经济演变的基本规律（显示出与发达国家不同的经济演变规律）。进一步地说，关于经济去工业化的传统解释并不能对这一现象做出合理的、令人满意的解释。因此，要从其他成因中，寻找这种早熟或消极去工业化的成因。

很显然，传统成因不能用来解释早熟的去工业化，因此，需要从其他原来是次要或是偶然因素中，去寻找这种消极去工业化的主要成因。从现有的出现早熟去工业化的国家和地区来看，早熟去工业化的成因主要有以下几种：

1. "荷兰病"，特别是扩大化意义上的"荷兰病"对经济去工业化的

---

① José Gabriel Palma. Four Sources of "De – industrialization" and A New Concept of the "Dutch Disease". Senior Lecturer, Faculty of Economics, Cambridge University. http：//listweb. bilkent. edu. tr/ bsb/2005/Jul/att –0025/04 – Ch. _ 3. doc.

影响。自然资源的发现、开发以及过度繁荣对工业制造业的挤出，进而使其不断萎缩的现象的确是最为典型的一种情形，但更为重要的是，自然资源、能源等大多具有不可再生的特征，因此，从长期看，资源能源行业及其出口的繁荣并不足以支撑一个国家和地区在长期视界中的财富积累和消费。而这应该是这种经济现象成为"病"的深层原因。另外，如金融服务业和旅游业等的过度繁荣和发展对制造业也具有类似的效应，但不同的是，如果这种繁荣和发展能够持续，特别是对较小的国家和地区而言，是如此的话，则可能会有不同的结果。例如，旅游业商品作为一种可再生的商品，如果其出口能够持续繁荣，则可以在可预见的未来持续地提供一个国家和地区的消费资金。

2. 不当的经济政策等外生冲击对去工业化的影响。这些不当的经济政策包括影响产业发展的政策，影响国际竞争的贸易政策，以及其他一些相关的通过直接和间接的方式影响工业制造业的政策。在理论上，这些成因影响下的去工业化能够通过改变现有政策，或是制度创新等提供制度公共物品的方式加以解决。但遗憾的是，经济发展的实践并没有提供给理论以足够的支撑。在这里，还必须强调的一点是，经济政策制度改变以及不当经济政策对巴西等一些国家和地区的去工业化的确产生了负面影响，但这种政策冲击不可能成为这些国家和地区去工业化的主要成因，因为，相比逆转这种病态的去工业化进程，经济政策制度以及经济政策的改变和创新要相对容易得多。然而，实践证明，巴西经济政策的改变并没有改变或逆转其经济的去工业化进程。

3. 基本经济制度的极端逆转所造成的去工业化。苏联解体是这样一种状况的经典案例。[①] 计划经济体制时期，苏联建立了完善的工业制造业体系，但自东欧剧变以来，俄罗斯的工业制造业不断萎缩，已经不再是支撑其经济运行和增长的基础。例如，1990—1998 年，俄罗斯的工业产出下降了 42.9% ——几乎等于国内生产总值下降 45%，同时，工业制造业投资处于停滞状态。[②] 当前，石油和天然气行业是俄罗斯经济的支柱性产业，但对整体经济的运行来说，资源能源行业的繁荣只能是短期的权宜之计，而不是长久之策。

---

① 关于激进私有化政策原因和结果的精辟分析，参见约瑟夫·E. 斯蒂格利茨《全球化及其不满》，李扬、张添香译，机械工业出版社 2010 年版。

② 同上书，第 123 页。

在结束本部分之前，我们还需要再强调一点是，尽管"荷兰病"及不当的经济政策等确实对一些国家和地区出现的去工业化进程产生了重要影响，但这一过程仍然嵌入在全球工业制造业的生产过剩及其停滞的状态之中，换句话说，这种成因影响下的去工业化有其发生和发展的时代和经济背景。具体而言，如果没有全球工业制造业的生产过剩及其停滞的状态，那么资本必然会在工业制造业领域，或是以产业资本的方式获得利润，而不是将资本转移到资源、能源以及其他一些能够获利更多的领域。因此，全球制造业领域的生产过剩及其停滞状态是这种去工业化形式发生的时代背景，或者说，这一状态本身就间接地促成了经济的去工业化进程。

第五节　小结

资本逐利的本质是推动去工业化这一经济发展过程中"特征事实"发生的终极力量，因此，无论何种形式的去工业化，也无论推动去工业化发生背后的力量是什么，最终都可以被归结为资本逐利的本质，而其他影响去工业化发生的因素不过是资本的这一本质在经济上不同方面的反映。

去工业化是资本主义基本矛盾所造成长期生产过剩的必然结果。在竞争的资本主义时期，资本主义能够通过危机的方式淘汰过剩的生产能力，解决生产过剩的问题，并恢复资本的盈利能力。但与竞争的资本主义时期不同，自1929—1933年"大萧条"以来，资本主义国家发展了一种旨在避免危机发生以及平抑经济大幅波动的机制，即凯恩斯主义需求管理的国家干预主义政策。虽然政策本身的意图是好的，但这种政策却造成生产过剩和经济停滞的长期化，进而造成危机趋势的长期化。连主流的西方经济学家也承认，政策本身已由抑制危机和大幅经济波动的发生，演变为危机发生的原因。另外，资本逐利的本质和民族国家崛起愿望的结合所形成的新的制造业生产能力的不断加入，也是生产过剩和经济停滞长期化的重要原因，进而间接地促进了发达经济体典型去工业化的发生以及欠发达国家和地区早熟去工业化的发生。

去工业化源自资本主义的基本矛盾，是资本主义发展的必然产物。无论我们从哪个角度理解这一现象都是如此。所以说，一个马克思主义的分析框架能够对去工业化的成因进行解释，而且这一解释无论是从广度上，还是从深度上，都要比主流的西方经济学以及一些后工业社会论者和未来学家关于这一现象的解释深刻得多。在下一章中，我们将以四个出现去工业化现象的典型国家（英国、美国、巴西和哥伦比亚）为例，对经济的去工业化现象进行国际比较，从而加深我们对去工业化现象的理解，特别是对去工业化发生机制的理解。

第四章　去工业化的国际比较

"去工业化"趋势是一种普遍趋势，而不是一些存在经济去工业化的国家和地区的特有现象。正如工业化背后的推动力量十分广泛一样，在经济的去工业化背后，也存在很多推动因素，只不过这些因素获得了相同的动态结果，即"去工业化"。为了更好地理解经济的去工业化现象，我们需要在不同的国别环境中研究这一问题，当然，对不同国家和地区的去工业化现象所体现的各个方面特征进行比较分析，也是这一研究的应有之义。

本章以一些发生去工业化现象的典型国家，包括英国、美国、巴西和哥伦比亚为例（其中，英国和美国是发达工业化国家去工业化的典型案例，而巴西和哥伦比亚是发展中国家发生早熟去工业化的典型例子），在以时间为纵向和以成因为横向的双重维度上，对经济的去工业化进程进行了国际比较，旨在加深我们对去工业化进程的动态性特征和成因的多样性，"好"与"坏"的价值判断，以及不同去工业化形式之间的共性和差异性等各个方面的理解，从而进一步加深我们对经济去工业化作为经济"特征事实"的了解。

第一节　发达国家的去工业化（一）：英国

英国是发达工业化国家中去工业化的典型代表。从历史上看，英国是第一个实现工业化的国家，并在相当长的时间内享有"世界工厂"美誉，但英国也是第一个在实现工业化之后，发生去工业化的国家，并且这种去工业化最早可以追溯到 19 世纪后半期，此间，德国和美国各自经历工业化后，在工业制造业领域对英国实现了赶超。

一　英国的工业化及经济发展状况

英国是世界上最早实现工业化的国家，而且在全球工业化的第一个阶段，英国无疑是最为先进的国家。作为当时的世界第一工业强国和世界工厂，1860 年，占世界人口总数仅 2% 的英国生产了世界工业产品总量的 45%，拥有世界出口总额的 25% 和进口总额的 34%，另外，还占有世界商船舰队总吨位的三分之一。[①] 由于英国在工业生产和贸易等方面的主导地位，使英国人开发并占领了世界市场。与此同时，以生产和贸易的全球主导为基础，英国也成为当时国际货币金融体系的核心和主导。正如乔万尼·阿瑞吉所言，"英国既是这一普遍联系的体系的主要组织者，又是主要受益者，它发挥着中心票据交易所和管理者的双重职能"。[②]

从劳动力的流动上看，英国农村劳动力向城市流动最早始于 16 世纪，并一直持续到 19 世纪中叶，经历了长达 4 个世纪的历程。18 世纪 60 年代，英国进入了工业化初期，也是劳动力转移最快的时期。1811—1901 年英国各主要行业劳动力的变动和分布状况，如表 4 - 1 所示。数据显示，英国农业部门的劳动力比重从 1811 年的 35.2%，下降到 1901 年的 9%。此间，农业富余劳动力依次向工业和服务业转移。19 世纪二三十年代，英国农村劳动力人口的绝对规模开始减少，城市和矿区的劳动力人口则快速上升。1811—1901 年，英国工商运输业的劳动力占比从 44.4% 上升到 64.1%。这些都说明，到 19 世纪 20 年代，英国出现了刘易斯第一拐点，此时人均 GDP 大约在 3000 美元。在 20 世纪初期，英国已经进入了刘易斯第二拐点，第一产业劳动力比重已经下降到 10% 以下，并且劳动力在第一产业和第二产业的变化趋势一直比较稳定，此时，人均 GDP 大约在 5000—6000 美元。[③] 另外，从工业生产中生产资料与消费品的比重来看，在英国的整个工业化历程中生产资料工业的占比从 1740 年的 16% 上升到 1881 年的 53%；相反，消费资料工业的占比从 1740 年的 84% 上升到 1881 年的 47%（见表 4 - 2）。

---

　　① 史东辉：《后起国工业化引论——关于工业化史与工业化理论的一种考察》，中国人民大学出版社 1997 年版，第 83 页。

　　② 乔万尼·阿瑞吉、贝弗里·J. 西尔弗等：《现代世界体系的混沌与治理》，王宇洁译，生活·读书·新知三联书店 2003 年版，第 71 页。

　　③ 王金照等：《典型国家工业化历程比较与启示》，中国发展出版社 2010 年版，第 124 页。

表 4 – 1   1811—1901 年英国各行业的劳动力结构   单位:%

行业＼年份	1811	1821	1831	1841	1851	1861	1871	1901
农业	35.2	33.3	28.1	22.3	22	18.8	15.3	9
工商运输业	44.4	45.9	42.1	48.5	53.8	55.7	54.6	64.1
其他	20.4	20.8	29.8	29.2	24.2	25.5	30.1	26.9

注:1811 年、1821 年、1831 年是以户为单位。

资料来源:《钱乘旦:第一个工业社会》,四川人民出版社 1988 年版,第 74 页。

表 4 – 2   英国工业生产中生产资料与消费品的比重   单位:%

＼年份	1740	1783	1812	1851	1881
生产资料工业	16	29	31	40	53
消费品工业	84	71	69	60	47
合计	100	100	100	100	100

注:主要工业部门净产值和 = 100。

资料来源:杨异同:《世界主要资本主义国家工业化的条件、方法和特点》,第 23 页。转引自刘世锦等著《传统与现代之间——增长模式转型与新型工业化道路的选择》,中国人民大学出版社 2006 年版,第 42 页。

然而,英国的工业生产、贸易和金融中心的历史地位不是一成不变的,正如当年英国从荷兰的手中接过世界霸权一样,其他工业化国家的兴起不断侵蚀着英国霸权得以为继的工业基础。自 1870 年以后,已经建立起来的英国工业,诸如煤炭、纺织和铁器制造业的绝对产量虽有所提高,但它们在世界总产量中所占的份额却在不断下降,在钢铁、化学、机床和电器等越来越重要的新兴工业中,英国很快失去了原先那种具有领先能力的地位。工业产量在 1820—1840 年、1840—1870 年期间年均增长率分别为 4% 和 3% 左右,以后增长更加缓慢,1875—1894 年的平均增长率只有 1.5% 多一点,远远低于它的主要对手。[1] 19 世纪的最后 15 年,不列颠已不再是世界的唯一工厂,这是国家间竞争的必然结果。[2] 进入 19 世纪末

---

[1] 保罗·肯尼迪:《大国的兴衰》,陈景彪等译,国际文化出版公司 2007 年版,第 181 页。

[2] M. M. 波斯坦、D. C. 科尔曼等:《剑桥经济史》,经济科学出版社 2002 年版,第 251 页。

期和 20 世纪初期，随着美国和德国工业化的实现，英国失去了其在工业生产领域的领先地位，美国和德国则先后成为世界上头号先进的工业化国家，并由此揭开了世界工业化历史的新篇章。如表 4-3 所示，各大国在时间过程中工业地位的变化。19 世纪 80 年代中期，美国超过英国成为世界第一工业强国，并与英国一起开创了第二次工业革命。德国工业化虽起点低、起步晚，但发展却极其迅速。19 世纪后半期，德国在大约 30 年的时间里完成了英国用 100 多年才完成的工业革命。

表 4-3　　　　　　世界工业强国地位的变化：一种直观认识

年份 序号	1860	1870	1880	1900	1970
(1)	英国	英国	美国	美国	美国
(2)	法国	美国	英国	德国	苏联
(3)	美国	法国	德国	英国	日本
(4)	德国	德国	法国	法国	德国

资料来源：L. S. 斯塔夫里阿诺斯：《全球通史：1500 年以后的世界》（中译本），上海社会科学院出版社 1992 年版，第 298 页。

二　英国经济的去工业化进程

英国曾经一度如此明显、持续时间如此长的压倒性优势地位，就注定要如此迅速地丧失吗？近来有评论指出，从实质上看，"在一个难以确切描述但相当广泛的商业范围内，不是别的国家从不列颠的手中夺取了其领导地位，而是它的不牢固的掌握让出了领导地位"。[1] 对英国而言，更彻底地专注于作为世界商业和金融中介的角色，要比从根本上重组自己的工业，与新型的工业化国家竞争更为有利。无论如何，如果英国要向维持德、美工业飞速扩张的那种重组迈进，它受到高度分散和专业化结构的严格限制，这些都是早期工业扩张遗留下来的。因此，在整个 19 世纪，英国工业（尤其是纺织业）普遍显示出明显的裂变趋势，而不是生产和交换各有序的

---

① 这是奥萨（Orsagh）针对英国钢铁业做出的评论，但是，他总结出的情况对更多行业都具有一般适用性。参见 T. G. 奥萨（Orsagh）《1870—1913 年间钢铁业进展》，载《社会与历史比较研究》1960—1961 年第 3 期，第 230 页。转引自 M. M. 波斯坦、D. C. 科尔曼等《剑桥经济史》（第 7 卷），经济科学出版社 2002 年版，第 251 页。

次程序的聚变，也就是说，它在向纵向"分解"而非纵向一体发展。[①]

实际上，英国工业及其霸权的衰落当然有其自身的原因，但不管这些原因的形成因素是什么，对其工业衰落的影响方式和程度如何，不可否认的是，当时的世界工业生产领域已经显现出一种"零和博弈"的关系，虽然整个世界工业生产和贸易出现了整体性的扩张和上涨，但这种扩张并不足以将国家间在工业生产领域的"零和关系"，转变为一种"正和关系"。伴随着美、德两国工业化的推进，二者工业生产份额不断地上升，并且这种上升是以英国工业生产份额的下降为代价的。实际上，从工业生产份额上看，英国的去工业化进程就肇始于这个时期，即以美、德两个工业大国的兴起为标志的英国工业领域的衰落。[②] 在 1870—1971 年的 100 年间，英国工业总产值占世界的比重从顶峰时期的 32% 跌落到 4% 的谷底。如表 4 - 4 所示的是，1880—1938 年，英国、美国和德国在世界制造业产量中所占相对份额的变化；如表 4 - 5 所示的是，1880—1938 年英国、美国和德国相对工业潜力的变化。数据显示，在工业制造业领域，伴随着德国和美国工业化进程的推进和工业化的实现，二者对英国实现了全面的超越。

表 4 - 4   1880—1938 年各大国在世界制造业产量中所占的相对份额   单位:%

国家＼年份	1880	1900	1913	1928	1938
英国	22.9	18.5	13.6	9.9	10.7
美国	14.7	23.6	32.0	39.3	31.4
德国	8.5	13.5	14.8	11.6	12.7

资料来源：保罗·肯尼迪：《大国的兴衰》，陈景彪等译，国际文化出版公司 2007 年版，第 160 页。

[①] 乔万尼·阿瑞吉、贝弗里·J. 西尔弗等著：《现代世界体系的混沌与治理》，王宇洁译，生活·读书·新知三联书店 2003 年版，第 138 页。

[②] 尽管，在兰德斯等历史学家看来，1873—1896 年的"大萧条"期间，生产和投资都继续增长了，不仅在当时的新兴工业国（最突出的是德国和美国），而且英国也是一样。但正如凡勃伦所指出，"大萧条"与生产和投资的同时并存并不矛盾。相反，大萧条恰恰是由于英国以及世界经济中生产和贸易已经并仍在继续上涨，以致难以把利率维持在"适度的水平上"。参见乔万尼·阿瑞吉、贝弗里·J. 西尔弗等著《现代世界体系的混沌与治理》，王宇洁译，生活·读书·新知三联书店 2003 年版，第 94 页。

表4-5 1880—1938 年各大国相对工业潜力比较
（以 1900 年英国为 100）

国家＼年份	1880	1990	1913	1928	1938
英国	73.3	100	127.2	135	181
美国	46.9	127.8	298.7	533	528
德国	27.4	71.2	137.7	158	214

资料来源：保罗·肯尼迪：《大国的兴衰》，陈景彪等译，国际文化出版公司 2007 年版，第 160 页。

进入 20 世纪以来，世界先后经历了两次世界大战和 1929—1933 年的 "大萧条"。然而，即使是这些在世界历史上留有重要印记的事件，也没能挽救处于全面衰落的英国；相反，战争的爆发促使英国进一步地全面衰落。作为第二次世界大战的结果之一，美国巩固了自己世界第一工业强国的地位，并全面地取代了英国的霸权地位。留给英国的只有伦敦作为世界性的金融中心。第二次世界大战之后，西方发达国家普遍经历了增长的 "黄金时期"，经济中生产和投资等主要总量指标都达到或接近历史最高水平。但从横向的国别比较来看，英国的经济增长率虽较战前有大幅提高，但却处于战后主要资本主义发达国家的最末端，并且战前时期亦是如此，如表 4-6 所示。

表4-6 主要资本主义国家实际国民生产总值的年平均增长率 单位:%

国家＼年份	1913—1938	1953—1973	1950—1970	1913—1950	1950—1955	1955—1960	1960—1965	1965—1970
美国	2.0	3.5	3.9	2.9	4.3	2.2	4.5	4.6
英国	1.0	3.0	2.8	1.7	2.7	2.8	3.3	2.4
日本	4.5	5.2	10.9	4.0	12.1	9.7	9.6	12.4
西德	1.3	5.9	5.5	1.2	4.7	6.3	4.8	6.3
法国	1.1	9.8	4.8	0.7	4.3	4.6	5.1	5.4

资料来源：正村公宏：《日本经济论》，1979 年版，第 5 页。转引自史东辉《后起国工业化引论——关于工业化史与工业化理论的一种考察》，中国人民大学出版社 1997 年版，第 148 页；皮埃尔·莱昂：《世界经济与社会史》，上海译文出版社 1985 年版，第 12 页。转引自张贤淳《战后日本经济高速发展的原因》，吉林大学出版社 1985 年版，第 23 页。

实际上，英国相对较低的经济增长率正是其工业制造业的衰落，以及失去以此为依托的全球贸易和金融体系主要组织者地位的原因。自英国19世纪末失去其工业制造业的霸权以后，再也没有重拾制造业的雄风。更进一步地，伴随着战后日本和德国在制造业领域的兴起，英国在工业制造业领域的颓势进一步凸显，经济的去工业化趋势也进一步地显现，并引起了政府、企业和学术界的广泛注意。如表4-7所示，在战后资本主义国家设备投资的实际增长中，1955年和1970年两个年度英国的绝对设备投资额与其他主要资本主义国家相比处于绝对的劣势地位，而在增长倍数和年均增长率方面也仅稍高于美国。也就是说，英国不但没有在战后经济增长的"黄金时期"中扭转其工业制造业衰落之势，反而，其工业制造业更是进一步湮没于其他制造业力量的兴起之中。就是在这样的国际经济环境中，20世纪60年代以后，英国产业结构进一步地由工业制造业向服务业调整，工业（制造业）部门的产量和就业占总量比重都存在不断下降的趋势，并不断地向服务业转移。如图4-1所示的是，1970年以来，三次产业（包含制造业）增加值的GDP占比的变动情况。不难看出，工业和制造业的GDP占比持续不断地下降；相反，服务业增加值的GDP占比则不断增加；另外，从近30年三产业就业的占比看，工业、农业就业人数占总就业人数的比重持续下降，而服务业就业份额则持续上升，如图4-2所示。

表4-7　　　　　　主要资本主义国家设备投资的实际增长情况

	1955年设备投资额	1970年设备投资额	增长率（倍）	年平均增长率（%）
日本	22910亿日元	207658亿日元	8.1	15.8
美国	690亿美元	999亿美元	0.4	2.5
英国	33.2亿英镑	68.8亿英镑	1.0	4.9
西德	395亿马克	1401亿马克	2.5	8.8
法国	447亿法郎	1625亿法郎	2.6	9.0
意大利	37950亿里拉	89950亿里拉	2.4	5.9

资料来源：日本统计局：《以日本经济为中心的国际比较统计》，1972年版，第25—26页。转引自张贤淳《战后日本经济高速发展的原因》，吉林大学出版社1985年版，第126页。

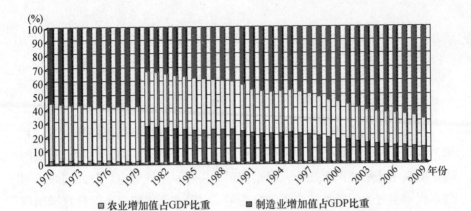

图4-1　1970年以来英国各产业增加值占GDP比重

资料来源：世界银行数据库。

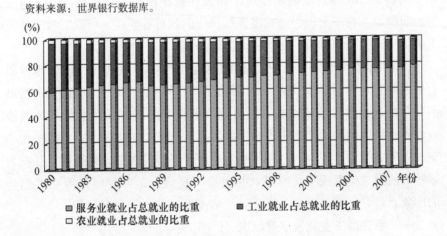

图4-2　1980年三次产业就业占总就业量的比重

资料来源：世界银行数据库。

　　自此，伴随着工业霸权衰落，英国从第一个实现工业化的发达国家和现代化国家，不断走向与经济工业化进程相对应的经济去工业化进程，并显示出了后工业化时期的一些典型特征。然而，这种去工业化进程到底是具有"后工业社会"特征的经济不断"高级化"的进程，还是英国经济在历史进程中向后的轮回和倒退，抑或是一种经济"病态化"的表现，至今还存在很大的争论。因此，对英国经济的整个发展历程及其背景做出概括和梳理，有助于我们更深入地理解经济去工业化进程的实质。

第二节 发达国家的去工业化(二): 美国

作为当今世界唯一的超级大国，美国被视为现代市场经济的典范，并成为世界各国，特别是发展中国家和地区学习的样板。因此，在世界范围内，出现了凡是美国存在的，就是合理的一种示范性效应。与此同时，加之意识形态对美国经济社会制度的肯定，以及主流舆论对美国自身所出现问题的否定，强化了这一示范性效应。所以，美国所出现的工业制造业衰退的去工业化进程，在大多数人看来，是一种积极的产业或经济"高级化"的过程，并被其他国家和地区作为样板积极地效仿。实际上，事实却远非如此。鉴于美国经济在世界经济中的这种重要性，所以，对经济去工业化的现象进程分析，必然要以美国为例。

19 世纪 80 年代，在工业制造业对英国的赶超，使美国一跃成为世界上最大的工业化国家，此后，世界经济虽经受了 1929—1933 年"大萧条"和两次世界大战的洗礼，但历史不但没有削弱，反而造就了美国战后世界超级强国的地位。作为经济发展过程中的"特征事实"，美国在坐享其世界霸权的过程中，也在不断地经历着经济的去工业化进程，并在大多数人的观念中形成了这种现象的经济"高级化"和经济发展必然趋势的印象，或是向有着后工业特征的"后工业社会"演进的过程。

一 美国的工业化及经济状况

美国的工业化起始于 19 世纪初，完成于 19 世纪末 20 世纪初，但与英国的工业化不同是，美国的工业化是伴随着英国工业霸权的衰落而完成的。表 4-3、表 4-4 和表 4-5 给出了英国工业化霸权衰落和美国工业兴起的一种直观表达。19 世纪 80 年代中期，美国超越了英国成为了世界第一工业强国，进入 20 世纪，全球制造中心日益移至美国，由此美国开启了其长达一个世纪之久的世界工业霸权。在这里，特别值得一提的是，作为人类灾难的第二次世界大战不但没有削弱美国的工业基础；相反，美国一直是战争工业化的领袖，这一历史性的灾难事件更是造就了美国的工业霸权和两极霸权世界中的一极历史地位。例如，凭借强大的生产制造能力，美国在 1947 年生产了世界上 57% 的钢铁和基础金属、62% 的石油和

80%的汽车，制造业生产量占世界总量的53%，1948年出口贸易额占世界总额的1/3，最终取代英国成为二战后世界经济秩序的建立者和维护者。[①]

然而，即使是战争结束时期，美国在力量对比中的这一地位就已经很明显，借此美国可以为这个世界安排一个自己选择的秩序。[②]但这个世界从来就不是一个国家的世界，尽管美国在世界体系中处于霸权地位，但就像英国在实现工业化之后，被美国和德国等国家在工业制造业领域迎头赶上，并不断丧失其当时的全球霸权一样，作为战后世界第一工业强国的美国也面临着同样的境遇。美国的工业制造业受到了来自德国和日本等国家的强劲竞争。

从工业方面看，美国1951—1965年的年均工业增长率为4.7%，德国为8.1%、法国为5.7%、日本和苏联更是分别达到了14.4%和10.7%。[③]从经济增长率看，整个20世纪60年代西欧国家（除英国外）和日本的经济增长率也都明显地高于美国（如表4-6所示）。实际上，在战后经历了增长的"黄金时期"，特别是在20世纪60年代末和70年代初的盈利能力危机时期后，美国经济一直在羁绊中前行，不仅1971年以来的年均经济增长率远低于战后1953—1973年的平均水平，而且这一经济增长水平还存在较大的波动，如图4-3所示。

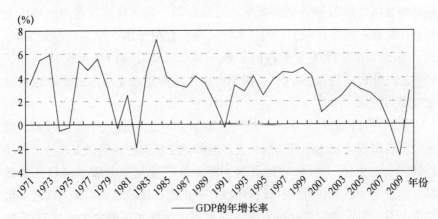

图4-3　1971年以来美国GDP的年增长率

资料来源：世界银行数据库。

---

① 何自力：《产业结构不能以西方为样板》，《环球时报》2011年9月14日。
② 乔万尼·阿瑞吉、贝弗里·J.西尔弗等著《现代世界体系的混沌与治理》，王宇洁译，生活·读书·新知三联书店2003年版，第96页。
③ 郭万达、朱文晖：《中国制造：世界工厂正转向中国》，江苏人民出版社2002年版，第71页。

二　美国的去工业化及背景

与两次世界大战期间被扭曲了的时代相比,战后的世界经济展现出两个令人印象深刻的特征:一是世界工业生产的绝对空前的增长;二是出于同样原因的足以令人惊讶的世界贸易的增长。更进一步地,这些特征本身也具有动态的特性。也就是说,贸易和生产在全球范围内的系统扩张是世界经济在各个阶段最重要的特征。伴随着贸易的全球化,特别是生产的全球化,任何一个国家和地区在这个日益一体化的世界中都不能独善其身,并时刻面临着来自其他国家的竞争,而且这种竞争较之19世纪后半期到20世纪初期更有“零和博弈”的性质,而这一切都是资本全球逐利的必然结果。这构成了战后至今,任何一个国家和地区,特别是寻求工业化和现代化的欠发达国家和地区寻求自身发展,并在经济上赶超欧美发达国家的历史背景。在整个20世纪70年代,美国制造业的增长速度明显放缓,而到了20世纪80年代初期,美国的制造业更是出现了严重的衰退。这在经济上主要表现在工厂的大量倒闭,工人的大批失业,生产性投资的大幅减少,以及贸易逆差的日益扩大。以1960年为例,当时西欧和日本的经济已经复兴,但美国工业品的出口量在工业国家中仍占25%以上,同时还能满足国内市场98%的需要量。可是自那以后,美国在国内外市场上所占的份额不但日益减少,而且实际上是一直在加速下降。20世纪70年代,美国在国际市场上所占的份额下降了23%,而60年代只下降了16%。此外,在这10年间,美国制造商在国内市场上所占的份额也比过去下降得更快。①

正是在这样的背景下,与英国相类似,20世纪五六十年代以来,美国经济也出现了发达经济体所具有产业和就业机构的一般演变趋势,即经济的“去工业化”。经济中的资源不断地从工业制造业领域向服务业转移,而且至少从现在看这种转移还没有停止或是逆转之势。从三次产业增加值上看,工业和制造业增加值的GDP占比呈逐年下降之势,到2008年美国工业增加值已经下降到了21.41%,而制造业增加值的GDP占比更是下降到了13.44%;相反,服务业对GDP的贡献则逐年增加,到了2008年美国服务业对GDP的贡献已经达到了77.35%(见图4-4)。从三次产业就业份额看,工业就业份额呈逐年下降的趋势,而服务业就业份额则逐

---

① 金慰祖、于孝同:《美国的“再工业化”问题》,《外国经济与管理》1980年第10期。

年上升,到了 2008 年,工业和服务业就业占总就业量的比重分别为
19.9% 和 78.6%,也就是说,服务业已经成为吸收和解决就业的最主要
领域(见图 4-5)。

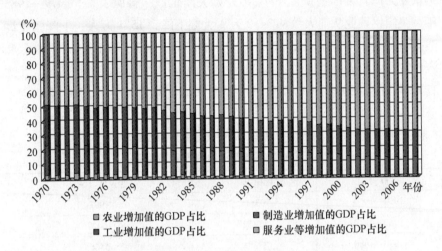

图 4-4 1970 年以来美国三次产业和制造业增加值的 GDP 占比

资料来源:世界银行数据库。

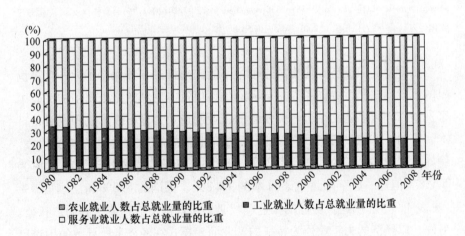

图 4-5 1980—2008 年美国三次产业就业份额

资料来源:世界银行数据库。

如上文所指,作为去工业化在经济上的表现,美国的传统工业中心城
市,如底特律、匹兹堡和芝加哥等一直在制造业就业中占有较大的比重,

但 20 世纪五六十年代以来，这些城市普遍出现了制造业就业下降，失业率高，贫苦率增加等现象，较早地显现出传统制造业衰落的现象。底特律和匹兹堡等地基础产业就业损失状况见表 4－8。更为具体的，以美国的钢铁业为例，美国钢铁业 1977 年开始关闭工厂，解雇工人。1979—1985年，美国钢铁业从业人数从 34.2 万人大幅下降到 15.1 万人，下降幅度高达 50% 以上。在整体上，1969—1976 年，美国因工厂倒闭、工厂州际和海外转移而消失的就业数达 2230 万。在 20 世纪 70 年代这十年间，大约有 3200 万到 3800 万岗位消失，这等于 1969 年全部就业的 39%。[1]

表 4－8　　　　　　　底特律（汽车及配件制造业）和匹兹堡
（金属）基本产业的就业损失情况

年份	底特律（人）	匹兹堡（人）
1950—1960	103516	7967
1960—1970	11352	10427
1970—1980	37888	5566
1980—1990	24472	7612

资料来源："A Comparative Historical Analysis of the Economics"，http://www－personal. umich. edu/~amcclosk/538gp/538presentation. htm，07/20/2002。转引自杨仕文《美国非工业化研究》，江西人民出版社 2009 年版，第 54 页。

尽管，美国经济在历史的进程中不断向前推进，并保持了近一个多世纪的工业霸权和世界体系的主导者地位，但资本逐利的终极驱动和民族国家发展及崛起愿望的结合，促使新的工业制造业力量不断形成和发展，日本、德国、东亚"四小龙"以及巴西等是新的制造业力量的典型代表。例如，从设备投资的增长状况看，1955—1970 年美国的年均增长率为2.5%，但这一数字却远低于日本的 15.8%、德国的 8.8% 和法国的 9%（见表 4－7）。因此，美国的工业霸权必然显现出类似于英国的动态特征。另外，以经济的去工业化为特征的产业演变模式在经济上所导致的困难已经逐渐显现。一方面，这种困难体现在 20 世纪 70 年代以来，美国经济增长的剧烈波动；另一方面，2008 年的金融危机和美国的主权债务问题是

---

[1] Barry Bluestone and Bennett Harrison. The Deindustrialization of America: Plant Closing, Comminity Abandonment and the Dismantling of Basic Industry, New York, Basic Books, 1982, p. 9.

以去工业化为表现的实体经济长期萎缩的必然结果。在美国，去工业化问题早已经引起了广泛的关注和争论，同时，在这些广泛的争论背后，也存在着美国是否应该实施"再工业化"战略，或能否实现"再工业化"等问题，而这正是我们在以后的章节中要重点加以分析的问题。

第三节　发展中大国的去工业化：巴西

作为经济发展的"特征事实"，去工业化在世界经济中是一种较为普遍的现象，不仅发达工业化国家发生了去工业化现象，而且很多发展中国家也发生了去工业化现象。值得注意的是，发展中国家的去工业化是在其人均收入水平很低的时候发生的（相比发达国家），因此，被称为"早熟的去工业化"。这种类型的去工业化最为显著例子出现在拉丁美洲的墨西哥、智利、阿根廷、乌拉圭、巴西以及哥伦比亚，它们都是过早去工业化的典型代表。很显然，巴西的去工业化在这些国家中更具有代表性，这不仅源于巴西是拉美国家中最大的发展中国家，而且源于其新兴制造业大国的地位和其创造的"巴西奇迹"。因此，本节对巴西的早熟去工业化进行了分析，以便更好地理解经济的去工业化现象。

一　巴西的工业化及经济发展状况

自 1822 年独立到 20 世纪三四十年代，巴西一直是以种植咖啡和橡胶为主的农业国，至今较之其他发达国家，农业在其国民经济中仍具有较高的比重。第二次世界大战后，巴西采取了"进口替代"的工业化战略，国民经济取得了飞速发展，特别是 1968 年到 1974 年，GDP 的年均增长率达到 10% 以上，因此，被称为"巴西奇迹"。伴随着工业化的推进，巴西的经济和产业结构大幅变化，实现了战后初期的农业国向新兴工业国的转变，并建立了比较完善的工业体系。

然而，20 世纪 70 年后期开始，巴西经济陷入了停滞状态，进入 80 年代后经济状况进一步恶化，出现了严重的经济衰退和债务危机。自此，巴西从其创造的"巴西奇迹"陷入到了"拉美陷阱"，从高速经济发展走向了经济停滞。与工业化时期相比，巴西国内生产总值年均增长率从 1947—1960 年的 7.3%、1961—1980 年的 7.35%，大幅下降到了 1981—2010 年的 2.60%。时至今日，巴西经济仍没有重拾"巴西奇迹"时期的高速增长。

巴西的工业化始于 19 世纪末期，其工业化历程大体分为三个阶段：第一个阶段是 19 世纪末期到 20 世纪 30 年代。巴西的工业化起步于非耐用消费品工业，在这一时期，轻工、食品和其他非耐用消费品等的行业增长较快，农业仍是经济的支柱，农业出口的发展为工业发展提供了原始积累和经济来源。第二个阶段是 20 世纪 30 年代到 50 年代中期。这一时期的投资资金仍然主要来自国内积累，也就是说，国内经济的发展是其工业化动力来源。但为了弥补国内资金、技术及管理方面的不足，巴西采取了吸引外资的策略，特别是以跨国公司为主体的对外直接投资。例如，1950年美国在巴西制造业中的投资占它在巴西投资总额的 44%。从 1930—1955 年，巴西从初级产品的出口阶段进入到了以进口替代为主的工业化阶段，从轻纺、食品等非耐用消费品的进口替代进入到对耐用消费品和中间产品的进口替代。第三个阶段是 20 世纪 50 年代中期以后。1956 年库比契克政府执政开始，巴西采取了以向外举债和引进外资为主要资金来源的方式推进其工业化进程，外国的资金和技术成为工业化的主要推动力量。这一时期资金大多流向了制造业，重点发展了"增长点"工业（主要是钢铁、建材和化工等基础工业和汽车、造船、炼铝和机械等新兴工业），加快了能源、电信和交通事业的发展，到了 1960 年，巴西轻重工业的比重已由 73% : 28% 转变为 58% : 42%，由此，"巴西奇迹"得以产生。[①] 如表 4 - 9 所示的是，1950—1974 年巴西制造业部门的构成。

表 4 - 9   1950—1974 年巴西制造业部门的构成（占制造业增加值）   单位：%

行业　　　年份	1950	1960	1970	1974
重工业	27.6	42.0	48.0	52.8
轻工业	72.4	58.0	52.0	47.2
其他工业	1.6	1.7	2.1	2.5
合计	100.0	100.0	100.0	100.0

资料来源：苏振兴等：《巴西经济》，人民出版社 1983 年版，第 71 页。

---

① 巫宁耕：《中国和印度、巴西工业化道路的比较》，《北京大学学报》1991 年第 4 期。

二　巴西经济的去工业化进程

从工业和经济增长的关系看，巴西工业增加值年均增长率和 GDP 的年均增长率显示出很强的相关性，20 世纪 60 年代到 80 年代制造业发展引领的工业化造就了巴西的高速经济发展和奇迹，然而，自 20 世纪 80 年代以来，巴西的工业增长率却大幅下降，随之而来的便是巴西经济由高速"增长"转入"停滞"（见图 4 -6）。

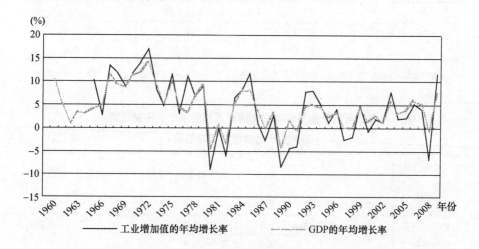

图 4 -6　1960 年以来巴西工业增加值年均增长率和 GDP 的年均增长率
资料来源：世界银行数据库。

美国学者皮特拉斯（J. Petras）在《第三世界工业发展理论》一文中指出，在西方国家处于后工业增长（正常积累）阶段时，不发达国家的工业增长和某种方式的"资本原始"积累正在出现（见表 4 - 10）。[1] 也就是说，发达工业化国家和发展中国家的经济发展历程和阶段具有相互交错的特征。从横向的国际比较上看，与主要资本主义发达国家相比，工业化时期巴西经济增长率明显在整体上高于主要的资本主义发达国家，即使是在战后西方发达国家经济增长的"黄金时期"也是如此。在这里，特别值得一提的是，"巴西奇迹"正是出现在西方世界 1965—1973 年盈利能力危机和石油危机期间，而且在这一时期，发达工业化国家正处于由工业社会向后工业社会过渡的转折期，此时，发达经济体的去工业化现象已

---

① 巫永平：《跨国公司在巴西工业化进程中的作用》，《拉丁美洲研究》1988 年第 6 期。

经逐渐显现（见表 4-11）。① 另外，这种资本积累的交错性，一方面，体现了不同国家间不同的经济发展阶段；另一方面，也体现了其他国家，特别是第三世界国家的工业化进程使这些国家不断地成为新的加入世界经济之中的制造业力量。

表 4-10　　　　西方发达国家和第三世界国家资本积累的阶段

	积累的阶段		
第三世界	被掠夺	原始积累	正常积累
西　　方	原始积累	正常积累	虚假积累

资料来源：巫永平：《跨国公司在巴西工业化进程中的作用》，《拉丁美洲研究》1988 年第 6 期。

表 4-11　　　巴西与六个主要资本主义国家国民经济增长速度比较

（国民生产总值年平均增长率）　　　　单位:%

国家 年份	美国	西德	日本	英国	法国	意大利	六国加权*平均增长	巴西
1953—1960	4.9	7.3	8.3	3.2	5.0	7.3	5.2	6.7
1960—1970	4.3	4.9	10.8	2.8	5.7	7.4	5.3	6.1
1971—1977	3.1	2.6	5.5	1.2	3.7	2.6	3.3	9.7
1953—1977	3.3	5.0	8.2	2.6	5.0	6.0	4.7	4.7

注：*六国权数如下：美国 0.3333、西德 0.1666、日本 0.1666、英国 0.111、法国 0.111、意大利 0.111。

资料来源：苏振兴等：《巴西经济》，人民出版社 1983 年版，第 15 页。

就三次产业和制造业增加值占 GDP 比重而言，伴随着巴西工业增加值增长率的大幅下降，与 20 世纪 80 年代之前的工业化时期相比，80 年代中后期以来，工业和制造业增加值的 GDP 占比在总体上呈逐渐下降的趋势。实际上，1995 年成为这一下降趋势的"分水岭"，从数字上看，1994 年工业和制造业增加值的 GDP 占比分别为 40% 和 23.66%，而 1995 年这两个数字则大幅下降到 27.53% 和 18.62%，也就是说，工业和制造业的增加值占 GDP 的比重在 1995 年骤然下降，此后，呈逐渐下降的趋势。与此相反，服务业等增加值的 GDP 占比则出现了反向的变动趋势，

① 这一时期经济的去工业化和后工业化特征已经引起了学者们的注意。例如，丹尼斯·贝尔在 1973 年出版的《后工业社会的来临》便是对这一现象的回应。

在 20 世纪 80 年代中后期逐渐上升,在 1995 年出现跳跃式上升后,又呈逐渐上升的趋势(见图 4 - 7)。另外,从三次产业就业的情况看,对应于增加值 GDP 占比的变化,三次产业就业人数占总就业人数的比重也大体呈现出相同的变化趋势(见图 4 - 8)。由此可见,20 世纪 80 年代中后期

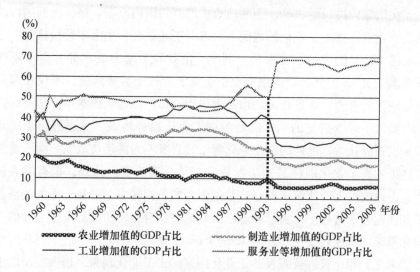

图 4 - 7　1960 年以来巴西三次产业和制造业增加值的 GDP 占比

资料来源:世界银行数据库。

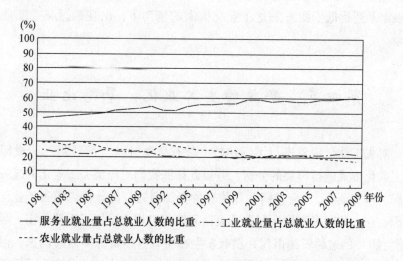

图 4 - 8　1980 年以来巴西三次产业就业占总就业人数的比重

注:1991 年和 1994 年的数据缺失。

资料来源:世界银行数据库。

以来，巴西逐渐地显现出经济的去工业化现象，并且其工业制造业在
1995 年呈现出跳跃式衰退的现象后，一直持续到现在。

近年来，巴西制造业在国民经济中的比重不断下降，其"去工业化"
的趋势越来越明显，并逐渐引起了人们的注意。许多进口产品，特别是来
自亚洲国家的进口制成品，不断地抢占巴西的国内市场，挤压巴西国内的
制造业企业。在去工业化的成因上，巴西工业联合会主席罗伯松认为，巴
西与进口产品的来源国在税负、利率、信贷和劳动力成本等方面"不在
同等水平上"，因此，巴西制造业企业竞争力处于劣势地位，不仅在国外
市场缺乏竞争力，而且在国内市场遭遇到进口产品的强劲竞争。他同时强
调，如果不采取措施的话，巴西的去工业化趋势将进一步增强。也就是
说，有观点认为，巴西的去工业化源于其自身不当的经济政策，而不是像
发达国家去工业化那样是经济发展的一种必然趋势。另外，也有学者认
为，巴西的去工业化源于其经济政策制度的急剧转变，即在全面的经济改
革和体制转变过程中，贸易和金融领域的突然自由化所导致国家主导的工
业化策略的急速转变。（José Gabriel Palma，2005）

总之，相比英、美等发达工业化国家的去工业化现象，巴西经济的去
工业化是一个更值得注意的现象，这不仅源于巴西去工业化的成因方面，
而且源于巴西的新兴制造业大国地位，更源于巴西的去工业化是在其经济
发展水平还远低于西方发达工业化国家的情形下，出现的过早去工业化
现象。

第四节　早熟的去工业化：哥伦比亚

对去工业化现象进行国际比较，就有必要对以"荷兰病"为成因的
去工业化形式进行简要的分析，并以此拓展我们对经济去工业化的进一步
了解。事实证明，"荷兰病"作为一种资源诅咒型传导机制和去工业化的
成因，在一些国家和地区制造业衰落和萎缩过程中发挥了重要作用。尽管
"荷兰病"的这种资源诅咒并没有发生在所有自然资源丰裕的国家，但又
确实对荷兰、拉丁美洲以及其他一些国家和地区的去工业化产生了重要影
响。更为重要的是，与"荷兰病"相关的去工业化大多是"早熟的去工
业化"，这种去工业化形式一般发生在较小的国家和地区，或是发生在人

均收入水平较低的发展中国家和地区。[①]

　　无论是从自然资源禀赋，还是从经济及工业发展状况看，哥伦比亚都是这一类型去工业化的典型案例。接下来，本节将以哥伦比亚为例，来分析"荷兰病"诅咒之下的哥伦比亚经济所遭受的早熟的、消极的去工业化进程，以便拓展我们对去工业化现象，特别是对去工业化成因的理解。

一　哥伦比亚的资源禀赋及经济发展状况

　　哥伦比亚是一个矿产资源十分丰富的国家，有石油、煤、铂、金、铁、绿宝石、天然气等主要矿藏。哥伦比亚也是拉美地区主要产金国，铂金开采量占资本主义世界第一位；绿宝石储量和开采量居世界第一位，占全世界的95%；已探明的煤炭储量达400亿吨以上，还有100亿吨的可能藏量，居拉丁美洲煤炭储量之首；石油储量18亿桶，天然气储量187亿立方米，铝矾土储量1亿吨，铀储量4万吨。

　　作为拉丁美洲最大的七个经济体之一，哥伦比亚历史上是以生产咖啡为主的农业国。至今，咖啡业的产值仍占农业总产值的三分之一以上，其咖啡产量和出口量在全球范围内仅次于巴西，居第二位。哥伦比亚的旅游业较为发达，是拉美地区重要的旅游中心之一。据统计，2008年，国外游客239.6万人，同比增长6.9%。此外，哥伦比亚也是花卉出口大国，其出口产值仅次于荷兰居世界第二位，例如，哥伦比亚的花卉出口额从1968年的30万美元猛增到1982年的1亿3千万美元。

　　从工业发展历程看，第一次世界大战后，哥伦比亚的工业发展最为迅速，其资本积累主要来源于咖啡和烟草等资源的出口创汇。直到20世纪70年代中期的经济停滞时期，哥伦比亚工业部门一直在缓慢而稳步地增长。从总体上看，哥伦比亚的工业化进程大体分为三个主要阶段：第一阶段，1900—1930年，咖啡和烟草的出口蓬勃发展，铁路建设、黄金开采、主要城市的电气化、国家力量的增强和人力资本可用性都推动了工业部门的发展。第二阶段，1930—1945年，早期的进口替代工业化（Import Dubstitution Industrialization）、产业政策、国内制造品消费的增加和城市化的快速发展都有助于制造业的快速增长。其间，哥伦比亚制造业总附加值

---

　　① 从制造业就业的角度看，芬兰、瑞典、马来西亚和其他拥有丰富的自然资源（如泰国、印尼和菲律宾）的东南亚国家证明，丰富的资源并不一定导致国家必然遭受"自然资源诅咒"。即使这些国家存在这样的资源诅咒，那么这样的诅咒也是相对较轻的（相对于受"荷兰病"影响的其他国家）。

平均增长率为 8.1%，而 GDP 的年均增长率仅为 3.3%。哥伦比亚的这种增长基于进口替代的原材料（橡胶、化工产品、钢铁等）生产，以及小型和大型工厂合并时出现的劳动生产率的提高。第三阶段，1945—1967年，后期的进口替代和产业政策的转向促进资本密集型产业提升和发展。在这一时期，贸易和非贸易壁垒、外国投资和国内信贷成为促进产业发展一般方式。这些政策增加了制造业对总体经济增长的贡献——制造业对GDP 的贡献从 1945 年的 14% 上升至 1967 年的 22%。在随后的年份中，经济政策的改变集中在对外贸易和汇率方面，资本管制、进口限制和出口多样化都导致了 1967 年和 1974 年之间制造业出口每年以 30% 的速度增长。(Kassem，2010)

　　当前，哥伦比亚的主要工业有制糖、咖啡加工和纺织等。尽管在工业化时期，哥伦比亚的工业发展较快，其产值已占国内生产总值的 20%，甚至是 30% 以上，但在工业部门内部，以制糖、咖啡加工和纺织为主的轻工业占工业总产值的 70% 以上，而冶金、机械制造、汽车装配、水泥、化学、炼油、石油化工等其他工业制造业部门占工业总产值的比重则相对较低。与此同时，哥伦比亚的这一产业内部结构也反映在国际贸易方面，尽管哥伦比亚政府基于自身的资源能源禀赋和产业结构，将对外贸易政策视为其经济政策的主要组成部分，但哥伦比亚的产品输出主要是以咖啡为大宗商品，占出口总额的 50% 以上；次之为煤、黄金、石油、香蕉、贵金属以及纺织品、服装、水泥、花卉等。相反，哥伦比亚的进口主要是机械设备、车辆、工业原料和食品等。

　　总之，无论是从产业结构，还是从产品的国际贸易结构看，哥伦比亚的经济发展都是围绕着其自身在资源、能源、地理和气候等方面的比较优势而展开的。在哥伦比亚，扩大化意义上的"荷兰病"对工业制造业中一些产业，如汽车业、机械制造业等行业的形成发展，发挥了阻碍的作用，甚至是排斥的作用。而这正是典型的资源诅咒型传导机制。具体而言，咖啡业、旅游业、花卉种植业以及石油勘探和开采等行业的繁荣发展对能够体现现代工业生产力（如冶金、机械制造、化学、炼油、石油化工等）的一些工业制造业的发展壮大，形成了阻碍和制约。

二　哥伦比亚经济的早熟去工业化

事实上，"荷兰病"对经济发展的资源诅咒正是 20 世纪 70 年代末以来，哥伦比亚所经历的图景。由于哥伦比亚咖啡出口的繁荣导致了哥伦比亚比索外汇汇率的大幅攀升，结果是，哥伦比亚比索的价值和其国内生产商品的价格大幅上升，进而导致其工业制成品国际竞争力及制成品出口增长率的大幅下降，从而使哥伦比亚工业制造业的发展受到了荷兰病的困扰。这也就是说，这种能源的"初级产品效应"对经济中的其他部门，特别是一些制造业部门的发展壮大，产生了严重的负面影响。

然而，20世纪80年代以来，哥伦比亚农产品（包括咖啡）的出口份额大幅下降，与此同时，为解决石油短缺的问题，哥伦比亚不断增加石油的勘探和开采量。20世纪80年代中期至90年代初期，哥伦比亚的石油勘探处于高峰时期，具体体现是每年勘探的里程在1万公里左右，在1986年甚至超过了1.3万公里；勘探井每年约50个，而1989年达到了73个；1990年油气产量分别达到了2260万吨和48亿立方米；1984年石油出口量超过了进口量；1985—1990年，石油年产量平均增长率为30.8%。① 结果是，伴随着石油的开采和出口，石油产品的出口份额不断上升，石油部门逐渐地取代了咖啡等农产品出口部门成为哥伦比亚的主要出口部门。同时，作为同一个过程的结果，石油勘探、开采和出口的繁荣，使得其逐渐地取代了咖啡等农产品部门成为"荷兰病"资源诅咒或"初级产品效应"的来源。

作为去工业化的证据，在就业方面，哥伦比亚的去工业化大约起始于1973年，其制造业的就业人数在经历了之前的大幅上升后开始呈大幅下降的趋势（见图4-9）；而在产出方面，去工业化首先在1974年以后被发现，此时制造业的产出份额占总GDP的比重达到其峰值的23%，其变化趋势类似于制造业就业的变动，如图4-10所示；从三次增加值GDP占比演变的角度看，伴随着经济的发展，农业增加值的GDP占比呈逐年下降的趋势，而服务业增加值份额则在整体上呈上升之势。但工业增加值的GDP占比则较为特殊，没能显示出与制造业增加值相类似的现象，出现了先升后降，而后又逐渐上升的现象，因此，不能作为哥伦比亚去工业化的进一步证据。

---

① 景东升、高炳奇：《哥伦比亚油气资源勘探开发状况和管理政策》，《国土资源情报》2006年第10期。

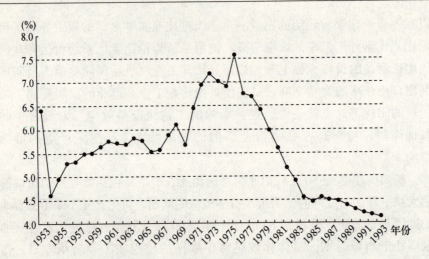

图 4 – 9 1953—1993 年哥伦比亚制造业就业占总就业量的比重

资料来源: GRECO, DANE。转引自 Kassem, 2010。

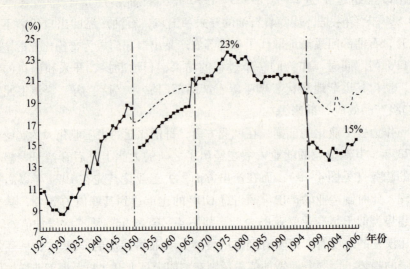

图 4 – 10 1925—2006 年哥伦比亚制造业产出占总产出的比重

资料来源: DANE, ECLAC, Banco de la Republica de Colombia。转引自 Kassem, 2010。

数据显示, 工业增加值份额在 20 世纪 80 年代末期和 90 年代初期达到峰值, 随后逐渐下降, 并在 1998 年达到最低点的 28.37%, 而后又逐渐上升, 与此同时, 服务业增加值的 GDP 占比也在出现顶点后, 相对应地出现了下降。作为对这一现象的解释, 20 世纪 80 年代中期以来, 哥伦比亚的石油业加速发展，并在 1998 年左右大幅扩张，石油行业的繁荣弥补了工业中其他行业，特别是制造业产出份额的下降。而这也正是我们在上文中，从产业结构和贸易结构的角度，探讨"荷兰病"的资源诅咒对经济中其他一些工业制造业产生严重负面影响的原因。

总之，从整个工业看，工业产值的 GDP 占比显示出了与制造业不同的变动趋势（见图 4 - 11）；另外，与发达国家相比，哥伦比亚的去工业化是在其人均收入水平很低的时候发生的早熟去工业化。从时间上看，哥伦比亚的制造业就业和产出份额在经历了工业化时期的上升阶段后，分别在 1976 年和 1979 年出现了拐点，并在此后持续下降，此时，相对应的人均收入分别是 605 美元和 1028 美元，如图 4 - 12 所示。很显然，这一人均收入水平远低于那些发达国家去工业化首次被发现时的人均收入水平（约 9000 美元）。（Kassem，2010）

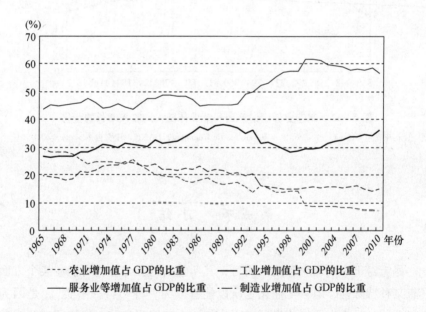

图 4 - 11　1965 年以来哥伦比亚三次产业及制造业增加值的 GDP 占比

资料来源：世界银行数据库。

综上所述，尽管与其他拉丁美洲国家相比，哥伦比亚经历了较高且较为平稳的经济增长过程，但这一经济增长的成果并不能掩盖"荷兰病"

的资源诅咒对哥伦比亚一些工业制造业的挤出效应。[①] 事实上，哥伦比亚工业部门的内部结构和国际贸易结构正是这一资源诅咒传导机制的结果。在结束本节之前，仍值得一提的是，在哥伦比亚的例子中，"荷兰病"对去工业化的影响与其所经历的较高经济增长率之间，是不相互冲突或是矛盾的。这是因为，咖啡、石油等行业的繁荣在对去工业化产生影响的同时，又弥补了这一影响对经济增长的负面效应。

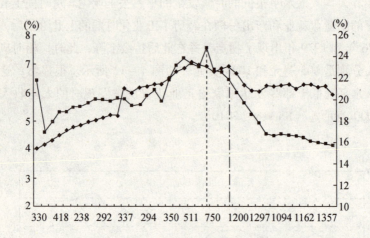

图 4-12　制造业部门的产出和就业伴随人均收入增长的变化

资料来源：GRECO - Banco de la Republica de Colombia, DANE。转引自 Kassem, 2010。

第五节　小结

　　尽管对于个别国家和地区而言，其所经历的去工业化可能在某个方面具有某种特殊性，但去工业化之所以能够成为一种"特征事实"，是因为去工业化已成为世界经济发展过程中的一个普遍现象和一般特征。从横向的国家比较来看，对于发达国家而言，去工业化是发达国家在工业化实现后或是人均收入达到一定水平后普遍经历的一种经济现象。这是一般的特

---

① 据统计，1970—1994 年，哥伦比亚经济增长 183%，年均增长率为 4.4%，高于拉美地区的平均经济增长率。参见徐宝华《哥伦比亚经济持续稳定发展的启示》，《拉丁美洲研究》1996 年第 6 期。

征，并成为一种"特征事实"。但很显然，去工业化并不是发达工业化国家的特有现象，很多发展中国家也出现了类似的经济现象，即在人居收入水平还很低的时候出现的去工业化，或是早熟的去工业化。

经济发展过程中"特征事实"的性质，使经济的去工业化已成为一种共识，但这种共识并不否认国家和地区间，特别是不同去工业化形式之间的差异性和特殊性。因此，在接受去工业化这一共识的前提下，对去工业化的差异性和特殊性进行比较研究，是理解和剖析经济的去工业化现象，并在经验上验证上文中去工业化发生机制的基本要求。在这种思路的指导下，去工业化的国际比较给予我们以下启示：

1. 经济的工业化和去工业化是一种互为动态的过程。这种动态性体现在两个方面：一是体现在国别基础上的经济和工业发展的不同阶段，即工业化和去工业化的相互延续上；二是体现在不同国家和地区经济发展（包括工业化进程）和资本积累的不同阶段上，具体地说，随着一些国家和地区的去工业化，必然存在新的制造业力量不断加入全球经济之中，也就是一些国家和地区在经历去工业化的进程时，其他一些国家和地区在经历工业化进程。

2. 发达国家的去工业化被视为经济发展的必然结果和一种经济"高级化"的趋势，而发展中国家的去工业化通常是一种经济"病态化"的表现，其成因大多是广义上的"荷兰病"。但正如一些经历去工业化的发展中国家和地区所表明的那样，去工业化可能是多种成因共同作用的结果，并且这些成因中的一些在广义"荷兰病"的范围之外。例如，一些国家和地区的去工业化也可能是不当经济政策，特别是贸易和产业政策的结果，也可能是其他一些经济外生冲击的结果，例如，20世纪80年代拉美国家债务危机对这一地区工业制造业衰落产生的影响。

3. 虽然"荷兰病"被认为是一些发展中国家和地区去工业化的成因，但将早熟去工业化的成因完全归咎于"荷兰病"或广义"荷兰病"中的一种，必然是以偏概全。这是因为，如果经济政策制度（如巴西等）改变等因素是去工业化的成因，那么这种去工业化则完全可以通过政策制度创新和变革的方式加以避免，或者如上文中所指出的那样，"荷兰病"所影响的一般是较小的国家和地区，而像巴西这样的发展中大国则不大可能受"荷兰病"的影响，即使存在这种影响，其程度也会比一些较小的国家和地区要小得多。因此，必然存在其他影响去工业化的更为深层的原因。

4. 关于发达国家去工业化对经济影响 "好" 与 "坏" 的价值判断一直存有争议，但从 20 世纪五六十年代以来，发达资本主义国家的整个经济发展历程，特别是 2008 年的经济金融危机和新近发生的主权国家债务危机来看，去工业化所代表的实体经济的衰落和萎缩是经济 "病态化"，或是产业 "畸形化" 的一种表现。虽然去工业化是经济发展的必然趋势，但这种趋势却孕育于资本主义的基本矛盾之中，是资本主义的必然产物。所以说，从整体上看，去工业化应是 "消极" 的去工业化，而不是一种 "积极" 意义上的经济演变过程。

5. 以上样本国家在经历去工业化时期所拥有的经济增长状况，可以作为去工业化现象的一种 "消极" 经济现象的证据。不难看出，与工业化时期或战后长期繁荣时期较高的经济增长率相比，伴随着去工业化进程的推进，这些国家大多经历了较低的经济增长水平。在下文中，我们将对去工业化对经济增长的影响进行进一步的分析。

6. 发达国家和发展中国家之间不同类型去工业化的发生机制是不同的。这是因为，无论从经济发展水平、产业结构，还是从国际经济贸易领域的地位等经济社会发展的各个方面来看，发展中国家与发达国家之间都存在着很大差距，甚至是本质上的不同。同样，这些差距或不同也反映在经济去工业化背后的推动因素上。尽管一些共同因素，如消费需求结构的变化、劳动生产率的提高等，是推动发达国家和发展中国家去工业化的成因，但很显然，用以解释发达国家去工业化的成因，不能完全用来解释发展中国家早熟去工业化的成因，反之亦然。

7. 很显然，从差异性角度看，需要区别对待发达国家和发展中国家不同类型的去工业化现象。但这是否就意味着，不同类型的去工业化现象背后的推动因素就不尽相同呢？或换句话说，是否存在更为深层次的原因既推动了发达国家的去工业化进程，又推动了发展中国家和地区在人均收入水平还很低的时候，出现的早熟去工业化进程呢？答案是肯定的。上文中关于去工业化发生机制的分析，已经充分地对这个问题给予了回答。

第五章　去工业化与资本主义繁荣的终结

工业化代表了上升时期的资本主义精神，造就了资本主义的经济繁荣，为发达资本主义国家实现现代化提供了核心动力。但作为一种相反的动态进程，以工业制造业不断萎缩为特征的去工业化进程正好发挥着相反的作用。经济的去工业化不仅表现为工厂关闭、失业及贫困增加等经济现象，而且作为工业制造业衰落的一种长期的动态过程，去工业化对一个国家，乃至整个世界经济都产生了深远的影响。这些影响包括从经济增长到经常账户的收支失衡，再到虚拟经济的过度膨胀及 2008 年的金融危机和主权国家出现的债务危机等经济增长和发展过程中的方方面面。总之，工业化造就了资本主义，特别是发达资本主义国家曾经的繁荣，而去工业化则终结了这种繁荣，并促使资本主义从繁荣走向了长期的衰退。本章在上文研究的基础上，结合资本主义世界经济在近几十年来的发展历程，对去工业化对资本主义经济增长及其发展过程中的各主要影响和由此产生的结果进行了分析。

第一节　去工业化对经济发展的影响

一　去工业化对经济增长的影响

经济增长状况一直是人们最为关注的话题，个中缘由无须赘言。对于整个经济的发展历程而言，一个国家的经济增长状况基本上都显示出一定的规律性。在这里，我们所指的规律性是，任何一个国家和地区从农业社会向工业社会转化的过程——工业化过程，都具有较高的经济增长率。在工业化过程中，工业，特别是其中的制造业在经济中的"发动机"作用，便进一步地凸显出来。一方面，工业化过程本身便涉及大量的投资和资本积累，而这些投资本身不仅是经济增长的来源，而且也是技术进步和生产率提高的来源，从而间接地对经济增长产生积极的影响；另一方面，工业制造业本身就具有溢出效应，即制造业扩张具有整体的宏观经济外溢效应。也就是说，工业制造业的发展不是仅限于自身的，由于制造业与其他行业具有很高的关联性，所以，制造业的发展也能够带动其他产业的发展壮大，其中，制造业领域的研发活动是整体经济技术进步的基础。作为一种经济上的回应，工业化进程一般都显示出较高的经济增长率，而这正是资本主义国家经济发展的"特征事实"。

　　然而，作为工业化的一种逆向过程，或是如一些学者认为的经济向高级化演进的过程，即经济出现去工业化进程时，经济增长的表现如何呢？上文的分析重点指出，全球制造业长期持续过剩以及由此引起的实体经济的长期低迷，使本来投资于实体经济或进行资本积累以及用于研发的资金，绕过产业资本的形式，通过其他方式获得利润。这同样是一种动态的过程，只要长期低迷的状态持续下去，产业资本就会必然要通过其他方式获得利润，而这正是经济的去工业化进程。从工业制造业在经济中的基础和核心地位看，去工业化的进程对经济增长的影响恰与工业化对经济增长的影响相反，即去工业化对经济增长产生了负向的影响，换句话说，经济体出现去工业化的时期大多都是经济增长缓慢或停滞的时期。

　　从逻辑上看，去工业化对经济增长的负向影响是毋庸置疑的。但现实中发生去工业化国家的经济增长状况又是如何呢？不难看出，进入20世纪70年代以来，美国、英国、巴西和哥伦比亚四个典型的发生去工业化国家的经济增长状况与战后繁荣时期或是工业化时期相比，都有较大幅度的下降（见图5-1）。当然，这里的分析不仅限于上述四个国家，而事实上，发生经济去工业化的国家大体都有相似的经济增长经历。

　　在上一章中，我们已经分析了经济增长低迷和停滞的原因。但经济增长的低迷只不过是全球制造业生产过剩以及实体经济停滞的宏观经济后果，而经济的去工业化进程则嵌入到资本主义世界经济自20世纪70年代以来的长期停滞状态之中。在这一停滞趋势和状态之中，经济的去工业化既是实体长期停滞的原因在经济上的结果，同时又是经济增长低迷的原因。也就是说，在经济长期低迷这一动态的进程之中，经济的去工业化处在一种中间的状态，或是发挥着承上启下的作用，与此同时，其本身也是一种动态的进程。我们将这一动态关系描述如下：全球制造业产能过剩以及利润率的下降→经济的去工业化→低的经济增长率。具体而言，投资于生产领域的经济活动可以通过乘数效应，成倍地放大其对于经济增长的正向影响；相反，经济去工业化进程则正好通过相反的乘数效应对经济的增长过程产生更大的消极影响。

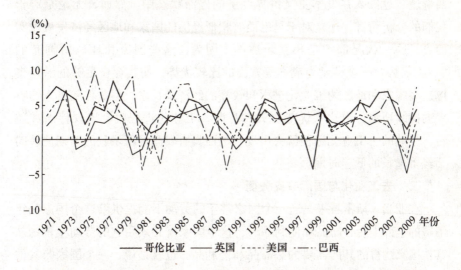

图 5 –1　20 世纪 70 年代以来美国、英国、巴西和哥伦比亚的 GDP 增长率
资料来源：世界银行数据库。

　　对欧美等发达工业化国家而言，全球制造业产能过剩及资本的盈利能力危机，经济的去工业化以及低的经济增长率大致出现在同一时期，或者说，这三者的出现及其持续时期大部分重叠在一起。当然，这同样不是缘于历史的巧合，而是由于历史的必然。在这里，必须澄清的一点是，我们的意思不是说，所有的发达资本主义国家都同样如此。尽管以上三者之间的联系是必然的，但我们注意到不同国家大都处于不同的经济发展阶段上，而且其出现去工业化现象的时间也不尽相同。因此，我们只是想说这一过程嵌入到资本主义世界经济的停滞状态中，或以此为背景。但最终的结果是，以资本主义经济的长期停滞为背景，经济去工业化的时期同时也是经济增长的低迷时期，或者说，伴随着经济的去工业化进程，经济的增长率通常都比较低。

　　对于欠发达的国家和地区而言，上述的分析同样适用。但与发达国家和地区情况不同的是，有很多发展中国家和地区的工业化进程和资本主义世界经济的停滞状态是重叠的。无论这些国家和地区的工业化进程是承接国际产业转移，或是吸收外资，抑或是自身原始积累的结果。总之，这些国家和地区在资本主义世界经济的这种停滞状态中经历着工业化历程，并拥有较高的经济增长率。巴西是这一状况的典型代表，其所经历的"巴西奇迹"就嵌入在资本主义世界经济的停滞状态中。然而，无论是对于我们的分析而言，还是对于与巴西有相似经历的国家和地区经济发展现实而言，这一状况都不是相互矛盾的。因为，这些国家和地区所拥有的"后发优势"以及劳动力成本等方面的比较优势，使其存在足够的潜能支撑这些国家和地区的工业化进程和较高的经济增长率，但是伴随着人均收入的持续增加，当这些优势丧失殆尽时，工业化进程就会出现停滞和逆转，早熟的去工业化进程就会出现，进而具有较高经济增长的时期便转向了经济增长的低迷时期。

二 去工业化与国际收支失衡

在亚当·斯密看来，当一个国家常年的劳动不能提供给这个国家每年消费的全部生活必需品和便利品时，这个国家就必须用它的劳动生产物从其他国家购得的其所需要的必需品和便利品。也就是说，一个国家与其他国家的对外贸易实际上是以生活必需品和便利品所表征的真实财富的交换。如果一个主权国家的经常账户出现逆差，则意味着这个国家的财富消费大于其真实财富的生产，因此，需要从其他国家进口才能补足。但从贸易平衡的角度看，这个国家必须将未来生产的真实财富对其贸易赤字进行补偿。

尽管古典经济学家的睿智在于解释古典经济时期的国际贸易，但是斯密对国际贸易的概括却紧紧抓住了国际贸易的实质。这一概括对于古典时期如此，对于当今的资本主义世界经济同样如此，而对于我们关于经济去工业化对国际收支影响的分析而言，更是如此。作为我们分析逻辑上的起点，工业制造业仍是经济的基础和核心，而经济的去工业化则使一个经济体丧失了经济运行和增长的基础以及财富和价值创造的来源和基础。

在这里，我们需要从两个方面来理解去工业化对一个经济体国际收支的影响：一是资本主义创造了生产力的空前发展，物质财富的极大丰富以及人均生活水平的极大提高（在发达国家更是如此）。这是资本主义的动力使然，而这一点马克思给予了充分的肯定。尽管在一些时期存在实际工资增长停滞，甚至是下滑的现象，但从总体上看，一个国家和地区，特别是发达国家和地区的收入和生活水平存在着向下的刚性。这既源于阶级斗争，又源于政治上的困难。二是去工业化使一个国家或地区丧失财富创造和价值来源的基础，而这同样是资本主义的动力使然。结合以上两点，具有讽刺意味的是，资本主义本身既创造了生产力的高度发展，物质财富的极大丰富以及人均生活水平的极大提高，又使经济体，特别是发达国家和地区本身丧失了支撑较高生活水平的物质基础，而这正是经济去工业化的结果。作为一种经济上的结果，这些既具有较高生活水平，又发生去工业化的国家和地区，需要从其他国家和地区进口商品，以补足其为支撑较高生活水平所需的必需品和便利品。这正是发生去工业化的国家在大部分时期都出现经常项目或贸易逆差的根源所在（见图 5 -2）。

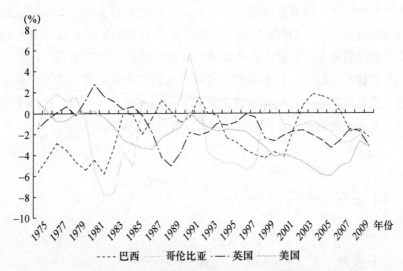

图 5 - 2　1975 年代以来美国、英国、巴西和哥伦比亚
经常项目余额的 GDP 占比

资料来源：世界银行数据库。

关于去工业化对国际收支的影响，我们还需要对两个问题进行进一步的补充说明。首先，像美国这样的发达工业化国家，即使出现了工业制造业不断萎缩的去工业化进程，但其剩余的制造业仍然十分强大，并大多占据着全球制造业价值链的高端。这也是一些美国学者不承认去工业化是消极的去工业化，或是美国的去工业化根本不存在的原因所在。但是，如果我们从经济作为整体的视角来观察，美国的产业结构或是制造业本身的结构问题，就会立即凸显出来。这是因为，美国制造业在一端不断地处于萎缩的状态，而在另一端却不断地走向垄断和集中，在某种程度上，大资本的不断积聚和集中是以制造业的整体不断萎缩为代价的。然而，制造业领

域的大资本并不能代替制造业整体，更不用说是整个美国经济。因此，从总体上讲，即使美国仍具有十分强大的制造业，但现实是，以大资本为主导的美国制造业根本不能支撑其财富的生产以及价值创造。在这里，大垄断资本是以资本主义整体为代价，而资本主义整体却要通过进口的方式补充其所消费的财富或使用价值。结果是，经常项目或是贸易赤字。

其次，尽管经历经济去工业化进程的国家大多存在经常项目的赤字，但这里仍然存在例外，其中，最典型的两个例子是日本和德国。图 5－3 所示的是，20 世纪 70 年代以来日本和德国经常项目余额的状况。其中，日本在大多数时间都经历着经常项目的盈余，只有在 1979—1981 年出现过短暂的经常项目赤字。[①] 而德国在 1979—1982 年以及 1991—2001 年中期出现过两次经常项目赤字，尽管后者持续的时间相对较长，但其赤字占 GDP 的比重却相对较小。总之，日本和德国同样作为去工业化的典型代表，他们在国际收支方面的表现与英国和美国形成了鲜明的对比。当然，这两个国家受益于其强大的制造业及其制造品在国际制造业领域的竞争力。

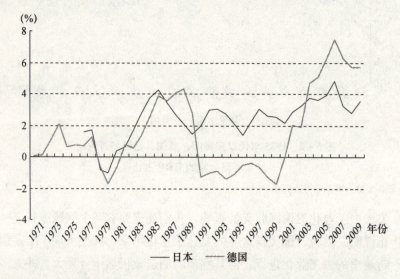

图 5－3　20 世纪 70 年代以来日本和德国的经常项目余额占的 GDP 占比

资料来源：世界银行数据库。

① 值得一提的是，伴随着经济去工业化或产业空洞化进程的推进，日本超级出口大国的时代走向了终结。据日本财务省发布的贸易统计数据显示，2012 年 1 月日本贸易逆差首次单月超过 1 万亿日元。2011 年，作为出口超级大国的日本，已出现贸易逆差 2.49 万亿日元（约合 2030 亿元人民币），这是日本自 1980 年以来首次出现贸易逆差。

以上的分析表明，经济的去工业化与经济项目赤字之间并不存在必然的负向关系。发生去工业化的国家既可以经历经常项目的赤字，如英国、美国、巴西和哥伦比亚等国家，又可以经历经常项目的盈余，如日本和德国等国。但从总体上看，去工业化的确对经常项目或是国际贸易产生了负向的影响。事实上，这一结论并不与上文的分析相矛盾，换言之，做出这样的判断是有据可循的。因为，在这样一个"零和"，甚至是"负和"的生产持续过剩的世界里，一个国家之所得就是其他国家之所失，也就是说，经济项目盈余和赤字的存在是互为前提的，只要两个国家间存在贸易往来，情况就是如此。

去工业化作为实体经济萎缩的进程，确实使发生这一现象的国家和地区丧失了生产财富或使用价值的基础，而这一基础的丧失使这些国家和地区不能支撑其经济发展所带来的较高的生活水平，因此，需要以经常项目或贸易赤字为代价，从其他国家和地区进口商品以维持其较高的生活水平。

事实上，以上关于经常项目失衡的分析也为全球经济失衡的原因提供了深刻的见解。全球经济失衡是国际货币基金组织在 2005 年初提出的一个新课题，是指已经在全球连续多年存在的现象，即美国的经常项目赤字迅速增长，并相应地积累了巨额的对外债务，而日本、德国和中国等国家、其他新兴市场经济体，以及欧佩克成员国等持有大量贸易盈余，并相应地积累了大量的外汇储备。据国际货币基金组织估计，2004 年，工业化国家的经常项目赤字达到了世界 GDP 的 1.2% 左右，而新兴市场经济体和欧佩克石油产出国的经常项目盈余总额则达到了世界 GDP 的 0.8%。以美国和中国的经贸关系为例，2007 年，中国对美国的出口占中国当年出口总额的 19%；中国对美国贸易顺差高达 1633 亿美元，占当年中国净出口总额的 62%，占中国 GDP 的 5.0%。如果采纳美国的统计方法和口径，美国对华的贸易逆差更大，达到 2563 亿美元，相当于其全部贸易逆差的 36%。全球经济失衡还有另外一层含义，即美国的过度消费所导致的低储蓄以及东南亚国家，特别是中国的过度储蓄。在这里，不论全球失衡从何种视角被定义，它的基本含义都是美国与以中国为代表的一些国家和地区之间的经常项目收支的不均衡状态。

美国学者及政府官员将全球经济失衡的原因归咎于中国等其他国家和地区，例如，关于全球失衡产生的原因，美联储主席本·伯南克在 2005 年 3 月 10 日的著名讲座（Sandridge Lecuture）中强调，美国的外部赤字主要源于外部原因——20 世纪 90 年代后期以来美国外部赤字不断增加的基本原因，即源于中国等亚洲新兴市场国家以及石油出口国等的对外贸易形成的巨额储蓄。也就是说，在伯南克看来，是全球储蓄过剩（gobal saving glut），而不是美国自身的原因导致了全球经济失衡。但很显然，这一将全球失衡成因归咎于其他国家和地区的观点，仅代表了美国官方的观点。事实恰恰相反，正是美国自身的原因造成了全球经济的失衡状态，即美国实体经济不断萎缩所导致经济项目长期失衡才是全球经济失衡的原因，换句话说，作为全球经济失衡一极的美国而言，其自身的原因至少应该对当今全球经济失衡的状态负主要责任。

对此问题，无须赘述，上文中关于去工业化对经常账户影响的分析，同样适用于对全球经济失衡成因的理解，亦即全球经济失衡是美国的去工业化进程导致其经济不断丧失基础和核心动力的结果。

三　去工业化与国家竞争力

作为一个在内涵和外延上能够不断拓展的概念，关于竞争力（包括国家竞争力）的界定是存在很大争议的，不同学者或研究机构从不同的方面对竞争力进行了界定（见表 5 - 1）。不难看出，竞争力既可以从微观的企业层面、中观的产业层面去界定，又可以上升到国家层面，即从国家竞争力的层面进行界定。但尽管如此，由于研究的知识背景、研究逻辑以及不同学科术语体系等方面的不同，即使是同一个层面关于竞争力的界定也是存在差异的。特别地，从现有的关于竞争力的定义来看，大多数对竞争力的界定都是围绕着经济领域的竞争能力来界定的。[①]

我们所关注的是国家层面的竞争力，即国家竞争力，也就是当一个国家和地区的实体经济不断萎缩对国家竞争力的影响。上文已经指出，国家竞争力一般是指经济领域的竞争力。对此，我们需要从多个维度进行了解，第一，国家竞争力就是指国家的经济竞争力，即国家的竞争力是一国实力的综合体现，表现在经济总量、经济效率、经济结构、发展潜力以及一国的创新能力等多方面维度上；第二，除了国家竞争力的上述内涵外，国家竞争力也体现在教育与健康、科学技术、文化艺术、金融体系以及人

---

① 在保罗·克鲁格曼（Paul Krugman）看来，竞争力是一个空洞而容易产生误导的概念，而国家竞争力就更加容易引起误导。从 20 世纪 90 年代开始，克鲁格曼就开始不断重申这个观点，他批判当时颇为流行的一种言论，即国家的领先地位乃是与别国激烈竞争取得胜利的结果。因此，有关竞争力的争论只是将有关国际贸易的传统谬误重新穿上了故弄玄虚的新衣。

表 5 - 1　　　　　　　　　　　　竞争力的多种定义

年份	作者	定义
1971	尤里（Yuri）	竞争力是为高工资率营造前提条件的能力
1982	奥罗斯基（Orlowski）	竞争力就是销售能力
1985	斯科特和洛奇（Scott and Lodge）	国家竞争力指的是一国以能够提高人们生活水平的方式，在国际经济中生产、配送和提供产品的能力（相比其他国家的产品和服务）
1988	法格伯格（Fagerberg）	竞争力是一国在避免出现收支平衡困难情况下，实现核心政策目标（特别是收入和就业目标）的能力
1988	哈瑟伯鲁斯（Hatsopoulos）等	竞争力不仅是一国平衡其国际贸易的能力，而且是其在实现生活水平的适当改善的同时保持贸易平衡的能力
1990	波特（Porter）	在国家层面，竞争力的唯一有意义的含义就是国家生产率
1992	经合组织（OECD/TEP）	竞争力是生产能够经受外部竞争考验的产品和服务、同时保持和扩大国内真实收入的能力
1994	美国竞争力政策理事（Competitive Policy Council）	在国际市场上卖出产品同时保持国内市场收入水平可持续增长的能力
1994	瑞士管理发展学院（IMD）	世界竞争力是一国或企业比其竞争者在世界市场上创造更多财富的能力
1994	欧盟委员会（European Commission）	竞争力是保持增长同时实现贸易平衡的能力
1995	欧盟委员会（European Commission）	竞争力是提高或维持生活水平（相对于其他工业化国家）、同时不损害长期的外部平衡状况的能力
1995	图兹尔曼（Von Tuzelmann）	历史学家倾向于将竞争力等同于政治、技术和商业上的领导力
1995a	经合组织（OECD）	竞争力政策……支持了企业、产业、区域、国家或超国家区域在面临国际竞争的条件下可持续地实现较高要素收入和要素利用率的能力
1995b	经合组织（OECD）	竞争力是企业、产业、区域、国家或超国家区域在面临国际竞争条件下，实现较高要素收入和要素利用率的能力
1996	克鲁格曼（Krugman）	我们似乎不得不愤世嫉俗地说，有关竞争力的争论只是将有关国际贸易的传统谬误重新穿上了故弄玄虚的新衣
1997	奥顿和维塔姆（Oughton and Whittam）	竞争力是保持生产率长期提升和生活水平的持续提高的能力，与之相应的是不断提高就业率或将其保持在接近充分就业水平

续表

年份	作者	定义
1998	欧盟委员会 （European Commission）	如果一国人民能受益于高生活水准、高就业率，同时外部平衡也具有可持续性，我们就说该经济体具有竞争力
1998	艾金格 （Aiginger）	国家竞争力是这样一种能力：①卖出足够的产品和服务以实现外部平衡；②要素收入达到该国现在及不断变化的期望水平；③国民对经济、环境和社会系统的宏观状况表示满意
2000	世界经济论坛（WEF）	竞争力是支撑中期高经济增长率的一整套制度和经济政策
2001	欧盟委员会 （European Commission）	竞争力是一个经济体使其民众在可持续基础上享受到高生活水准和高就业率的能力
2004	波特 （Porter）	真实竞争力是用生产率来衡量的……生产率的微观基础依赖于该国的竞争完善度……以及微观经济意义上的商业环境质量
2006	艾金格（Aiginger）	竞争力可以定义为一个国家或地区创造社会福利的能力

资料来源：Aiginger, Karl. Competitiveness: From a Dangerous Obsession to a Welfare Creating Ability with Positive Externalities, Journal of Industry, Competition and Trade, 2006, 6: 161 -177。

力资源等经济社会各方面的更为宽泛的维度上；[1] 第三，在更高层面上，国家竞争力就是指国家在经济、政治、军事、外交以及文化等方面的综合竞争力。在这里，必须指出的是，对于第二个和第三个层面竞争力的其他方面而言，经济竞争力是基础和核心。

事实上，即使是国家竞争力（经济竞争力层面）也同样是去工业化的成因，而不是结果，因为，国家竞争力是以微观企业和中观产业的竞争力为基础的。[2] 但对于我们的分析而言，去工业化对国家竞争力的影响，主要是指去工业化所导致的实体经济萎缩使一个国家丧失了经济运行和增长的基础以及财富和价值创造的基础，从而使一个国家丧失了综合竞争力

[1] 除了经济总量、贸易状况、外汇储备、军事开支、世界500强公司排名等外，影响国家竞争力的因素还包括这个国家对保障国内外的和平发展以及维护世界共同利益和普世价值观的能力，即约瑟夫·奈（Joseph Nye）所谓的"软实力"——使得别人欣赏你的价值观并想向你学习的能力——又超越了"实力"的概念。

[2] 尽管相比企业竞争力而言，国家竞争力的概念是模糊的，并缺乏理论基础的支撑，但仍有很多学者直接将企业竞争力的概念延伸到国家层面。参见陈伟《国家竞争力之争辩》，《经济研究参考》2010年第38期。

（包括经济、政治、军事、外交和文化等领域，即第三个层面的国家竞争力）的物质基础，也就是说，强大的工业制造业是国家竞争力的最终支撑力量。在这一点上，去工业化所导致国家竞争力的衰落与工业化所导致的国家竞争力的上升过程是相对应的，而原因则是工业制造业力量的衰落和增长。

现代世界体系内霸权更迭的原因可以作为去工业化对国家竞争力影响的例证。尽管国家竞争力并不能等同于霸权，但霸权的兴起必然是以强大的国家竞争力为支撑力量的。[①] 在沃勒斯坦看来，国家间体系的霸权指的是这样一种状况，所谓"超级大国"之间持续的竞争如此之不平衡，以至于其中一个力量真正地成为"老大"，即一个力量可以极大地施加自己在经济、政治、军事、外交甚至文化方面的规则和意愿。存在于这个力量之中的企业在三个主要的经济领域（工农业生产、商业以及金融）能更有效地运作的能力，就是这一力量的物质基础。[②] 在荷兰、英国和美国全部这三种情况之中，霸权都是"造成经济和政治力量特别集中……的长期竞争性扩张"的结果。在这种扩张性竞争时期，上升的霸权首先获得了生产方面的决定性优势，然后是商业方面，然后是金融方面。[③] 也就是说，经济领域是霸权的物质基础，即经济竞争力决定着霸权扩展和巩固，而工农业生产方面的决定性优势是获得霸权必须首先具备的前提。这是资本主义建立以来，世界体系内霸权更迭的最基本特征或规律。

工业革命见证了英国霸权的兴起，使其凭借在工业生产领域的绝对优势，同时获得了在商业、金融和国际贸易领域的决定性优势，由此，造就了"日不落"帝国在当时的世界霸权。但是，伴随着美国、德国等工业制造业力量的兴起，英国工业制造业力量的逐渐衰落，并最终失去了其在工业制造业领域的领先地位。尽管这一过程的结果是英国更加专注于其作为商业和金融领导者的角色，但这一过程也同样见证了英国霸权的衰落，并向以美国为首的新兴制造业力量转移。在经历 1929—1933 年的"大萧条"和两次世界大战的洗礼之后，昔日的"日不落"帝国变成了"日落"

① 关于霸权概念的论述，请参见乔万尼·阿瑞吉、贝弗里·J. 西尔弗等著《现代世界体系的混沌与治理》，王宇洁译，生活·读书·新知三联书店 2003 年版，第 31—36 页。

② 乔万尼·阿瑞吉、贝弗里·J. 西尔弗等著：《现代世界体系的混沌与治理》，王宇洁译，生活·读书·新知三联书店 2003 年版，第 28 页。

③ 同上书，第 28 页。

帝国，英国霸权衰落下去，并为美国所取代。尽管，作为英国霸权的替代者，美国霸权的崛起在某种程度上是历史偶然因素的结果，但强大的工业制造业才是美国霸权崛起和巩固的历史支撑点。

然而，作为历史规律的自然延伸，工业制造业的衰落也同样见证了美国霸权的衰落，而工业制造业的衰落又是经济去工业化的结果。也就是说，去工业化是美国霸权衰落的原因。当然，美国霸权的衰落也是与其他工业制造业力量的崛起分不开的，苏联、日本、德国以及中国和印度等都是制造业力量的典型代表。源于此，世界霸权由单极（美国），向两极（美国和苏联）、向三极（美、欧共体和苏联），再向四极（美、欧共体、苏联和日本），最后向多极（美国、日本、德国、中国以及其他一些国家）转变。

事实上，工业制造业衰落对世界霸权和国家竞争力的影响正是工业化或工业制造业对于一个国家或地区的地位和作用的集中体现。只不过这一影响是从反面即从衰落的过程，证明了工业制造业或工业化的重要性。总之，作为支撑力量，工业制造业既是一国霸权，又是国家竞争力的物质基础。无论是在单极世界，还是在多极世界都是如此。历史发展的实践已经充分地证明了这一点。但是，霸权以及国家竞争力又往往伴随着工业制造业的衰落而衰落或下降，同样历史发展的实践也证明了这一点。而这正是经济去工业化的结果。所以说，以工业制造业萎缩为特征的经济去工业化进程，既是世界霸权不断由单极走向多极转变的过程，又是国家竞争力不断衰变的过程。

第二节　从增长繁荣到长期停滞：1950 年以来的分阶段探讨

两次世界大战以及此间发生的大萧条不但没有毁灭和终结资本主义，反而造就了战后资本主义空前的经济繁荣，即经济增长的"黄金时期"。正当生活在资本主义世界的人们对资本主义失去信心和充满绝望时，战后繁荣又唤起了人们对于资本主义能够创造美好生活的愿景。然而，实践证明，尽管这一繁荣时期相对而言是长期的，但就整个资本主义发展史而言，它又是极其短暂的，或者是昙花一现的。1965—1973 年的盈利能力危机终结了人们对于繁荣长期持续的美好愿望，取而代之的是资本主义世界经济的长期停滞状态。在此期间，尽管也出现了短暂的繁荣（例如，20 世纪 90 年代美国出现的新经济时期），但这些繁荣阶段终被证明是短暂的，并湮没于长期的停滞状态之中。

与此同时，在后工业论者看来，以美国为首的发达工业化国家在这一时期开始向后工业社会转型和变革。而在我们的视野中，美国的去工业化进程就肇始于这一时期。正如我们在上文中分析的，资本主义世界经济从战后繁荣到长期停滞是工业制造业生产长期系统性过剩的结果。生产过剩是资本主义的必然产物，其必然会带来资本的盈利能力危机和利润率的实现困难。结果是，资本绕过产业资本或实体经济领域，通过其他方式获得利润，进而造成经济的去工业化。因此，系统性的生产过剩造成了盈利能力危机和长期的经济停滞，进而造成了经济的去工业化，或者说，系统性的生产过剩既造成了长期的经济停滞，又造成了经济的去工业化。理论上的分析如此，现实的经济发展更是如此。战后资本主义世界经济的发展轨迹已经在经验上验证了这一理论的逻辑演变轨迹。

一　经济增长的"黄金时期"：20 世纪 40 年代末到 70 年代初期

二战后，西方世界经历了 20 多年的被人们普遍称为经济增长的"黄金时期"。确切地讲，从 20 世纪 40 年代末到 70 年代初期，主要发达资本主义国家都处于长期的经济繁荣阶段，经济中的产量、投资、生产率以及工资等总量指标都达到或接近资本主义历史的最高水平，而失业也处于非常低的水平。即便在这一时期出现了经济衰退，但也都是短暂的、轻微的。[①] 总之，无论如何，这一时期都是资本主义再一次雄起的年代，是生活在资本主义世界的人们翘首以盼，希望长期持续的年代。

关于战后繁荣的成因或基础，尽管不同的学者强调问题的不同方面，但他们在这一问题上已经达成基本共识。一些学者，如巴兰、斯威齐、马格多夫等认为，二战后经济增长的"黄金时期"是一系列暂时性的特殊历史因素共同作用的结果，这些因素主要包括：战时积累的储蓄，欧洲和日本的战后重建，冷战期间的军备竞赛和亚洲战争，金融、保险和房地产业的扩张以及布雷顿森林体系的建立等。而一旦这些因素被相继地耗尽时，资本主义经济必然重新回归停滞的状态——投资下降、经济增长缓

---

① 罗伯特·布伦纳：《繁荣与泡沫——全球视角中的美国经济》，王生升译，经济科学出版社 2003 年版，第 1 页。

慢、不断攀升的产能过剩、劳动生产率增长的下降以及失业的增加等。①在罗伯特·布伦纳看来，战后全球经济持续繁荣的强劲动力来源于后起国家（later – developing economics）的经济发展（布伦纳称为不平衡发展），尤其以德国和日本为代表，还包括法国、意大利等国家。②另外，布罗纳强调，美国为了巩固其已经形成的霸权地位，遏制"共产主义"的发展，极力推动其盟国的经济复兴，以便稳固战后资本主义的秩序等因素，也对战后资本世界的经济繁荣产生了积极的影响。③而在保罗·肯尼迪看来，"遭到战争破坏的经济的复苏、新技术的发展、持续不断地由农业向工业的转化、在'计划经济'的范围内对自然资源的利用以及将工业化扩张到第三世界等，这一切都有助于影响这个戏剧性的变化。"④

然而，不管战后繁荣的缘由如何，在这里，我们无须过分关注。我们所关注的是战后繁荣本身及其结果。显然，对于我们的分析而言，工业制造业在这一繁荣时期的发展更是我们所关注的。但我们的意思不是说战后繁荣的其他总量指标并不重要，事实上，工业制造业的繁荣和空前发展是这些总量经济共同发展的结果。

贝罗克把第二次世界大战以后第一个也是迄今为止最重要的一个经济特点，正确地描述为"一个绝对空前的世界工业生产增长率"。1953—1975 年，年均总增长率达到令人吃惊的 6%（人均为 4%），即使在1973—1980 年期间，年平均增长率也达到了 2.4%。按照历史的标准，这一水平是相当了不起的。⑤

在统计数据方面，贝罗克对"世界制造业生产"统计数字的计算，

---

① 在这些学者看来，在排除一些特殊的历史因素外，经济的停滞状态才是资本主义经济的常态。参见约翰·贝拉米·福斯特、弗雷德·马格多夫《当前金融危机与当代资本主义停滞趋势》，陈弘译，《国外理论动态》2009 年第 7 期。

② 罗伯特·布伦纳：《繁荣与泡沫——全球视角中的美国经济》，王生升译，经济科学出版社 2003 年版，第 7 页。

③ 乔万尼·阿瑞吉在对布伦纳的分析给予肯定的同时，提出了其分析的缺点和不足，并以此为基础提出了自己的观点。他认为，把世界政治完全排除在资本主义动力分析之外，是一个严重的问题。因为，美国、日本和德国之间的互动是战后以来经济繁荣的关键因素之一，这一点是毫无疑问的。但可以肯定的是，它并不是唯一的或甚至最重要的因素。在整个长期繁荣时期，美国、德国和日本之间的互动完全嵌入美国、苏联和中国的冷战关系中并受其支配。参见乔万尼·阿瑞吉《亚当·斯密在北京——21 世纪的谱系》路爱国等译，社会科学文献出版社 2003 年版，第 129 页。

④ 保罗·肯尼迪：《大国的兴衰》，陈景彪等译，国际文化出版公司 2007 年版，第 333 页。

⑤ 同上书，第 332 页。

与罗斯托的"世纪工业生产"数字基本吻合，他提供了一组同样令人目眩的世界制造业的增长的数字（见表5-2）。不难看出，1953—1973年间世界制造业的增长获得了爆炸性的增长，无论是在总量上，还是在增长率方面都是如此，当然，这一增长是与其他时期相比较而言的。贝罗克指出："1953—1973年累计世界工业产量可与1800—1953年的一个半世纪的总产量相媲美"。[1] 同样，这一增长也体现在世界制造业的国际贸易方面，与两次世界大战被扭曲了的时代相比较，1945年之后世界贸易的增长也足以令人惊讶（见表5-3）。更加令人鼓舞的是正如阿什沃斯所指出的——到了1957年世界制造业产品贸易额有史以来首次超过了初级产品。这是几十年来制造业总产量的增长大大超过农产品和矿产品的增长的结果（见表5-4）。[2]

表5-2 1830—1980年世界制造业生产统计数字（1900年为100）

年份	总产量	年增长率
1830	34.1	(0.8)
1860	41.8	0.7
1880	59.4	1.8
1900	100.0	2.6
1913	172.4	4.3
1928	250.8	2.5
1938	311.4	2.2
1953	567.7	4.1
1963	950.1	5.3
1973	1730.6	6.2
1980	3041.6	2.4

资料来源：保罗·肯尼迪：《大国的兴衰》，陈景彪等译，国际文化出版公司2007年版，第332页。

---

[1] 保罗·肯尼迪：《大国的兴衰》，陈景彪等译，国际文化出版公司2007年版，第332—333页。
[2] 同上。

表 5-3　　　　　　1850—1971 年世界贸易额（1913 年为 100）

1850 年	10.1	1938 年	103
1896—1900 年	57.0	1948 年	103
1913 年	100.0	1953 年	142
1921—1925 年	82	1963 年	269
1930 年	113	1968 年	407
1931—1935 年	93	1971 年	520

资料来源：保罗·肯尼迪：《大国的兴衰》，陈景彪等译，国际文化出版公司 2007 年版，第333 页。

表 5-4　　　　　　1948—1968 年世界生产增长的百分比　　　　　单位:%

	1948—1958 年	1958—1968 年
农产品	32	30
矿产品	40	58
制造品	60	100

资料来源：保罗·肯尼迪：《大国的兴衰》，陈景彪等译，国际文化出版公司 2007 年版，第333 页。

尽管人们沉浸在繁荣与增长的喜悦之中，但繁荣中却蕴藏着巨大的危机。因为，工业制造业增长的后果是，制造品在全球范围内的生产过剩以及由此引发的盈利能力危机。这场危机肇始于 20 世纪 60 年代中后期，危机首先出现在美国，而后是日本和德国等西方发达国家。也就是说，战后繁荣造就了工业制造业飞速发展——这一载入资本主义发展史上的繁荣阶段，但其最终被证明是短暂的，它仍然是由资本主义繁荣与衰退的宿命所决定的。

二　战后繁荣的结果：1965—1973 年的盈利能力危机

在经历了近二十年的高速增长后，资本主义世界出现了 1965—1973 年的盈利能力危机。起初，盈利能力危机出现在美国，因为，美国制造业面对日本、德国和其他西欧国家的竞争。过去，在国际出口市场中占大头的是美国和英国的制造商；现在，德国、日本制造商不仅争夺到了原本属于美国和英国的国际出口市场，甚至还成功地打入到美国的国内市场。①

① A. 梅泽尔斯（A. Maizels）：《工业增长与全球贸易》，剑桥大学出版社 1963 年版，第189、200、201、220 页。A. D. 摩根（A. D. Mrogan）：《出口竞争与进口替代》，转引自《工业化与与贸易基础》，剑桥大学出版社 1980 年版，第48 页。R. 布伦纳（R. Brenner）：《全球动荡经济学》，第46—47、70、88—90 页，转引自罗伯特·布伦纳《繁荣与泡沫——全球视角中的美国经济》，王生升译，经济科学出版社 2003 年版，第9 页。

结果是，其利润率面临着挤压，进而资本回报率无法避免下降的局面。而日本和德国等国家则凭借着较低的成本和价格避免了一般利润率下降的问题。但是，即便从全球制造业部分的一般利润率变动的趋势来看，情况也不容乐观。不断下降的利润率表明，生产能力和产量的双重过剩不是局部的，而是全球性的。[①] 1965—1973 年，美国制造业部门实际资本利润率下降了 43.5%；七国集团制造业部门——全球制造业部门的近似代表——盈利能力的综合指标也下降了大约 25%。[②]

　　具有讽刺意味的是，正如上文所指，正是战后繁荣成就了随后出现的盈利能力危机。只不过，在繁荣与危机的中间是全球制造业生产及其能力的过剩。事实上，日本、德国和其他发达的西欧国家，最终也没能摆脱全球制造业盈利能力危机的影响。在这里，必须强调的一点是，直到 20 世纪 60 年代初期，布伦纳战后繁荣动力的不平衡发展还是一种“正和”的游戏关系，即使在各国之间存在竞争的情况下也是如此。这种“正和”的关系支撑了领导者和追随者，早期的和后来的发展者，或是霸主及受其支配者之间的共生和相互依赖的关系。但美国和日本、德国和其他国家之间的共生关系，在盈利能力出现危机时，很快就发生了变化，变成了一种“零和”或甚至是“负和”的博弈关系。标志性的事件是，1971—1973 年，布雷顿森林体系的崩溃导致美元相对于日元和德国马克大幅贬值。结果是，日本和德国等国家制造品的相对成本剧烈上升，因此，盈利能力直线下降。

　　此时，限制全球制造业发展的一个主要原因，仍然是生成能力和产能的双重过剩。[③] 关于这一结论，一个有力的证据是，尽管现在美国制造商从美元贬值中获得了不少好处，但他们仍然无法再次达到战后繁荣时期的利润率水平。这种生产过剩发作的一个突出的表现，就是全球制造业产品的价格上涨幅度落后于固定资本费用和工资上升的幅度，这进一步导致全

---

　　① 罗伯特·布伦纳：《繁荣与泡沫——全球视角中的美国经济》，王生升译，经济科学出版社 2003 年版，第 12 页。

　　② 阿姆斯特朗等：《1945 年以来的资本主义》，第 352 页，表 A1，转引自罗伯特·布伦纳《繁荣与泡沫——全球视角中的美国经济》，王生升译，经济科学出版社 2003 年版，第 12—13 页。

　　③ 布伦纳认为，生产及其能力过剩和盈利能力危机源于各资本主义经济体的“不平衡发展”。“不平衡发展”是落后国家寻求赶超，并最终实现了赶超先行发展国家的过程。但阿瑞吉对此观点持保留的态度，同时，他将这一过程置于更为宽泛学术视野内。

球范围内的制造业部门利润率水平持续下降。可以说，席卷整个发达资本主义经济的制造业理论率下降的趋势，是推动全球经济从长期繁荣走向长期衰退——1965—1973 年——的首要力量。①

到底什么是盈利能力危机出现的原因呢？在布伦纳给出盈利能力危机发生的缘由后，提出这样的疑问，是因为围绕着利润率下降的原因在当时引发了一场激烈的论战。因此，为了更好地理解盈利能力危机产生的原因，有必要提及这一问题，当然，对这些争论进行详尽的回顾或分析，或是再参与到这一争论中来，显然不是我们的任务。② 一般来说，利润率下降是所有危机的特征。无论是消费不足理论，还是比例失调理论，都认为利润率下降是危机的结果，因为，需求不足导致价格下降，使利润无法实现。③ 与此不同的是，1965—1973 年的盈利能力危机不是价格下降的结果，而似乎在危机爆发之前就已经出现了。因此，到了 20 世纪 70 年代初期，西方马克思主义者已经普遍认可利润率下降是危机的原因，而不是危机的结果。

论战的存在说明关于盈利能力出现危机的原因没有达成一致或基本的共识。利润率下降究竟是工资上升（源于工人阶级的不断斗争或是过度积累）侵蚀利润率的结果，还是马克思的"利润率下降趋势规律"发挥作用的结果？以上两种解释构成了这场论战的核心。对于前者而言，资本主义在接下来发展历程中并没有为工资上升挤压利润的观点提供进一步的证据，反而提供了否定这一观点的证据——在接下来长期停滞中，实际工资增长是不断下降的，但利润率却没有因此得到恢复，反而是与工资出现了相同的下降趋势（美国的情况见图 5-4 和图 5-5；美国以及其他国家的情况见表 5-5）；对后者来说，利润率下降趋势规律本身已被证明是不可证伪的。因此，以此来说明盈利危机出现的成因本身就存在问题，而这也正是存在争论的原因之一。所以说，这一场争论完全偏离了核心的理论问题。显然，不存在利润率下降的必然趋势，同样，利润率也完全可能由

①　罗伯特·布伦纳：《繁荣与泡沫——全球视角中的美国经济》，王生升译，经济科学出版社 2003 年版，第 12 页。

②　关于利润率下降成因论战的一个评述，详见西蒙·克拉克《经济危机理论：马克思的视角》，杨建生译，北京师范大学出版社 2011 年版，第 19 页。

③　西蒙·克拉克：《经济危机理论：马克思的视角》，杨建生译，北京师范大学出版社 2011 年版，第 66 页。

于这样或那样的原因而下降。①

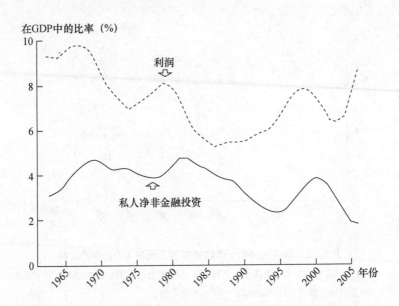

图 5 - 4 20 世纪 60 年代以来的美国利润与净投资占 GDP 的比率

资料来源：约翰·贝拉米·福斯特、弗雷德·马格多夫：《当前金融危机与当代资本主义停滞趋势》，陈弘编译，载《国外理论动态》2009 年第 7 期。

　　尽管关于利润率下降的成因有着这样或那样的解释，但正如布伦纳所指出的，"美国经济盈利能力的下降和利润率增长的停滞，不是像人们通常所论证的那样，或是因为技术潜力的枯竭所引发的生产率增长的放缓，或是因为强大的劳工力量所推动的实际工资的过快上涨。生产率增长的放缓绝不可能是盈利能力下降的根源。原因十分简单，制造业部门的利润率下降最为严重，但其生产率事实上却在提高，1965—1973 年的年均增长率到达了 3.3%，超过了 1950—1965 年经济繁荣时期的 2.9% 的年均增长速度。"② 因此，结合上文中的分析，我们仍然承袭布伦纳关于利润率下降的观点，特别是其以此为基础的关于随后出现的经济长期停滞的理解。

　　① 西蒙·克拉克：《经济危机理论：马克思的视角》，杨建生译，北京师范大学出版社 2011 年版，第 73 页。

　　② 罗伯特·布伦纳：《繁荣与泡沫——全球视角中的美国经济》，王生升译，经济科学出版社 2003 年版，第 17 页。

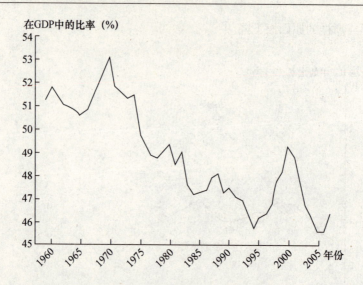

图 5 - 5　20 世纪 60 年代以来美国工资在 GDP 中的比率

资料来源：约翰·贝拉米·福斯特、弗雷德·马格多夫：《当前金融危机与当代资本主义停滞趋势》，陈弘编译，载《国外理论动态》2009 年第 7 期。

也就是说，后发国家与领先国家之间的不平衡发展导致了制造品在全球范围内的生产过剩，进而引发了 1965 年到 1973 年之间的利润率下降的资本获利能力危机。资本主义的企业和国家没有能够通过消灭过剩的生产能力，从而将利润率恢复到原有的水平之上，结果是，资本主义世界经历长达二十年的长期停滞。

三　经济的长期停滞：1973—1993 年

在 1945 年之后的四分之一的世纪中，尽管整个发达资本主义世界经历了快速增长的"黄金时期"，大部分国家实现了实质上的、持续的充分就业，真实工资稳步上升，但并没有很快达到威胁资本盈利能力的程度。[①] 然而，1973 年之后，资本积累的速度明显放缓。资本主义世界出现了资本积累过剩，投资下降，利润率长期持续的下降，并伴随实际工资增长缓慢，失业增加等现象。关于主要发达国家在资本主义长期繁荣阶段与长期衰退阶段各项经济指标比较以及不断下降的经济活力见表 5 - 5、表 5 - 6。

[①]　M. C. 霍华德、J. E. 金：《马克思主义经济学史》（第 2 卷，1929—1990），顾海良等译，中央编译局出版社 2003 年版，第 313 页。

表5-5　　　　　　　　主要资本主义经济体长期繁荣阶段与

长期衰退阶段各项经济指标比较　　　　单位:%

制造业	净利润率		产量		净资本存量	
年份	1950—1970	1970—1993	1950—1970	1970—1993	1950—1970	1970—1993
美国	24.35	14.5	4.3	1.9	3.8	2.25
德国	23.1	10.9	5.1	0.9	5.7	0.9
日本	40.4	20.4	14.1	5.0	14.5	5.0
七国集团	26.2	15.7	5.5	2.1	—	—

制造业	总资本存量		劳动生产率		实际工资	
年份	1950—1970	1970—1993	1950—1970	1970—1993	1950—1970	1970—1993
美国	—	—	3.0	2.4	2.6	0.5
德国	6.4	1.7	4.8	1.7	5.7	2.4
日本	14.7	5.0	10.2	5.1	6.1	2.7
七国集团	4.8	3.7	3.9	3.1	—	—

注：①七国集团净利润的统计截止到1990年；德国净资本存量的统计跨度为1955—1993
年；日本的净利润和净资本存量的统计跨度为1955—1991年。

②除净利润率与失业率为平均值外，其他指标均为年均变化率。

资料来源：经济合作与发展组织：《国民核算账户》，1960—1997年第2卷，明细表；经济
合作与发展组：《固定资本流量与存量》；P. 阿姆斯特朗（P. Armstrong）、A. 格林（A. Glyn）、
J. 哈里森（J. Harrison）：《1945年以来的资本主义》，附录，牛津出版社1991年版；P. 阿姆斯特
朗（P. Armstrong）、A. 格林（A. Glyn）、J. 哈里森（J. Harrison）：《发达资本主义国家的积累、
利润和政府消费：1952—1983》，牛津经济学与统计学学院1986年7月，修订者：格林
（A. Glyn）。转引自罗伯特·布伦纳《繁荣与泡沫——全球视角中的美国经济》，王生升译，经济
科学出版社2003年版，第3页。

表5-6　　　　　　　不断下降的经济活力（年均变化百分比）　　　　单位:%

年份	1960—1969	1969—1979	1979—1990	1990—1995	1995—2000	1990—2000
	GDP					
美国	4.6	3.3	2.9	2.4	4.1	3.2
日本	10.2	5.2	4.6	1.7	0.8	1.3
德国	4.4	3.6	2.15	2.0	1.7	1.9
欧洲12国	5.3	3.7	2.4	1.6	2.5	2.0
七国集团	5.1	3.6	3.0	2.5	1.9	3.1

续表

年份	1960— 1969	1969— 1979	1979— 1990	1990— 1995	1995— 2000	1990— 2000
所有经济部门的劳动生产率（GDP/工人）						
美国	2.5	1.3	1.15	1.2	2.3	1.8
日本	8.6	4.4	3.0	0.7	1.2	0.9
德国	4.3	3.0	1.5	2.1	1.2	1.7
欧洲 11 国	5.2	3.2	1.9	1.9	1.3	1.6
七国集团	4.8a	2.8b	2.55	2.7		
所有经济部门的实际报酬（每个雇员）						
美国	9.7	2.7	0.7	0.6	1.9	1.3
日本	7.3	5.0	1.6	0.6	0.2	0.5
德国	5.1	4.3	1.1	2.0	0.1	0.95
失业率	5.6	4.0	0.8	1.0	0.3	0.6
欧洲 11 国						
美国	4.8	6.2	7.1	5.9	4.6	5.25
日本	1.4	1.7	2.5	2.9	4.1	3.5
德国	0.8	2.05	5.8	8.2	8.6	8.2
欧洲 15 国	2.3	4.6	9.1	9.8	9.9	9.9
七国集团	3.1a	4.9b	6.8	6.7	6.4	6.6
非住宅资本存量（私人经济部门）						
美国（净）	3.9	3.8	3.0	2.0	3.8	2.9
日本（总）	11.3	9.5	6.9	5.3	4.5	5.0
德国（总）	6.6	4.5	3.0	3.0	3.1c	
七国集团（总）	4.8	4.6	3.9			

注：a 为 1960—1973 年，b 为 1973—1979 年，c 为 1990—1993 年。

资料来源：经济合作与发展组织：《历史统计：1960—1995》，巴黎，1995 年，表 2 - 15、表 3 - 1、表 3 - 2；"统计附录"，参见《欧洲经济》2000 年第 71 期，表 11、表 31、表 32；经济合作与发展组织：《经济展望》2001 年第 67 期，附录，表 21；国际货币基金组织：《全球经济展望》，华盛顿特区，2001 年 5 月，数据库，表 1、表 4；阿姆斯特朗等：《1945 年以来的资本主义》，第 356 页，表 A6。转引自罗伯特·布伦纳《繁荣与泡沫——全球视角中的美国经济》，王生升译，经济科学出版社 2003 年版，第 41 页。

　　总体而言，自 20 世纪 70 年代初，特别是 2000 年以来，资本主义世界实体经济中的经济活动活力不断下降，经济中生产和投资一直处于停滞状态，并不时地伴有经济衰退和经济金融危机的发生。实体经济衰落的一个主要原因是自 20 世纪 60 年代末以来资本投资回报率深层地、持续地下滑。鉴于这一时期实际工资增长的急剧下降，利润率无法回升就显得更值得关注。利润率下滑的主要原因在于全球制造业持续性的产能过剩。[①] 实际上，资本主义经济在这一时期的发展史已经在经验上验证了亨里克·格罗斯曼的观点，即资本主义的演化过程中会达到一个临界点，在这一临界点上，利润率的下降意味着无法在进行进一步的投资，除非完全摧毁现存投资的营利性，否则，这样的临界点将导致资本积累的停滞。

在进一步地分析之前，必须强调的一点是，在这一经济的长期停滞期间，世界经济以及各个国家经济的发展变化是极其复杂的，因而，全面地分析需付出巨大的努力，但对于我们的研究来说，全面地分析，或是拘泥于经济的细枝末节并不是我们的任务所在。我们只需要抓住肇始于 20 世纪 60 年代末 70 年代初盈利能力危机的资本主义经济的长期停滞趋势这一条主线。

在全球经济持续停滞的背景下，20 世纪 90 年代初，美国经济实现了停滞状态的逆转，开始步入新一轮的复苏（主要的经济指标见表 5－6）。从 1993 年后半期开始，美国的制造业逐渐地进入了繁荣期。然而，美国的经济复苏并没有缓解世界经济停滞状态。在 20 世纪 90 年代中期以前，美国经济盈利能力的恢复不仅没有丝毫带动全球经济增长的脚步，而且在很大程度上是以其他资本主义发达国家，特别是日本和德国这两大贸易伙伴和竞争对手的损失为代价的。直到 1993 年以前，美国制造商收益水平的维持和投资的增长没有太大的关系，它基本上是基于美元的不断贬值、实际工资增长的长期停滞，以及公司税负的大幅削减得以实现的。[②] 相反，日本和德国等国家在 1991—1995 年则都处于停滞和衰退状态。事实证明，美国以竞争对手的损失为代价的经济复苏只是昙花一现。一个简单的证据是，1995 年，"反广场协定"的签订抬高了美元相对于日元和德国马克的价值，从而立刻终结了美国制造业利润率的上升过程。[③]

---

① 韩国左翼学者丁圣镇对罗伯特·布伦纳的访谈：《布伦纳认为生产能力过剩才是世界金融危机的根本原因》，蒋宏达、张露丹译，《国外理论动态》2009 年第 5 期。

② 罗伯特·布伦纳：《繁荣与泡沫——全球视角中的美国经济》，王生升译，经济科学出版社 2003 年版，第 88 页。

③ "广场协议"（Plaza Accord）是在 20 世纪 80 年代初期，美国财政赤字剧增，对外贸易逆差大幅增长的背景下，于 1985 年 9 月 22 日签订的。其目的旨在通过美元贬值来增加产品的出口竞争力，以改善美国国际收支不平衡状态，从而挽救处于严重衰退中的美国制造业。

总而言之，持续停滞中的不断动荡一直是全球经济自 20 世纪 70 年代以来的基本特征。而且这一动荡的趋势自 20 世纪 90 年代以来，特别是 2000 年以来越发严重。从成因上看，动荡的不断加剧是长期停滞的必然结果，即停滞持续的时间越长，经济越是以不断加强的波动表现出来的。值得一提的是，21 世纪的第一个 10 年是全球经济在更加强烈的繁荣与动荡中前行的 10 年。这一时期是罗伯特·布伦纳的全球动荡经济学在时间和逻辑上的进一步延伸。时至今日，全球经济不仅没能走出 2008 年经济金融危机的阴霾，而且当前又笼罩在主权债务危机的阴影之下。

事实上，2008 年的危机以及主权国家的债务问题是全球经济以及一些国家实体经济长期停滞的必然结果，或是以此为成因的经济去工业化的结果，只不过这些结果表现在经济中的不同方面而已。因此，实体经济的问题得不到解决，全球经济的复苏以及主权国家的债务问题都不能从根本上得到解决。在可预见的未来，伴随着全球经济停滞的持续以及上述两种危机形态在广度和深度的进一步影响，全球经济将深入泥沼而不能自拔，并可能以更大的危机，甚至是战争等更加极端的方式表现出来。接下来，我们就将探讨资本主义经济的长期停滞，经济的去工业化和 2008 年的经济金融危机以及主权国家的债务危机之间的相互关系。

第三节 去工业化与 2008 年经济金融危机

在自由主义经济信条的指引下，人类社会经历着进入 21 世纪以来空前严重的经济危机。人们甚至以"金融海啸"、"金融风暴"等字眼来形容它。从次贷危机到金融危机再到经济危机，这场百年不遇的世界性经济危机，深刻地震撼了世界经济。世界经济到底怎么了？为什么危机首先以次贷危机，而后是金融危机，最后才以经济危机的形式爆发出来？各国以及作为整体的世界经济何时才能走出危机的阴霾？如何才能避免危机的再次爆发？人们提出了种种疑问。

自 2008 年危机爆发以来，尽管不同的学者和评论者从不同的视角分析危机发生的根源，但从本质上看，2008 年的危机仍然是马克思式的危机，其根源仍然是源于资本主义基本矛盾的生产系统性过剩。因此，人们在反思西方自由市场经济思想弊端的同时，不断重温马克思在《资本论》

中关于资本主义经济危机的深刻剖析。所不同的是，这种生产的系统性过剩被长期化，并造成了资本盈利能力的长期下降，从而使资本绕过产业资本（去工业化的过程）的形式，并长期围绕着投机和债务扩张等金融化等方式获得利润。所以说，将本次危机视为虚拟经济过度膨胀的结果在某种程度上是有其合理性的，而这也正是危机首先表现为次贷危机和金融危机的原因。尽管与马克思时代竞争的资本主义相比，资本主义已经发生了很大变化，但资本主义在本质上是没有变化的，即生产社会化和资本主义私人占有之间的基本矛盾仍是资本主义经济危机爆发的根源。

一　关于危机成因的不同解释

危机发生的根源到底是什么？自 2008 年危机发生以来，出现了大量的存在分歧的理论和观点。总体来看，关于危机发生根源的解释主要有以下几种：①人性贪婪导致危机的爆发；②新自由主义泛滥导致危机的发生；③微观市场失灵、金融监管的缺失导致金融危机的爆发；④货币政策的失误导致危机的发生；⑤全球经济失衡导致危机的发生；⑥国际货币金融体系的缺陷导致了危机的发生；⑦过度消费导致危机的爆发；⑧虚拟经济的过度膨胀和实体经济的萎缩，即虚拟经济和实体经济失衡导致危机的爆发；⑨资本主义制度的缺陷导致危机的发生，即马克思主义者论危机的根源。

上述关于危机的具有代表性的理论和观点试图从不同的角度回答"危机是什么？为什么会发生危机？"等问题。虽然这些不同的理论和观点有助于全方位、深入地理解危机发生的机制和根源，但其中的一些理论或观点只是从表面上去理解危机，根本没有触及问题的本质，或者它们本身就是危机发生深层原因在经济上的反应；与此同时，其他一些理论和观点将本来没有必然因果关系的原因视为危机发生的根源，应该说，即使存在这样的因果关系，这种关系也是极其微弱的，它们和危机的发生之间没有必然的因果联系；最后，有些理论和观点虽然触及了危机发生的本质和根源，但对危机发生根源尚缺乏全面的、系统的解释，因此留下了继续探求本次危机发生根源的空间。

危机的人性贪婪说观点，只是从表面上去理解危机发生的根源。贪婪在这里只是揭示了人类的这一本性在金融市场大起大落中的作用。显然，将危机视为人性贪婪的结果过于片面化，也过于牵强；新自由主义泛滥导致危机的观点也过于表面化，不能从本质上解释危机发生的根源。一方面，这源于凯恩斯主义者对自由主义及其市场原教旨主义的学术回应；另一方面，新自由主义及其理论主张（华盛顿共识）在全球范围内的泛滥，特别是它对贫困和发展以及劳工权利等问题的忽视，也是一些学者和评论者将危机归咎于新自由主义失败的重要原因；金融规制是防止金融机构欺诈、道德风险行为的重要保障。它是保障金融市场有效运行的制度基础。因此，将新自由主义在全球泛滥的结果之一的金融监管放松以及金融机构的市场失败行为视为金融危机发生的原因，如新自由主义泛滥论一样过于片面、狭隘。

应该说，美联储宽松的货币政策的确对次贷危机的爆发负有一定的责任，但货币政策充其量是直接的近期原因之一，而且美联储实施宽松的货币政策本身也是有更深层原因的。因此，货币政策失误虽对危机的发生负有一定的责任，但仍需在更深的层面上去寻找危机的根源，去寻找美联储实施宽松货币政策本身的根源；全球失衡是不是危机发生的根源是一个持续存在争议的主题。对于危机的成因而言，全球失衡至多是危机发生的外在原因之一。即使全球失衡与危机具有某种因果联系，但这里的问题应是"是什么原因造成了全球经济失衡，或是其机制和根源是什么？"作为当今世界经济的最重要特征之一，全球失衡本身的形成原因就需要进行深入的分析，就像在我们上文中所做的那样；不可否认，当前的以美元为霸权的国际货币金融体系对危机的发生具有很大促进作用。更为准确地说，当前国际货币金融体系推迟了本次危机的爆发，在推迟的同时又强化了危机影响的广度和深度。但当前的国际货币金融体系的影响，其并不是危机发生的根源。同时，当前国际货币金融体系也是全球经济失衡得以持续、不断扩大的货币制度基础；虽然美国居民的过度消费是形成"低储蓄，高负债"以及增加整个信贷体系风险的原因之一，但将美国居民的过度消费视为危机发生的原因仍过于牵强。一方面，过度消费也具有自身的深层原因；另一方面，过度消费充其量也就是危机发生的众多直接原因和环节之一。

最后，虚拟经济脱离实体经济的过度膨胀必然会导致危机发生的观点，无疑具有正确性，但更确切地说，危机的发生，并首先表现为金融危机是虚拟经济脱离实体经济过度膨胀的结果，而这又是全球制造业生产过剩，资本盈利能力危机，进而经济去工业化的结果。也就是说，经济金融化或虚拟经济的过度膨胀本身亦是其他一系列原因的结果，而且其中有更为本质的原因。事实上，这一深层原因正是中外马克思主义者所强调的，危机仍然是资本主义基本矛盾的必然产物，是资本主义制度缺陷的必然结果。但鉴于与马克思时代的资本主义相比，当前资本主义相对复杂，需要以资本主义历史发展的视角，结合资本主义的新特征，并以经济全球化为背景去探寻危机发生的根源。

沿着这样的思路，正如约翰·贝拉米·福斯特（John Bellamy Foster）和弗雷德·马格多夫（Fred Magdoff）（2008）所言，无论是近几十年来的金融膨胀，还是正在发生的金融风暴的原因都必须从经济停滞的趋势中去寻找。换言之，金融危机的真正根源，必须从更深层的实体经济的生产和投资的停滞趋势，从实体经济的萎缩，即经济的去工业化进程中去寻找。与此同时，正是因为实体经济的缓慢增长，资本才通过债务扩张和获得投机利润的方式寻找出路，进而形成了金融膨胀和杠杆化的根源。

二　经济金融化的兴起及表现

经济金融化或经济虚拟化是 20 世纪 70 年代，特别是 80 年代以来，资本世界经济的一个基本的特征。伴随着 2008 年经济金融危机的发生，经济金融化或虚拟经济的过度膨胀逐渐地引起了人们的注意，并成为人们广泛关注的焦点。从表面上看，经济的虚拟化或金融化是相对于实体经济而言，指的是虚拟经济相对于实体经济的过度膨胀和发展，金融关系在经济关系中不断地扩散和渗透。具体而言，经济金融化或虚拟化主要表现是：①经济关系日益金融关系化；②社会资产和财富日益表现为债权股权等金融资产，也即日益金融化；③经济活动和金融活动的互相渗透，融合程度不断加强。鉴于以上经济金融化的几个主要方面，经济学家杰拉尔德·爱泼斯坦曾指出，经济金融化是指"金融动机、金融市场、金融参与者和金融机构在国内及国际经济中的作用日益扩大"的进程。[①]

尽管经济金融化的过程体现在不同的方面，而且在某种程度上经济的金融化有益于经济的发展，但正如上文所强调的，经济金融化进程相对于实体经济而言，已经超越了其所应具有的限度，即虚拟经济已经严重地脱离了实体经济而处于过度发展的状态。例如，以金融相关率——金融资产总量/国民生产总值的比率来描述经济金融化这一进程。大约一个世纪前，美国的金融相关率是 0.07，英国是 0.3—0.35、德国是 0.12—0.15、法国

[①]《美国共产党论美国金融危机的根源与出路》，杨成果编写，载《国外理论动态》2009年第 2 期。

是 0.16—0.2、日本是 0.02；而到了 20 世纪 90 年代，与上述国家相对应的数据都大于 1。以 1993 年为例，美国是 2.255、英国是 2.352、德国是 2.049、法国是 1.635、日本是 3.276。[①] 总之，经济金融化的趋势使虚拟经济在现代经济生活中的影响越来越大，而这些影响通常都是负面的影响。鉴于此，有学者将这一整体经济由虚拟经济和实体经济共同引领的经济结构称为"二元"经济结构，以表达虚拟经济在总体经济中的重要性，而美国则是这一结构的最典型代表。

三　去工业化与经济金融化、2008 年危机

一般认为，经济金融化是经济增长和发展的必然结果，其得益于金融创新、金融领域规制的放松以及非银行等金融机构的迅猛发展。然而，如有些学者所认为的经济去工业化是一种积极的经济高级化的趋势一样，经济金融化是一种经济高级化的趋势吗？或者对于整体经济而言，经济金融化是一种积极的过程吗？现实的对此问题回答是否定的。显然，这些关于经济金融化或虚拟化成因的解释过于表面化，或者说，这些成因本身即是其他深层的结果或以此为背景。

从时间上看，经济金融化的进程缘于 20 世纪 70 年代中后期，并在 20 世纪 80 年代和 90 年代获得了飞速的发展。但不是缘于一种历史的巧合，而是历史的必然，这一时间与 1965—1973 年盈利能力危机以及 1973 年以来的经济长期停滞状态基本吻合，也就是说，经济金融化是伴随着经常长期停滞状态的出现和持续而发生和发展起来的。资本的盈利能力危机和长期停滞既是经济金融化兴起和不断持续的原因，又是这一趋势持续至今的时代背景。当然，在更深的层次上，经济金融化是全球制造业生产持续过剩的结果，是资本主义制度的必然产物。

在生产持续过剩以及资本盈利能力下降的情况下，大量本来应投资于实体经济（主要是制造业）的过剩资本，绕过产业资本的形式，大量涌入金融部门，通过债务债权和投机的方式获得利润——利润越来越依赖或来源于金融领域，而非实体经济中的商品生产和制造品的国际贸易。以美国为例，2004 年，美国金融行业获得的利润是 3000 亿美元，而与此相对应的美国国内实体经济（非金融行业）创造的利润是 5340 亿美元。另外，随着布雷顿森林体系的崩溃，美元与黄金的脱钩，货币、信用与资本

---

① 杨涤：《经济发展中的"经济金融化"趋势》，《国际金融报》2000 年 4 月 6 日。

日益金融化和虚拟化，加之全面的凯恩斯主义政策向经济自由化，特别是金融自由化为特征的新自由主义政策的转变，都导致了金融资本急剧膨胀，并与实体经济严重脱节。结果是，在战后美国，金融资产流量的GDP占比从1952—1979年间平均的25.7%，大幅上升到1980—2007年间平均的41.8%；非金融公司的资产结构——金融资产与实际资产的比例，从20世纪70年代的40%多，上升到20世纪90年代的接近90%。与此同时，金融部门所获得的利润与非金融部门所获得的利润的比例，从1970年的20%，大幅上升到2000年的70%左右。[①]

综上所述，去工业化与经济金融化或虚拟化之间的关系，可以从两个角度加以理解，其一，二者可以被理解为因果关系，即经济金融化是经济去工业化的结果，它是伴随着经济的去工业化（实体经济的停滞和萎缩）而发生和发展起来的；其二，二者是同一深层次原因在经济上不同方面的表现——一枚硬币的两面，即它们是全球工业制造业领域生产持续过剩所导致的盈利能力危机的结果。作为当今资本主义世界经济的最基本特征之一，经济金融化在近几十年来一直在持续地，而且是爆炸性地增长，这一过程在2008年危机爆发之前达到了一种极限状态，并最终以次贷危机的形式爆发出来。而且也正是由于虚拟经济脱离实体经济的过度膨胀，导致了2008年生产过剩的经济危机首先以金融危机的形式爆发出来，而后又加剧了生产过剩的经济危机。[②]

第四节　去工业化与主权国家债务危机

主权债务（sovereign debt）是指一个国家以其自身的主权或国家信用为担保，通过发行债券等方式向国际社会所借的款项。这种借款方式大多是以外币计值，并向国际机构、外国政府、国际金融机构以及私人投资者借款，一旦由于偿还能力等原因导致债务国的信用评级被下调，就有引发

---

① 参见《从马克思主义经济学的观点看当前的金融和经济危机——张宇教授访谈》，《国外理论动态》2007年第7期。

② 不可否认，金融监管的放松、国际货币金融体系的缺陷、美联储的货币政策等其他一些因素，也都对2008年危机的发生产生了重要影响，但它们都不是危机发生的深层根源，或者，其本身就是危机发生根源在经济上的表现或结果。

主权债务危机风险。如果这种风险得不到有效的控制，可能会引起一系列的连锁反应，甚至有促发更大规模经济金融危机的风险。

2009 年 12 月，希腊政府承认，并正式宣布其 2009 年度的财政赤字将达到 GDP 的 12.7%，而政府债务将达到 GDP 的 113%。因为这两项指标均远超过欧盟的《稳定与增长公约》所规定的 3% 和 60% 的上限。2009 年 12 月 8 日全球三大评级机构之一的惠誉宣布，将希腊主权信用评级由 "A－" 降为 "BBB＋"。次日，即 12 月 9 日危机继续向 PIGS 其他四国扩散。① 标准普尔将西班牙主权信用评级前景从稳定下调至负面，还暗示，由于公共财政恶化葡萄牙主权信用评级也可能被下调。2009 年 12 月 16 日晚，标准普尔宣布，将希腊的长期主权信贷评级下调一档，从 "A－" 降为 "BBB＋"。标准普尔同时警告说，如果希腊政府无法在短期内改善财政状况，有可能进一步降低希腊的主权信用评级。2009 年 12 月 22 日，穆迪投资者服务公司宣布，将希腊政府债券的信用评级从 A1 下调至 A2。总之，在一个月内，世界三大评级机构惠誉、标准普尔和穆迪相继下调了希腊的主权信用评级。至此，连同美国主权债务问题在内的主权国家的债务危机相继爆发，并成为继 2008 年经济金融危机后影响全球经济的最不确定因素之一。②

一　主权债务问题的根源

为什么在金融危机爆发之后，紧接着又爆发了主权国家的债务危机呢？经济学家和评论者们似乎在这个问题上达成了某些共识，即主权债务危机主要源于有关国家松散的财经纪律以及高福利支出造成的财政收支失衡。另外，也有观点将欧洲债务问题视为欧元区内部经济结构不平衡以及欧盟一体化进程中形成的一系列结构性和制度性等经济社会问题的结果。显然，这样的回答并不能反映出主权债务问题形成和发生的深层原因，而将主权债务问题主要归结为财政金融领域的问题又恰恰掩盖了问题的实质。

与上文的分析相类似，对于主权债务问题的分析，仍然需要从以实体经济的停滞和萎缩的状态为特征的经济去工业化进程中去寻找。如图 5 - 6 至图 5 - 8 所示，从 20 世纪 70 年代以来希腊、意大利和爱尔兰三次产业

---

① PIGS 是指葡萄牙、爱尔兰、意大利、希腊和西班牙 5 个国家。这 5 个国家依照首字母组合而被称为 "PIGS"。

② 2011 年 8 月 5 日，标准普尔将美国长期主权信用评级由 "AAA" 降至 "AA＋"，评级展望为负面。这是美国历史上首次失去 AAA 主权信用评级。

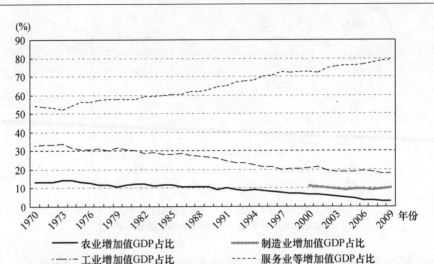

图 5-6　1970—2009 年希腊三次产业及制造业增加值占 GDP 比重的变化

资料来源：世界银行数据库。

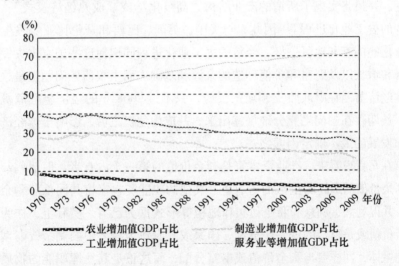

图 5-7　1970—2009 年意大利三次产业及制造业增加值占 GDP 比重的变化

资料来源：世界银行数据库。

及制造业增加值的 GDP 占比的演变模式①不难看出，除爱尔兰外，希腊、意大利等具有主权债务问题国家的产业结构都经历了由低级向高级的不断

---

① 事实上，葡萄牙和西班牙也都大体具有相似的产业结构演变模式。文章在此没有给出这两个国家三次产业及制造业增加值的 GDP 占比演变模式的图解。

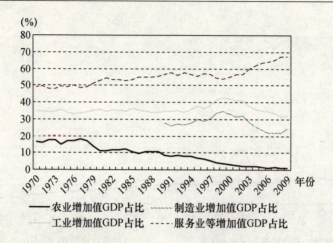

图5-8　1970—2009年爱尔兰三次产业及制造业增加值占GDP比重的变化

资料来源：世界银行数据库。

转变，并最终实现了所谓的产业结构"高级化"或"成熟经济模式"，即经济的去工业化进程。① 因此，与美国、英国、巴西和哥伦比亚等发生去工业化的国家和地区一样，经济的去工业化进程同样使这些国家丧失经济运行和增长以及财富和价值创造的来源和基础。而主权债务问题正是这一实体经济萎缩在财政收支领域的反应，只不过2008年的经济金融危机使这一长期存在的问题充分地暴露出来，并成为危机之后，影响全球经济复苏和发展的最不确定因素之一。

　　在马克思看来，产业资本家是剩余价值的第一个占有者，但他们却不是剩余价值的最终的全部的占有者。其他的职能资本家将共同瓜分剩余价值，并以利润、利息、商业利润和地租等形式据为己有。实际上，作为对剩余价值或是财富的进一步分配，国家或政府作为经济中的剩余或财富分配的主体，同样参与剩余价值或财富分配，而这正是其发挥职能的物质基础。在财政收入来源方面，以经济去工业化为特征的实体经济萎缩，使这些国家的政府丧失了维持其职能发挥的财富来源和物质基础。因此，在财

------

　　① 大约从20世纪90年代开始，爱尔兰经济经历了大约10年的进一步工业化，主要表现在工业以及制造业产值占GDP的比重不断上升，而后大约从2000年开始，工业以及制造业产值的GDP占比快速下降（相比其他国家）。值得一提的是，爱尔兰的经济增长率及政府负债总额的GDP占比，在这段时期出现了与工业及制造业产值GDP占比相同的变化趋势。这也就证明了工业，特别是其中的制造业是经济增长的"发动机"以及财富创造的主要来源和基础。

政支出不变或是增加的情况下，必然会出现财政上的赤字。发生主权债务问题的国家大都经历了几十年的债务经济，而且尽管政府负债总额占 GDP 的比重有较大的波动，但总体上看，这些国家的政府负债总额占 GDP 的比重都处于较高的水平，并且在 2008 年危机后急速攀升（见图 5-9）。[①]

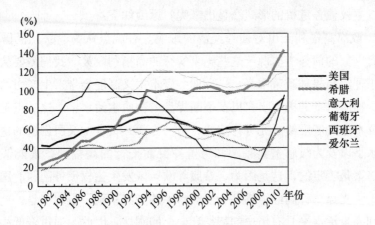

图 5-9　发生主权债务问题国家的政府负债总额占 GDP 的比重

资料来源：EPS 全球统计数据/分析平台（http://www.epsnet.com.cn）。

　　为什么 2008 年危机爆发后，又紧着发生主权国家的债务问题呢？或者说，二者之间存在什么样的关系呢？2008 年危机的爆发，使各个国家的经济都陷入了低谷，主要表现是居民消费下降、失业增加、经济增长缓慢甚至是下滑等。因此，为了缓解经济困难的状况，政府不得不依靠投资和消费等宏观经济管理政策来拉动经济，即通过赤字的方式来拉动经济。而这种赤字的方式使主权信用风险在短时间内迅速积累，并在 2008 年经济危机中完全暴露出来。所以说，尽管主权国家的债务问题是长期存在的，并有其深层次的实体经济方面的根源，但 2008 年的危机是使之充分暴露出来的导火索，或者说，2008 年的危机促发了主权国家的债务危机。

二　主权国家债务经济长期持续的原因

　　传统经济理论认为，政府也像个人和企业一样是进行独立的跨时期经济核算的主体。政府财政收支的平衡要求其总收入现值和等于总支出的现值和，也就是说，在跨期的预算约束内实现收支平衡。根据以上分析可

---

① "债务经济"的说法援引自南开大学陈英教授的论文《从"过剩经济"到"债务经济"：当今发达经济运行的新特征》。笔者在本书中用以表征政府作为经济行为主体的债务运行方式。

知，发生主权债务国家的政府没有能力实现这种平衡。原因在于，这些国家已经丧失了经济运行和增长的基础，而这对政府的财政收支来说具有决定性的负面影响。然而，发生主权债务问题的国家大都经历了几十年的债务经济，为什么这种债务经济能够持续这么多年，并且直到金融危机爆发后才以主权债务危机的形式凸显出来呢？原因如下：

1. 政府高福利支出对债务经济的影响。有观点认为，欧元区国家这种政府巨额的债务主要源于这些国家实行的高福利政策。我们需要从两个维度来理解高福利政策本身。一方面，资本主义制度会带来生产力的高度发展，物质财富的极大丰富以及不断提高的物质生活水平。这一点是马克思对资本主义制度给予充分肯定的；另一方面，资本主义所创造的这种高生活水平以及为缓解贫富差距和劳资冲突而推行的高福利政策能够持续吗？答案是否定的。这是因为，希腊等欧元区发生主权债务问题的国家已经丧失了支撑这种高经济福利和生活水平的经济基础。但现实是，这种高福利和高生活水平具有历史的特征和向上的刚性，因此，通过降低福利和人们的生活水平来解决这些国家入不敷出的财政状况在政治上、社会上会遇到极大的困难。

2. 软的政府预算约束。从历史上看，在政府出现财政赤字的情况下，存在四种弥补赤字的方式：一是向国内公众举债；二是向国外举债，包括国外的私人投资者和外国政府；三是向国际货币基金组织和世界银行等被称为"最后贷款人"的国际货币金融机构借款；四是在不能通过其他渠道融资时，通过印制钞票的方式来弥补预算赤字。另外，在这次发达国家爆发的债务国家中，美国政府通过提高宪法中规定的政府债务上限的方式暂时地避免了债务危机的爆发；而欧洲则通过建立金融稳定基金（EFSF），并适时地扩大其规模的方式来阻止债务危机蔓延。也就是说，不管面临的是预算赤字还是债务危机，政府都可以通过不同的方式进行债务融资。因此，在这样的意义上，政府所面对的预算约束是软的，政府有动力持续这种债务经济。可以预见的是，即使发达国家能够成功地解决这次主权债务问题，并防止危机的爆发和蔓延，但他们却不能从根本上解决债务问题。发达国家的债务经济仍将持续运行。①

---

① 事实上，很多国家的政府都是债务经济的运行方式，只不过与发生主权债务危机的国家相比，这些国家的主权债务没有从"病态"的方式，演变成"危机"。

3. 资本过剩对债务经济的影响。实体经济停滞和萎缩所产生的过剩资本，需要绕过产业资本的形式和生产环节获得利润。资本的利润动机促使资本通过任何方式获得利润，因此，以国家信用为基础的国债自然就成为过剩资本获得利润的一种方式。这种状况在发生主权债务问题的国家如此，在全球范围内更是如此。国债不仅成为主权债务融资的主要方式，而且也成为全球投资者进行投资获得利润的主要方式。例如，希腊国债的主要债权人是国际机构，私人部门持有将近 1700 亿欧元的希腊国债。① 具有讽刺意味的是，经济的内生机制造成了主权国家的政府债务问题，与此同时，经济的内生机制所产生的过剩资本又为主权债务融资提供了天然的源泉。

4. 全球失衡与主权债务经济。在这个具有"零和"而非"正和"博弈的生产过剩的贸易世界里，一国之所得即为他国之所失。但必须强调的一点是，国家间的经济失衡状况必然是国内经济失衡状况的反应。中美之间的经贸关系提供了这种状况的经典案例。中国国内的产能过剩必须通过外部市场加以消化吸收，这导致了中国巨额的贸易顺差和外汇储备；相反，美国需要大量的进口导致其巨额贸易赤字和对外债务的中国产品以弥补国内的过度消费。但这需要中国购买以美元标的的资产，从而对这种过度消费进行债务融资。借用股票市场的话语，不同主权国家的这种经常项目和资本项目互相补充的状态，反映了当今全球经济处于深度的"套牢"之中。

第五节 小结

作为经济增长和发展的"特征事实"，经济的去工业化进程在不断地使经济丧失增长和运行以及财富和价值创造基础的同时，对经济的运行和发展产生了重要的影响。这些影响可能是直接的，也可能是间接的，或者这些影响本身与经济的去工业化进程一样，是同一深层原因在经济上不同方面的表现。总之，工业，特别是制造业仍然是经济的基础和核心，而去工业化进程对经济基础的这种"掏空"作用，必然要对经济社会的方方面面产生影响。从经济增长到国际收支失衡、国家的竞争力，再到经济金融化趋势、2008 年经济金融危机及主权国家的债务危机，都是这些影响

---

① 朱一平：《欧盟财政一体化：化解欧债危机的良方?》，《国际经济合作》2011 年第 8 期。

的深刻体现。另外，由于去工业化进程的动态性，这些影响也大多在时间的过程中不断持续，并且在"量变"不断地积聚成"质变"的状态时，以各种形式的危机爆发出来。

以上分析表明，实体经济的问题得不到解决，资本主义世界经济所面临的种种问题也不可能得到根本的解决。但正如上文重点分析的，在这样一个生产持续过剩的世界中，实体经济的长期停滞状态是不可能逆转的，也就是说，当今资本主义世界的实体经济不可能得到有效的恢复，至少当前还看不到实体经济复苏的迹象。例如，为了应对债务危机，美国提出的提高债务上限以及欧盟为解决其成员的债务危机提出的"欧洲稳定机制"等都只能作为权宜之计，不可能从根本上解决问题。因此，当今资本主义世界经济深陷增长停滞、全球经济失衡、主权国家债务问题以及虚拟经济过度膨胀等种种状态之中，而不能自拔。

从资本主义发展史的角度看，去工业化不仅是资本主义发展的必然产物，它更是工业资本主义发展的必然产物。工业化和工业资本主义的兴起，是资本主义发展的必经阶段，是发达资本主义国家走向现代化的必由之路，也是后发的国家和地区追赶先发的国家和地区，实现工业化和现代化的必由之路。但遗憾的是，工业资本主义对其自身的发展形成了终结。在经济去工业化的含义上，特别是在一些后工业论者或是未来学家那里，工业资本主义已经过渡到更高级的经济社会形态，即后工业社会。尽管当今社会的确具有一些后工业社会的特征，但历史的实践证明，作为一种能够引领经济社会发展的总体概念，后工业社会本身就存在问题。因为，这个概念根本没能很好地概括和理解当今资本主义社会所有主要方面的基本特征。

经济的去工业化不是经济向更高层次过渡，而是经济丧失其支撑基础的过程，它代表了创造资本主义辉煌历史的工业资本主义发展阶段的终结。资本主义无限发展的动力限制于有限的发展之中。资本主义的繁荣限制于资本主义的长期停滞之中，资本主义的发展为其自身的进一步发展设置障碍或限度。因此，资本主义的发展既是无限的，又是有限的，无限的发展孕育了有限，有限又限制了无限，这是资本主义基本矛盾的必然结果。而去工业化是这种结果在经济上的外在表现。

尽管资本主义经过了几百年的发展变化，但资本主义在本质上却没有发生任何变化。资本主义的发展不是在改变，而是在不断地强化资本主义的本质。繁荣与失业交替，过劳与失业并存，极度富裕与极度贫困对立，权利的集中与绝望的虚弱同在，与一百多年前相比，这些现象依然构成了今天资本主义的特征。今天，人们比历史上任何时候都更加强烈地感觉到，世界正在成为一个人类无法控制的世界，一个受异化力量所驱使，正在走向灭亡的世界。①

---

① 西蒙·克拉克：《经济危机理论：马克思的视角》，杨建生译，北京师范大学出版社2011年版，第8—9页。

第六章 再工业化的提出和探索

作为对工业制造业衰退，工厂倒闭及向外转移，失业和贫困增加等现象，特别是对制造业国际竞争力下降所导致的经济困难和去工业化现象的担忧和回馈，美英等发达国家在 20 世纪七八十年代首先提出了对经济进行"再工业化"。其目的旨在恢复其制造业在全球范围内的竞争力和领先地位，并使工业，特别是制造业重新成为经济增长的核心和动力。自再工业化问题提出至今约 30 年来，西方发达国家经济发展的实践证明，当初提出的经济再工业化策略并没能成功逆转经济的去工业化进程，时至今日，发达国家的去工业化进程仍然没有停止和逆转的趋势。在这样的背景下，特别是在 2008 年经济危机影响下，美国总统奥巴马 2010 年 1 月的国情咨文中表示，在未来 5 年中，美国的出口额将翻一番，并由此创造 200 万个国内就业岗位。也就是说，美国经济要摆脱以金融创新和过度消费为基础的增长模式，转向以出口带动和制造业增长为基础的可持续增长模式，使美国经济重新回归实体，因此，需要对美国经济实施"再工业化"。

然而，如 20 世纪七八十年代一样，再一次提出经济的再工业化能否逆转美国的去工业化趋势，一扫美国经济的颓势，使制造业重新成为引领美国经济增长和创造财富的主体。这一切都还是未知数，需要经过时间的检验。我们认为，在这个生产持续过剩和经济上带有"零和博弈"性质的世界里，无论是传统产业的改造和振兴，还是新兴产业的发展都面临着来自其他国家和地区的竞争。这是因为，其他的国家和地区也都面临着同样的问题。这一点不论是对于其他发达国家，还是对于正处于工业化和现代化进程之中的欠发达国家和地区而言都是如此。因此，本章对与去工业化进程相对的并是其延续阶段的经济再工业化问题进行了相关的分析，并在此基础上对发达国家提出的经济再工业化能否取得成功给予了回答。

第一节 再工业化问题的提出及内涵

一 再工业化的提出及其基本内涵

"再工业化"问题最早由美国学者阿米泰·埃兹厄尼（Amitai Etzioni）在 1977 年首先提出，但再工业化并不是一个新的概念，其本意最初是指发达工业化国家的重工业基地，如美国东北部地区、德国的鲁尔地区及法国洛林等的改造和重新振兴。从时间上看，再工业化大体上与发达工业化国家的去工业化作为一种经济的"特征事实"逐渐引起人们的注意并同时出现，也就是说，经济的再工业化也大体上出现在 20 世纪 70 年代，并从那时起逐渐地进入人们的视野中。

与去工业化的概念相类似，不同的学者试图从不同的角度理解和概括再工业化的内涵。总的来说，再工业化通常被理解为一种工业政策，其可以是工业政策本身，亦可以是对工业政策的一种补充。再工业化的主旨是振兴制造业，不仅包括传统产业的改造和升级，还包括高新技术引领的处于制造业价值链高端的新兴产业。Stevenson 和 Bartel（1981）指出，人们对再工业化有着不同的理解，一些人把工业政策称为再工业化，总的来看，工业政策应旨在将资源从衰落的产业中剥离出来，并投入到上升的产业中去。作为"再工业化"的首倡者，1980 年，阿米泰·埃兹厄尼对再工业化和工业政策之间的模糊性进行了澄清，从而进一步梳理了再工业化的内涵和实质。他认为，再工业化的作用近来被"工业政策"的局限性弄得模糊不清，两者被人为地混淆在一起。① 同时，他强调，再工业化并不要求具有任何国家计划性质的工业政策，但可以作为微观工业政策的补充，其主张是运用加速折旧，采取鼓励储蓄和投资的税制等广泛的经济刺激措施，以优先照顾经济中的两个部门，即支撑美国高标准消费和国防的

---

① 一般来说，工业政策是基于政府支持，旨在挑选出若干优胜的工业，并淘汰落后或是亏损的工业或行业。埃兹厄尼区分了两种截然不同的工业政策：一是微观政策。它要求选择若干工业（如钢铁工业或汽车工业）并运用周转基金或一个重新组织起来的复兴金融公司的方式，来帮助这些工业摆脱陈旧落后的状态，以重新获得较强的竞争能力；二是很不相同的工业政策则要求成立一个全国委员会来检查和指导大部分工业。他认为，这种工业政策只不过是一种伪装拙劣的国家计划，因此，在当时美国的政治更趋保守的情况下，这种政策的制定和实施不存在可能性。参见阿米泰·埃兹厄尼《"再工业化"的由来》，《外国经济与管理》1980 年第 10 期。

基础设施和资本品生产部门。然而，再工业化并不要求回归到一个更加强大的特定产业的基础设施和资本品生产部门的原有组合。因此，再工业化居于供给方面经济学和工业政策之间，它具有半针对性，并旨在形成一个更强的生产能力。[1]

Roy Rothwell 和 Waiter Zegveld（1985）将"再工业化"定义为"产业向具有更高附加值，更加知识密集型的部门和产品组合以及服务于新市场的产业和产品的转型"。而 1986 年出版的韦伯斯特词典则对经济的再工业化做出了相对全面的阐述，即认为再工业化是一种刺激经济增长的策略，尤其是在政府的帮助下，不仅要实现旧工业部门的复兴和现代化，而且也要支持新兴工业部门的增长和发展。实际上，作为与去工业化相对应的经济发展的动态性阶段，"再工业化仅仅是经济发展的又一个阶段，它主要涉及的是一个国家的工业基础从工业周期的一个阶段走向另一个阶段，例如，从经济增长走向经济成熟、衰退或是结束这一周期时所发生的各种调节问题。其中，工业政策就是针对那些处于困境的工业或产业所实施的调节措施"。[2]

二　再工业化提出的时代背景

再工业化这个论题的出发点是，在 20 年代美国社会发展得太慢，工业化的进程倒退了。近几十年来过度的消费和投资不足削弱了美国的生产能力。如果美国要继续保持高生活标准和为国防提供所需的资源，就必须花费十年左右的时间来提高它的生产能力，或进行再工业化。[3] 事实上，最早提出美国有必要进行再工业化的除了阿米泰·埃兹厄尼以及巴里·布鲁斯顿和贝尼特·哈里森等学者外，还有以刘易斯·扬格（Lewis H. Young）为首的《商业周刊》的编辑们，正是他们在美国掀起了一场有关"再工业化"的争论。他们以美国工业"衰落论"为出发点，强调了"如果美国想继续保持经济的活力和经济的领导地位，必须进行根本的变革，要达到这个目的，除了"再工业化"外，别无他法。要扭转过去 15 年来美国企业竞争力急剧下降的趋势，特别是 1980 年席卷全美的工

---

① Amitai Etzioni. Re – Industrialize, Revitalize, Or What？. National Journal, 1980 – 10 – 25, p. 1820.

② Robert J. Thornton, Attiat F. Ott and J. Richard Aronson. Reindustrialization: implications for US industrial policy, JALPress Inc. , 1984, p. 74.

③ 阿米泰·埃兹厄尼：《"再工业化"的由来》，《外国经济与管理》1980 年第 10 期。

厂倒闭浪潮，唯一可行的替代办法就是竭尽全力地去恢复美国的生产能力。[1]

　　尽管，再工业化早在 20 世纪七八十年代就已经被提出，并用以重振美国制造业的国际竞争力和领导地位，阻止和逆转其经济的去工业化。但实践证明，再工业化作为一种经济策略并没有取得经济上的成功，与此同时，美国工业制造业的衰落被以金融创新和膨胀以及以过度消费和服务业增长为特征的经济运行和增长模式所掩盖。实际上，自再工业化首次提出至今，美国的去工业化趋势越发明显，并始终没有逆转的趋势。例如，2000 年以来，美国制造业减少了 370 万个就业岗位，即减少 21% 的制造业就业人数。制造业就业人数 2005 年降低到 1430 万人，甚至比 1945 年时还低。[2] 2008 年金融危机充分地暴露了美国和其他发达国家过去三十年间的经济发展模式的弊端，并使人们反思何为经济增长和发展的基础，特别是制造业在经济中的地位和作用。

　　受 2008 年危机的影响，西方发达国家普遍陷入了以失业大幅增加和经济产出大幅下降为特征的严重经济衰退，至今，西方发达国家仍没有走出危机的泥潭，并且随着危机影响向深度和广度的进一步拓展，以美国为首的西方发达国家新近又受到了其主权债务问题的困扰。正是在这样的背景之下，以美国为首的发达国家重提振兴其制造业的再工业化策略。美国总统奥巴马在 2010 年 1 月的国情咨文中，并在 3 月中旬举行的美国进出口银行年会上，再次重申了他振兴美国制造业的雄心壮志。自此，再工业化作为一种经济策略再次进入理论界、政界、商界和普通大众的视野。

第二节　为什么要对经济进行再工业化

　　事实上，无论是上文中关于工业化意义和作用的分析，还是关于去工业化经济社会影响的分析，都已经间接地对这个问题做出了回答，也就是说，再工业化是对与工业化进程相对应的去工业化进程所造成的种种经济社会困难和问题的回应。但尽管如此，我们仍然需要对一些发生去工业化

---

　　[1]　"Revitalizing the U. S. Economy"，*Business Week*，June30th，1980，p. 56. 另见金慰祖、于孝同：《美国的"再工业化"问题》，《外国经济与管理》1980 年第 10 期。

　　[2]　金碚、刘戒骄：《美国"再工业化"的动向》，《中国经济导刊》2009 年第 22 期。

的国家和地区，为什么要对其经济进行"再工业化"进行直接的回答。

一　经济社会发展的基础和核心动力

工业经济中的制造业通常被称为经济增长的"发动机"。卡尔多甚至认为，经济增长率决定于制造业生产的增长率。这是因为制造业与其他产业具有很高的关联度，其投资及研发活动在促进自身的增长及生产率提高的同时，不仅能够带动和促进其他产业的发展和增长，而且制造业领域的研发活动是整个经济技术进步和生产率提高的核心和基础。因此，制造业的增长可以在制造业内部和制造业以外的其他产业创造更多的经济活动，具有较高乘数效应和广泛的经济联系。[①] 例如，从 1993 年开始，在政府赤字下降和实际工资停滞——这种情况在近 40 年来从未出现过的大背景下，美国制造业开始主要依赖不断扩大的投资和出口增长，来实现更大程度的增长，而且，这种增长幅度是自二战以来最大的。从 1979 年到 1990 年，投资增长对 GDP 增长的贡献率只有 12.4%，而消费增长对 GDP 增长的贡献率则高达 71%；但在 1993 年到 1997 年这 4 年中，前者对 GDP 增长的贡献率上升到了 30.5%，而后者则下降到了 63%。同时，正是由于制造业部门的复苏拉动了非制造业部门的需求，从而在根本上带动后者走上复兴之路，并最终使非制造业部门的盈利能力在 1995 年出现了恢复。[②]

与他们的古典前辈们相比，现代经济学家在理解经济怎样以及应该如何运行方面，没能实现超越。这一点是令人遗憾的，原因是：一方面，现代经济学家太过专注于经济的细枝末节，即使这样做是进一步解构经济运行及进行理论创新的必要前提；另一方面，他们在理解经济作为整体的运行方面出现了重大的偏差，特别是在规范意义上的"经济应该如何才能稳定、健康地运行"方面更是如此。2008 年的经济金融危机提供给我们上述观点的很好例证，而 2009 年年末始于希腊的主权债务问题更是令他们疲于应对。

在弗雷德·布洛克看来，某种既有的经济传统应付不了历史变化，这有历史先例。工业革命后，重农主义经济学传统几乎丧失殆尽了，古典经

---

① 刘戒骄：《美国再工业化及其思考》，《中共中央党校学报》2010 年第 4 期。

② 罗伯特·布伦纳：《繁荣与泡沫——全球视角中的美国经济》，王生升译，经济科学出版社 2003 年版，第 85—87 页。

济学家把他们的体系建立于完全不同的基础之上。① 沿着资本主义历史发展的路径，从工业资本主义到"晚期"、"消费主义"、"后工业"或"后现代"资本主义的转变，确实带来了一些显著变化。但我们也看到，这种转变并没有改变资本主义财产关系的基本性质。恰恰相反，这些变化大多扩大和巩固了这种基本性质。② 诚然，新的趋势和变化要求新的理论框架的出现，但我们仍然需要回顾古典经济学家们对于理解经济运行的睿智，并以此剥离新的形势和变化对理解现代经济运行本质特征的影响。

二　经济运行和增长基础的古典溯源

在古典经济学的视野中，正如亚当·斯密在《国富论》的序论中所强调的，"一个国家常年的劳动，是这样的一个基金，它原始地，供给这个国家每年消费的全部生活必需品和便利品。而这种必需品和便利品，总是由这个劳动的直接生产物，或是由用这类生产物从其他国家购得的物品构成"。③ 紧接着，斯密又强调了劳动生产率和有用劳动人数（有用的生产的劳动者人数无论在何处，总是看有多大的资本被使用来推动他们去工作）在生产这些必需品和便利品中的作用。在斯密看来，劳动形成了一个国家的真正财富，即这个国家每年消费的全部生活必需品和便利品，而劳动生产率和有用劳动决定着财富的数量。在这里，我们将有用劳动理解为与资本相匹配的或是资本投资推动的生产性劳动。此外，更为重要的是，一个国家与其他国家的对外贸易实际上是以生活必需品和便利品所表征的真实财富的交换。如果一个主权国家的经常账户出现逆差，则意味着这个国家的财富消费大于其真实财富的生产，因此，需要从其他国家进口才能补足。但从贸易平衡的角度看，这个国家必须以未来的生产真实财富对其贸易赤字进行补偿。

作为斯密经济理论的批判者，马克思也同样认为，"资本主义生产方式占统治地位的社会的财富，表现为'庞大的商品堆积'，单个商品表现为"这种财富的元素形式"。④ 商品是靠自身的某方面属性来满足人的某

① 弗雷德·布洛克：《后工业的可能性——经济学话语批判》，王翼龙译，商务印书馆2010年版，第18—19页。

② 特里·伊格尔顿：《马克思为什么是对的》，李杨等译，新星出版社2011年版，第173页。

③ 亚当·斯密：《国富论》，郭大力、王亚南译，上海三联书店2009年版。

④ 马克思：《资本论》（第1卷），人民出版社2004年版，第47页。

种需要的使用价值。更多的使用价值就是更多的物质财富。① 但与斯密的
"消费是一切生产的唯一目的"不同，马克思认为，资本主义生产的本质
是"为生产而生产"，也就是说，资本家投入资本进行生产的目的不是为
了满足需求，而是为了生产和占有剩余价值或利润，或是进行资本积
累。② 马克思对资本主义生产方式的分析强调其生产方面，这一点无疑是
正确的。在马克思看来，作为劳动过程和价值形成过程的统一，生产过程
是商品生产过程；作为劳动过程和价值增值过程的统一，生产过程是资本
主义生产过程，是商品生产的资本主义形式。③ 在这里，产业资本家是剩
余价值的第一个占有者，但他们却不是剩余价值的最终的全部的占有者。
其他的职能资本家将共同瓜分剩余价值，并以利润、利息、商业利润和地
租等形式据为己有。

在古典时期，资本主义生产过程的实现，包括了资本形成、劳动
（有用劳动或生产性劳动）以及技术进步等经济增长的核心要素，但最为
重要的是，这一生产过程形成了价值和剩余价值，并生产了以商品或使用
价值所表征的支撑一个国家经济社会发展的真正财富。在现代经济学的语
境中，工业，特别是制造业是创造财富的主体，是支撑主权国家经济运行
和增长的基础和核心动力。此外，更为重要的是，工业制造业或工业化进
程本身作为一个国家或地区经济社会发展的经济动力，不仅是经济繁荣的
基础，而且也是社会的全面转型和变革以及实现现代化的根本动力。④ 也
就是说，工业化的意义并不仅仅在于工业化本身，而在于其在内涵和外延
上的扩展——对一个国家或地区经济社会发展的全面影响，以及对于一个
国家和地区的在国际经济和政治领域竞争力的影响。因此，正如我们所反
复强调的，工业制造业或工业化进程本身对于任何一个国家和地区的经济
社会发展和变革而言，都是极为重要的，而且这一重要性是无论如何强调
都不为过的。

---

① 马克思：《资本论》（第 1 卷），人民出版社 2004 年版，第 59 页。
② "为生产而生产"是资本主义的信条，但资本主义对"生产"的理解是片面和狭隘的。
马克思对"生产"的理解比资本主义要全面得多。参见特里·伊格尔顿：《马克思为什么是对
的》，李杨等译，新星出版社 2011 年版，第 119 页。
③ 马克思：《资本论》（第 1 卷），人民出版社 2004 年版，第 229—230 页。
④ 事实上，正如马克思没有直接使用工业化这一用语，但工业化在马克思那里确实存在，
或正是马克思所重点分析的一样，马克思也没有专门论述工业化本身对于资本经济社会发展的作
用和意义，但这一点却蕴含于马克思关于资本主义的批判性分析之中。

尽管以上的分析已经直接或间接地回答了为什么要对经济进行"再工业化",但是结合西方发达国家提出的"再工业化"策略本身,进一步回答为什么要对经济进行"再工业化",即经济"再工业化"策略有什么样的必要性,仍然是有必要的。

三 再工业化的必要性

与许多其他遵循卡尔多主义的经济学家一样,莱斯特·瑟罗(Lester C. Thurow)(1989)强调,只有制造业才是经济增长的源泉,其必须再一次地成为美国经济的主导部门;相反,服务业的发展应该只是暂时的,对经济发展起辅助作用,在经济中应处于从属地位,而不应成为引领经济增长和发展的主体,它不应该继续地排斥、阻碍或是吞噬经济中的其他经济部门的增长和发展。如果要扭转美国的衰落进程,就必须实施制造业为核心的再工业化。"美国公众需要理解经济的实际运行,而非臆想中的运行。美国不需要新经济,美国需要的是实际经济。金融业并非是现代经济的核心,只有制造业才是。市场关系以及商品的买卖不可能奇迹般地创造出商品与服务,只有经济中的劳动人民才能如此"。[1]

Cohen, S. S. 和 Zysman, J.(1987)认为,工业领域劳动生产率的增长速度要远高于服务业,因此,经济基础由工业向服务业的转变会在整体上降低美国经济劳动生产率的增长速度及整体的工资水平;美国高额的对外贸易逆差只能靠增加工业制成品的出口才能减少,即使在服务品贸易存在贸易顺差的情况下也同样如此;工业制造业本身就是一些高技术服务业存在的基础,因此,工业制造业的过度萎缩会使这些服务业因丧失基础而消失。以上述观点为基础,他否定了后工业论说法,并强调了强大的工业制造业仍然是美国的经济基础,离开了工业的并以服务业为主导的经济模式不可能给美国带来繁荣。因此,美国以及其他旨在重振其制造业的发达国家,20世纪80年代提出,并在2008年危机的背景下重提经济的再工业化,既有理论上的依据,又是解决经济现实问题的必然要求。在这一点上,再工业化有其合理的必然性。

然而,这里必须强调的是,以重新振兴制造业为主旨的再工业化,不仅仅包括传统制造业产业的改造和振兴,更重要的是要进一步地实现产业

---

[1] Seymour Meiman and Jon Rynn. *After Deindustrialization and Financial Collapse*: *Why the U. S. economy must be made production – centered*, pp. 14 – 15.

的转型和优化升级，特别是大力发展新兴产业，并以此为基础引领和带动经济的增长和发展，重新塑造发达国家（特别是美国）在全球制造业领域的领导地位。可以预见，2008 年金融危机后美国将采取措施改善制造业发展环境，强化制造业对后发国家的技术优势和分工优势，催生新能源制造业等先导产业，巩固高技术产业中的领先地位，稳定高端产品的市场份额。①

总之，对于发达国家而言，只有通过重树工业制造业在国民经济社会发展中的基础和核心地位，即经济的"再工业化"进程，才能重树发达国家曾经的工业制造业雄风，引领发达国家从长期衰退走向新的繁荣，解决经济去工业化所带来的种种经济社会问题，并避免世界权力中心不断地向新兴工业制造业力量的转移和再配置，特别是美国霸权的不断衰退和向东亚地区的转移。对于出现早熟工业化的发展中国家而言，尽管解决问题的方式不能说是经济的"再工业化"策略，但以经济的早熟去工业化为起点，继续工业化进程，即在质和量两个方面，不断提升工业制造业在整体经济中的地位和作用，是解决贫穷落后的状态，实现现代化的根本出路。一言以蔽之，无论是对于发生去工业化的发达国家和地区，还是出现早熟去工业化的欠发达国家和地区，解决问题的根本方式就在于经济的"再工业化"或是继续工业化进程，即恢复或提高工业制造业的地位和作用，为经济社会的发展和变革提供经济动力。

第三节　再工业化的思路和路径

一　关于再工业化路径的争论

自再工业化提出以来，围绕着再工业化问题一直存有争论。这一点不仅体现在美国是否需要进行经济的再工业化上，更体现在再工业化本身的具体思路和路径上。但无论如何，"复兴美国工业必须下再工业化这剂猛药：不仅需要全面减税，而且税收水平要减到能使企业经理人愿意进行更多的投资；需要一个联邦公司引导对处境困难的产业进行投资；需要制定

---

① 金碚、刘戒骄：《美国"再工业化"观察》，《决策》2011 年第 Z1 期。

政策，抑制当前的消费，促进当前的投资……"① 所以说，再工业化策略就是振兴美国制造业的产业政策，或换句话说，再工业化需要国家工业政策支持。

彼得·F. 德拉克（1980）认为，人口从农业向制造业，从制造业向"智力工作"转移是经济发展的必然趋势，因此，工业化国家旨在保证蓝领工人就业的政策与再工业化的另一层含义，即恢复美国制造品的国际竞争力是不相容的。同时，他认为，再工业化应仿效美国的农业政策，即优先考虑的是使农业有竞争力，而不是保护效率低的农民。但要实现再工业化的目标，就必须对基本的经济体制、经济决策体制以及经济中的参与人（企业、劳动力、政府、少数民族及公共利益集团等）所起的作用进行全面的变革。这是因为，通过实施上述变革，各社会集团之间必然会产生一种新的社会默契，而且这种默契必须建立在对各社会集团对经济增长的贡献和其自身的可预期获利进行确认的基础之上。②

尽管一直存有争论，但从再工业化的内涵和实施思路看，发达国家的再工业化大体分为三种战略思路：第一，发展和改造传统产业的战略。传统产业利润率的下降，已经削弱了这些部门的经济活力，因此，要使传统产业重获竞争力，就有必要对其提供改造资金，以使其摆脱陈旧落后的状态。第二，发展新兴产业，并以此引领和发展经济。这种观点批评和否定政府支持和改造传统产业，认为将经济中的资源投入到传统产业是一种无效率的资源浪费，并且是带有很强的与自由主义经济相悖的计划色彩的经济计划。第三，一些社会学者和经济学家提出的传统产业和新兴产业并重的再工业化。例如，埃兹厄尼1980年强调，美国"再工业化"的目的是扭转整个制造业对出口不利的局面，而要到达这个目的，就要同时兼顾传统工业和新兴工业两大经济部门。③

实际上，正如再工业化的争论本身所显示的那样，再工业化被视为一种工业或产业政策，但这种政策绝不等同于计划经济体制下的经济计划，

① *The Business Week Team. The Reindustrialization of America*, McGraw – Hill Book Company, 1982, indruction, pp. 184 – 185. 转引自杨仕文《美国非工业化研究》，江西人民出版社2009年版，第225页。

② "Revitalizing the U. S. Economy", *Business Week*, June30th, 1980, p. 56. 另见金慰祖、于孝同《美国的"再工业化"问题》，《外国经济与管理》1980年第10期。

③ 参见佟福全《美国的"再工业化"战略》，《世界经济》1982年第7期。

而是在保证自由市场和竞争前提下的一种既能实现传统产业的改造和升级，又能实现新兴产业的快速发展的产业政策。具体而言，再工业化就是使用诸如加速折旧，采取鼓励储蓄和投资的税制，允许更大范围的将研究和开发支出及其他支出计入成本，保证和支持那些能提高能源使用效率的技术及利用非石油等替代能源经济行为的一系列政策的总称。总之，再工业化的实质就是运用影响广泛的经济刺激措施，恢复和振兴工业，特别是制造业在经济中的主导地位，重拾制造业的国际竞争力。

二　政府政策与经济的再工业化

再工业化是一种工业政策，因此，再工业化需要政府的介入和支持，而且再工业化通常也作为对去工业化和经济困难的一种政策回应而成为政治选举的纲领。1978 年，美国总统卡特将"再工业化"作为其竞选总统的经济纲领；而其继任者罗纳德·里根为振兴美国经济所提出的一系列经济政策的实质也是美国经济的"再工业化"。

罗纳德·里根以供给学派的经济理论为依据，在其竞选总统的前后分别提出："80 年代经济增长和稳定战略"的经济计划和"经济复兴纲领"。另外，在他针对振兴美国经济的一系列演讲中，也多次表达了类似的观点。里根政府"再工业化"战略的倾向、目标以及采取的主要对策可归纳如下：里根政府以调整经济政策作为其首要任务。在国内经济政策上，里根提出了减税计划，并针对汽车、钢铁等受旧规章制度束缚的传统企业颁布了减少政府干预的条例以及增加研制费用的措施，进而使美国保持其科技优势，增强其国际竞争实力，促进新兴工业的发展和重振美国的传统工业；在国际经济政策上，里根政府十分重视出口贸易的发展，为促进出口贸易，减少巨额的对外贸易逆差，主张扩大出口新兴工业品和传统工业品，恢复和加强美国在国际上的经济地位。不难看出，里根政府倾向于新兴工业和传统工业并重的战略思路。

就具体对策而言，里根政府为推进"再工业化"而采取的主要措施是：①减少政府对企业的干预。②加速开发西部和南部等经济不发达地区。③采取发展新兴产业和振兴传统产业并重的策略，对新兴工业部门和传统工业部门进行资助和扶植。利用减税和增加科研投入及补贴的方式扶植新兴工业部门；对钢铁、汽车等传统工业部门给予财政资助，使其摆脱陈旧落后的状态，增强其国际竞争力。④实施部门干预策略。对某些被挑选出来的部门和地区给予投资、技术及贸易等领域政策支持，例如，实施对某些产品的出口补贴和某些进口产品的进口限制。①

在 2008 年金融危机的背景下，美国总统奥巴马在其竞选前后再三声明，美国的问题在根本上源于工业制造业的衰落及其就业机会的减少。为了加大对制造业的援救力度，美国重新拟定了制造业发展战略规划，制订了"国家出口计划"。2010 年 11 月，美国总统奥巴马签署制造业促进法案，旨在帮助制造业降低成本，恢复竞争力，创造更多的就业岗位。据此，美国全国制造商协会预计，这一法案将使美国制造业产值增加 46 亿美元，并创造或支持 9 万个就业岗位。除美国外，其他的国家和地区也开始重新审视制造业的地位和价值，并依据自身的经济结构特征，重新制定了制造业发展战略，其政策的实质都是恢复和加强制造业在经济中的地位和作用，增强制造业的国际竞争力。作为最早发生去工业化的发达国家，当前英国正在反思其"轻制造、重金融"的传统发展观念。例如，英国前首相布朗曾表示，制造业无论是在过去、现在，还是在将来都是英国经济获得成功的关键所在，其重要性是不容忽视的。但他同时强调，要振兴英国的制造业，重拾制造业在经济的核心地位，必须首先改变长期以来人们对制造业的偏见，使人们重新认识到制造业的重要性。2009 年，英国公布了旨在振兴其制造业的"制造业新战略"，并在其中提出了振兴制造业的五大竞争策略。作为传统的制造业大国和强国的日本，也颁布了旨在提升其制造业竞争力的《制造基础白皮书》，并特别强调了保持日本在高新技术和高附加值产业的领先和竞争优势。另外，法国也提出了振兴其制造业的具体措施，并颁布了旨在恢复制造业在其经济中核心地位的"法国新产业政策"。巴西作为早熟去工业化的发展中大国，也颁布了一项新工业政策，其核心是"创新提高竞争力，参与竞争求发展"。巴西通过减轻税负、增加信贷、扩大投资等一系列的政策优惠，鼓励和促进企业的技术创新和增加产品附加值，同时又通过强化技术质量认证、强化反倾销手段、反对不公正贸易等措施，保护巴西国内工业品市场，扶持民族工业的发展进步。

从历史经验中不难发现，产业链条中制造和加工环节是价值含量、增值能力最低的环节。为了追求更高的利润回报，就必须加强服务，技术研发，保护知识产权以及控制行业标准的制定，这才是一国控制产业制高点

---

① 佟福全：《美国的"再工业化"战略》，《世界经济》1982 年第 7 期。

的主要手段。这也就说明了这么多年来，为什么大量的美国公司将生产部门转移到其他国家或地区，而核心的研发部门（R&D）却留在美国本土的重要原因。因此，此次发达国家所提及的重新振兴制造业的"再工业化"，以及加强制造业品的出口等政策，将主要集中在高端 IT 行业、精密仪器制造、机电行业、大飞机等高端制造业或产业链条的高端领域。

第四节　传统发展模式和产业结构演变模式反思

一　再工业化能够成功吗

从美国去工业化进程引起人们的注意开始，就一直伴随着对美国经济"再工业化"的讨论和呼声，在经济不景气、就业率大幅下降的时候更是如此。但是，到现在为止，没有一次"再工业化"的呼声被真正落实到实际行动上，或者是长期被坚持下去。历史的实践也证明了这一点，20世纪七八十年代提出的"再工业化"策略没有取得经济上的成功。以美国为首的西方发达国家的工业制造业进一步萎缩，去工业化趋势越发明显，且没有任何停止和逆转的迹象。这一时期，以服务业，特别是金融业和房地产业的繁荣及过度消费为主导的经济模式确实引领着近 30 年来美国的经济增长和发展，并掩盖了人们对实体经济不断萎缩的担忧。

什么是经济增长和发展的核心动力和引擎，是制造业抑或是服务业？人们对此问题一直存在争论。2008 年爆发的经济金融危机以及美国等国家新近发生的主权债务问题，充分地暴露了这一增长和发展模式的弊端，并以危机的极端方式回答了到底何为经济增长的引擎。另外，以工业制造业为主的实体经济萎缩也是美国长期巨额的贸易和财政赤字形成的主要原因。因此，在这样一个全球失衡并生产过剩的世界里，面对着经济金融危机的影响以及危机本身形成的根源和背景，以奥巴马为总统的美国政府重提经济的"再工业化"，旨在解决失业、巨额的贸易逆差等美国经济长期痼疾，并在振兴其制造业的基础上，重拾美国制造业在世纪的领导和核心地位。但我们的疑问是，金融危机背景下的"再工业化"能够取得成功吗？答案是否定的，即使这需要时间的检验。

具体而言，发达国家能否实现经济的再工业化取决于资本在工业制造业领域能否取得足够的利润，或是相比具有较低成本的其他国家和地区而言，资本在本国生产产品能否获得足够的利润。当然，除了系统性生产过剩所导致的利润率实现困难和盈利能力危机外，也有其他一些因素影响着资本获得利润的水平，如各种形式的税收等便是影响利润率水平的重要因素。而对于将生产配置在全球范围内的跨国制造业企业而言，国外较低的劳动力成本以及在税收、土地价格等方面的优惠政策是影响利润率的重要因素。因此，对于发达国家的"再工业化"政策能否取得成功而言，需要从两个方面来加以理解：

1. 对于国内的制造业生产和投资而言，税收的减少或者环境规制等方面的放松确实能够对制造业领域的盈利能力产生一定的影响，即在一定程度上恢复了资本的盈利能力。但工业制造业在全球范围内的生产过剩所导致的资本盈利能力下降，使发达国家的资本绕过实体经济领域，通过债务扩张和投机等方式获得利润。也就是说，即使制造业领域的利润率在一定程度上得到了恢复，并对制造业领域的生产和投资产生了一定的影响，但这种积极的影响不可能在根本上改变制造业领域所存在的问题，所以，发达国家的再工业化策略是不可能取得成功的。例如，20 世纪 80 年代，美国里根总统时期所推行的以供给学派为依据减税政策并没有改变美国实体经济的衰落问题，而且这一时期所提出的经济"再工业化"策略也同样没有取得经济上的成功。

2. 跨国公司在全球范围内以对外直接投资为手段的对生产资源的配置取决于在国内外生产和投资的盈利水平。这一生产资源在全球范围内的配置是一个动态的过程，而这一动态性的决定因素就是利润率。国外较低的劳动力成本、优惠的经济政策、较低的环境规制以及较人的市场都对资本投资的盈利水平产生影响，进而决定着资本是投资于国内，抑或是国外。作为起点，发展中国家凭借其在劳动力成本等方面的比较优势，吸引着发达国家的对外直接投资。然而，这是一个动态的过程，资本流动的方向将最终决定于盈利水平。这是因为，发展中国家在劳动力成本等方面的优势及为了吸引外资的优惠政策不是一成不变的，因此，资本在国外的盈利能力也是不断变化的。当资本在国内投资的盈利能力水平和在国外投资的盈利水平相等时，资本的流动便达到了一种相对静止的状态。而当资本在国外投资的盈利水平，由于劳动力成本上升以及超国民的优厚待遇被取消而下降时，并低于在国内投资或生产时，资本的流动便出现了逆转，即原来投资于海外的投资或生产又重新流回国内。① 事实上，这个过程就是典型的"再工业化"过程。但是，很显然，这一"再工业化"进程是以其他国家的去工业化进程为代价的。例如，伴随着中国劳动力成本的不断上升、外资超国民待遇的终结以及其他方面比较优势的丧失，原来投资于中国的直接投资必然要流出中国，结果是中国将出现以外资逆转为原因的去工业化。②

实体经济的问题已使美国为首的西方发达国家丧失了支撑其经济运行和增长的基础。因此，解决问题的根源在于如何重新获得经济的支撑基础，也就是通常所说的经济"再工业化"进程。这是基本的共识，但在这个生产过剩和经济整体停滞的世界中，虽然"再工业化"并不等同于工业化，但"再工业化"也确实意味着新的生产能力的形成和发展，或是原有生产能力的振兴和重新使用，另外，加之其他国家也会采取同样的策略振兴自己国家的制造业和国家竞争力以及新的工业力量不断加入等，强化了制造业全球范围内生产过剩的趋势，因此，经济的"再工业化"是没有可能的。即使存在这种可能，一个经济体"再工业化"一定是以其他国家或地区的"去工业化"或工业制造业的萎缩和衰落为代价的。在这一点上，"再工业化"类似于"囚徒困境"中的个体理性和集体理性的冲突，也是就说，每个国家都谋求其制造业的振兴和发展，但整体而言，这些策略将导致世界性的生产过剩持续存在，并且有越发严重的趋势。

历史的实践应该打破这种产业结构高级化或后工业化的迷思，资本主义若想重拾昔日的繁荣，需要探索一条全新的发展道路，或通过一次大的轮回，重新回到历史的起点。③ 而这是马克思在他的著作中早已明示给我们的。另外，劳动生产率的进一步提高将进一步强化资本对劳动力的排斥，再者，再工业化政策大多集中在高端制造业、新能源和生物医药等具有技术密集型的产业，因此，单位资本只能吸收相对很少的劳动力。在这

---

① 当然，这一资源的转移或流动的方向也可以是其他一些具有更低成本等比较优势的国家和地区，但对于资本流出的国家而言，结果同样是经济的去工业化。

② 在这里，跨国公司既不拥有对任何国家的忠诚，也不拥有对任何一个国家的归属感。资本的获利动机是决定跨国直接投资方向的唯一决定因素。

③ 在布伦纳看来，只有通过大萧条式的深度危机才能消灭过剩的资本、生产能力及其产品的过剩，恢复资本的盈利能力，进而为新一轮的经济繁荣打下基础。

样的意义上，以高新技术引领经济发展的经济发展模式可以说是一种无就业的经济发展模式，而这恰是美国经济回归实体经济"再工业化"政策的核心。

二 传统发展模式和产业结构演变模式反思

传统发展观念认为，人类发展需经历农业社会、工业社会和后工业社会三大阶段。农业社会、工业社会和后工业社会这个类型学，颇似 19 世纪的很多进化论模式，这些模式，描述了人类社会发展的多个阶段，以说明各阶段如何导致下一个阶段。[①] 这句话的含义是，人类社会的这一发展历程具有历史的必然性，因而，后工业社会被看成是与进化论和决定论无法摆脱地联系在一起的，并且成为人们观念中的对当今社会特征的现实合理的抽象。丹尼斯·贝尔在 20 世纪 60 年代发表的一系列论文中，先是提出了后工业社会这个概念，而后又在 1973 年出版的著作《后工业社会的来临》中，对这个概念进行了详尽的阐述。同期，其他的一些学者也对一种类似的历史不连续这一思想——有时称为"信息社会"、"服务社会"，或"以电子通信技术为特征的社会"——进行了探讨。[②]

费尔南·布罗代尔告诉我们，一个模式就像是在陆地建造的一条船，能否浮上水面，能否顺利出航，都还有待接受检验。[③] 那么，这一产业结构演变的模式能否站得住脚呢？当然，答案是否定的。从产业结构演变的角度看，对应于经济发展的三阶段论，经济中的农业、工业和服务业在经济增长中的地位和作用方面确实发生了显著的变化。换句话说，产业结构经历了由农业主导型到工业主导型，再到服务业主导型，即由低级向高级转化的过程。服务业在经济中占主导地位的产业结构已被认为是符合经济发展的后工业特征的最优产业结构。[④]

然而，现实的疑问是，"这样的经济真的是高级经济或成熟经济吗？"对此问题的回答，我们不应囿于黑格尔的名言，"凡是存在的都是合理的，凡是合理的都是现实的"哲学思辨。显然，即使服务业引领经济的

---

① 弗雷德·布洛克：《后工业的可能性——经济学话语批判》，王翼龙译，商务印书馆 2010 年版，第 9 页。

② 同上书，第 7 页。

③ 费尔南·布罗代尔：《资本主义论丛》，顾良、张慧君译，中央编译出版社 1997 年版，第 3 页。

④ 吕炜：《美国产业结构演变的动因与机制——基于面板数据的实证分析》，《经济学动态》2010 年第 8 期。

高级产业模式是产业结构演变的必然结果，但这种产业结构绝不是传统观念中的最优产业结构。因为，一方面，工业，特别是制造业仍然是支撑服务业以及其他非实体经济部门的物质基础；另一方面，这些产业部门仍然是价值创造或是真实财富的生产部门。正如特里·伊格尔顿所言，"毕竟，服务业本身就涉及大量制造。如果说产业工人已让位于银行职员和招待员，那么所有的柜台、办公桌、酒吧、电脑和自动取款机又从何而来呢？"① 一个高级而先进的产业结构应能保证实现充分就业，稳定的经济增长以及保证国家的经济竞争力。事实却恰恰相反，发达国家经济体都面临着失业增加和经济增长低迷等方面的问题。② 我们认为，以服务业引领经济的产业结构在某种程度上应该是经济或产业结构退化的一种表现，抑或是一种产业结构畸形的状态，而不是通常所说的产业结构高级化或最优化的状态。

第五节　小结

从价值判断的角度看，经济的"再工业化"策略是对"消极"去工业化的一种回应。尽管自再工业化提出以来，关于再工业化的内涵以及是否应该对经济实行再工业化策略，都存在争论，但是，不管欧美发达国家和地区提出再工业化策略的出发点是什么，再工业化策略本身确实是对以工厂关闭、工人失业和贫困增长等为特征的经济去工业化现象的一种回应。③ 无论是在理论上，还是在现实经济中，我们都证明了工业制造业对于一个国家和地区的经济社会发展的极端重要性。因此，欧美等发达国家在 20 世纪 80 年代，以及面临 2008 年危机的影响所提出的"再工业化"策略都有其现实的合理性。

然而，欧美发达国家的经济实践表明，20 世纪 80 年代提出的再工业

---

① 特里·伊格尔顿：《马克思为什么是对的》，李杨等译，新星出版社 2011 年版，第 174 页。

② 何自力：《产业结构不能以西方为样板》，《环球时报》2011 年 9 月 14 日。

③ 例如，罗纳德·里根在竞选总统前，关于"再工业化"政策的论述，是为其竞选服务的，因此，再工业化策略是一种政治上的回应。同样，奥巴马等再提出的再工业化策略也是有这样的目的的。

化策略以失败而告终，并且最终湮没于经济和产业结构高级化的迷思之中。但是，资本主义历史发展的实践已经打破了这种经济或产业结构高级化的迷思，弥漫在资本主义经济上空的这种乌托邦式的观念正在逐渐地散去。正如我们在上文中所分析的，除了工厂关闭、失业增加等现象之外，经济的去工业化也产生了一些严重的、长期积累的经济社会后果，如经济的过度金融化、经济项目的赤字、较低的经济增长率以及主权国家的债务问题等，它们或者是和去工业化进程密切相关的，或者是和去工业化相对应的，是同一深层原因在经济上不同方面的反应。因此，解决问题的方式必然是要对经济进行"再工业化"，重树工业制造业在经济运行和增长中的基础和核心地位。

"再工业化"的确是解决问题的唯一方式。但正如我们所分析的，再工业化是不可能获得成功的，20世纪80年代的再工业化策略如此，欧美发达国家面临2008年危机提出的再工业化政策同样如此。同时，正如我们所强调的，即使一个国家和地区的再工业化政策能够取得成功，或者是存在这样的可能性，那么这种成功或可能性也是以其他国家或地区的去工业化为代价的。而这正是一个制造业全球范围内生产持续过剩的必然结果。因此，在整体上，发生去工业化的国家和地区的再工业化策略是不可能取得成功的。

第七章　中国经济去工业化的
可能性及对策

　　自新中国成立 60 年，特别是改革开放 30 余年来，中国经济取得了令世人瞩目的成就，创造了经济增长的"中国奇迹"。此间，中国的经济总量先后超越意大利、法国和英国等西方发达国家，并在 2010 年超过日本成为世界第二大经济体。同时，有预测认为，若中国能够保持这样的增长和发展速度就将在未来的几十年内赶超美国而成为世界第一大经济体。毋庸置疑，中国经济是伴随着工业化进程的推进和工业经济的发展而成长和发展起来的，工业化以及工业经济同样是中国经济增长的基础和核心动力，并且在可预见的未来，中国工业化进程向纵深的推进，工业特别是制造业仍将是引领中国经济增长和发展的动力。在这一点上，中国的发展历程仍然证明了工业化进程同经济增长之间正向的相关关系，也就是说，工业化可以对全面增长做出重大贡献。例如，1978—2008 年，中国工业产值年均增长率高达 11.98%，并以此带动了 9.6% 的 GDP 年均增长率。

　　新中国成立以来，中国的工业发展取得了巨大的成就。工业化进程的推进，使中国在这样一个动态的世界中成为新的强大的制造业力量，毅然屹立于世界东方。在这样的意义上，世界的经济力量，特别是构成经济基础的工业制造力量不断地向东方转移。2010 年，中国制造业产值超过美国，一跃成为"世界第一"的制造业大国，并成为"世界工厂"。[①] 然而，世界经济发展的历史表明，英国、美国和日本等发达国家都先后成为"世界工厂"，而后又都出现了工业制造业相对于经济中其他产业的萎缩和衰落，以及工业制造业份额占世界总量比重的不断减少，也就是说，这些国家都先经历了以经济高速发展为特征的工业化进程，而后又都出现了

---

　　① 据美国研究机构 HIS 测算，2010 年世界制造业总产值达到 10 万亿美元。其中，中国占世界制造业总产出的 19.8%，高于美国的 19.4%，从而取代了美国从 1895 年一直到 2009 年大约 100 年的制造业"世界第一"的地位。

与工业化进程相对应的实体经济不断萎缩的去工业化进程，从而丧失了经济运行和增长以及财富创造的基础。另外，与中国相类似，作为发展中大国的巴西的工业化进程也造就了"巴西奇迹"，但这样的奇迹没能持续下去，巴西经济不仅在 20 世纪 80 年代初由"增长"陷入了"停滞"，更是在 80 年代中后期开始出现工业制造业的萎缩，即早熟的去工业化。

这里的疑问是，中国工业化进程的进一步推进，必然带来生产及其能力的进一步扩张，从而加剧了生产过剩的趋势（包括国内和国际）。因此，在同一个生产持续过剩的世界里，特别是在发达国家再次提出的"再工业化"策略的情况下，中国的工业化进程能够持续下去吗？或者说，中国会否出现与巴西相类似的早熟去工业化现象呢？另外，去工业化作为经济发展的"特征事实"是经济发展的一种必然现象，若中国成功地实现了工业化和现代化，那么中国如何避免经济的去工业化呢？如何保持工业制造业在经济中的基础和核心地位？

本章在上述章节分析的基础上，带着这样的疑问对中国当前和未来的经济和产业发展进行了系统的分析，并给出了防止和破解中国经济未来可能出现的实体经济萎缩或是去工业化（包括早熟的去工业化）现象，保持中国经济可持续健康发展的政策建议。

第一节　中国工业发展存在的问题、现有对策及其反思

历史发展的实践证明，资本主义以及整个世界经济的发展已经走到了一个十字路口。在这个十字路口上，工业资本主义的发展已经走向了终结，并且作为工业社会延续的后工业社会也被证明是不可持续的经济社会形态。虽然工业化是任何国家和地区走向发达和现代化的必经阶段，但是，在历史的现实面前，中国必须认清现实，突破传统，走出一条不同于西方发达工业化国家和其他一些发展中国家的工业化道路。

在进一步工业化和经济发展这个问题上，中国不但要分析，总结，并反思发达工业化国家的经济发展和整个工业化历程（包括经济的去工业化进程）所处的时代背景和经验教训，同时，也要对巴西等新兴工业化国家的工业化历程有足够的认识，防止经济由高速"增长"陷入到"停

滞"的大幅波动，出现"早熟的去工业化"，并以此为基础提出具有全球视野（以经济全球化，特别是生产全球化为背景）的应对之策。

一　中国工业发展和工业化存在的问题

中国虽然已经超越美国成为"世界第一"的工业制造业大国，但与其他发达工业化国家相比，中国并不是工业制造业强国，这一点是最基本的共识。工业的发展和工业化的推进不应该，也不可能掩盖中国工业化和工业发展过程中存在的问题和隐忧，特别是制造业领域存在的问题。因此，发现问题，并在反思问题的基础上，采取适当的策略解决问题，积极主动地引导当前和未来中国工业化进程的方向，使工业制造业成为中国经济社会发展的核心和基本动力，是当前和未来中国能否实现可持续健康发展的关键所在。我们将当前和未来中国的工业发展和工业化，特别是制造业发展存在和面临的主要问题总结如下：

1. 传统的工业化进程遭遇资源、能源和环境等方面的"瓶颈"。中国的工业化取得了巨大的成就，工业化不仅带动了中国经济的高速发展，而且使中国成为世界新的强大的制造业力量。然而，中国的工业化和中国制造业在全球范围内的崛起也让中国付出了巨大的代价，其中，最为突出的就是资源和能源的"瓶颈"问题以及自然环境的破坏。当然，这是与粗放型的经济增长方式和以重化工业化为主导传统工业化模式相关的。与英国、美国和日本等发达国家的工业化历程及其在充当"世界工厂"的时候相比，中国不但没有掌握国际分工的主动权，而且遭遇了以石油和铁矿石为主的资源和能源等价格的大幅上涨。另外，西方发达国家"先污染，后治理"的工业化模式已被证明是不可复制的。因此，仅从工业化的成本看，传统的工业化路径必须被跨越，即使在存在工业化的"路径依赖"情况下也是如此。

2. 自主创新能力差，核心技术缺乏，制造品国际竞争力弱，并且大多数处于国际制造业产业链低端。在制造品的国际竞争中，曾经的"世界工厂"英国、美国、日本和德国等发达国家和地区处于国际制造业分工链条的高端。与之相比，作为"世界工厂"的中国，不仅要面临发达国家的贸易与技术壁垒以及在制造业领域的挤压，而且也要面临来自印度、墨西哥与东欧等低成本国家和地区的竞争。根据麦肯锡公司最近进行的一个全球性调查，跨国公司中77%的高管认为，中国企业的竞争力主要来源于低生产成本的比较优势（见表 7 - 1）。① 在劳动密集型产品领域，中国的出口增长主要依赖的是以低劳动力成本比较优势为前提的低价格，这些产品附加值低，品牌效应小，生产方式粗放，但越是这样的低端产业，越容易受到竞争和挑战。当前，中国的制造业整体上在关键生产环节与核心技术上处于落后的状态，例如，钢铁、有色金属、石油化工和电力等 15 个行业的技术水平普遍比国际先进水平落后 5—10 年，有的甚至落后 20—30 年。再如，在最能反映一国制造能力的装备制造业领域中，中国受到了来自外资和进口设备的严重冲击，在全社会固定资产投资中，有 2/3 的设备投资要依靠进口。

表 7 - 1　　　　　　　　　中国企业的竞争力来源　　　　　　　　单位:%

选答问题	对目前状况的评价	对未来三年的预测
低生产成本	77	69
中国政府的支持	59	59
专利和版权法规未得到严格执行	49	43
享有进入海外市场的特权	20	26
卓越的产品和服务	8	24
有吸引力的品牌	7	22
其他	14	15

注：征答问题："总部设在中国的企业之竞争优势"，受访人数 1020 人。

资料来源：麦肯锡季刊：《中国的全球挑战》（2008 年第 2 期），经济科学出版社 2008 年版。转引自金碚《世界工业化历史中的中国改革开放 30 年》，《财贸经济》2008 年第 11 期。

　　3. 产能过剩问题逐渐凸显，个别行业产能过剩严重。近年来，伴随着工业的发展和工业化的推进，中国的重化工业领域中的重复投资和过度竞争导致了严重的产能过剩问题，并且许多重化行业中的过剩产能通常还伴有相当部分的落后产能。例如，目前，钢厂利润率只有 1.5%，大幅低于 5% 的工业平均水平，但还有 5000 万吨生铁和 4000 万吨炼钢能力在建，今后的问题会更多暴露。② 据统计，炼铁、炼钢和电解铝等 18 个行业中的落后产能占总产能的比例高达 15%—25%，其中，炼铁和水泥行业的

---

① 金碚：《世界工业化历史中的中国改革开放 30 年》，《财贸经济》2008 年第 11 期。
② 王建：《产能过剩值得高度重视》，《中国证券报》2011 年 12 月 14 日。

落后产能占各自总产能的 20%。除了上述传统产业外，大量的重复建设也存在于新能源、新材料、电子信息等战略性新兴产业，碳纤维、风电、多晶硅和锂电池等一些新兴产业领域产能过剩的状况已经先后凸显出来。从成因上看，尽管中国的产能过剩部分是结构性和制度性产能过剩的结果，但从总体上，产能过剩的问题已成为中国经济发展和工业化过程中的不争事实。① 此外，更为重要的是，当前中国通过市场机制治理和淘汰过剩产能以及落后产能的环境和条件还不成熟。过剩产能的治理和淘汰存在制度性障碍，因此，产能过剩的状况有越发严重的趋势。

二　解决问题的现有对策

实际上，中国工业经济的发展和工业化进程也已经处在一个十字路口，传统的工业化模式已被证明是不可持续的，因此，为了解决中国工业发展和工业化过程中面临的种种问题和困境，必须探索出一条不同的工业化路径。在这种背景下，特别是在面对 2008 年金融危机和发达国家再次提出"再工业化"的情况下，进一步推进中国的工业化进程的主旨是提升工业制造业的质量，核心是积极推进中国的工业现代化进程，并以此为基础将中国的工业化进程推向更高的阶段，使中国成为"工业制造业强国"。②

尽管工业化是由农业经济转向工业经济的一个自然历史的过程，存在着一般的规律性，但在不同的经济体制下，在工业化的不同阶段可以有不同的发展道路和工业化模式。在这样的思路下，中国共产党第十六次代表大会报告中提出了新型工业化道路的主张，即坚持以信息化带动工业化，以工业化促进信息化，走出一条科技含量高、经济效益好、资源消耗低、环境污染少、人力资源优势得到充分发挥的新型工业化路子。也就是说，中国工业化必须是有中国特色的工业化道路，其并不是指其他任何一个国家的工业化道路。2010 年 10 月 18 日，国务院下发了《关于加快培育和发展战略性新兴产业的决定》（以下简称规划），明确将从财税金融等方

---

① 结构性产能过剩是指附加值较低的低端产品或初级加工品存在产能过剩，而附加值高的高端制造品存在产能不足的状况；制度性产能过剩是在指地方政府发展经济的冲动和现有的政策考核体系共同作用下，地方政府通过不合理的产业政府和对微观市场投资行为的过度干预，导致的重复投资和过度竞争所产生产能过剩的状况。

② 关于工业现代化的核心标志以及衡量指标体系等，参见陈佳贵、黄群慧《工业化现代化的标志、衡量指标及对中国工业的初步评价》，《中国社会科学》2003 年第 3 期。

面出台 "一揽子" 政策加快培育和发展战略性新兴产业。① 此外，2012年1月18日，国务院又发布了《工业转型升级规划（2011—2015年）》，提出了工业转型升级的 "十二五" 目标：全部工业增加值年均增长8%，工业增加值率较 "十一五" 末提高2个百分点，全员劳动生产率年均提高10%；规模以上工业企业研究与试验发展（R&D）经费内部支出占主营业务收入比重达到1%，重点骨干企业达到3%以上；战略性新兴产业实现增加值占工业增加值的15%左右；单位工业增加值能耗较 "十一五" 末降低21%，单位工业增加值用水量降低30%（见表7-2）。另外，规划还明确了六大重点领域的发展方向和转型升级路径，包括发展先进装备制造业、调整优化原材料工业、改造提升消费品工业、增强电子信息产业核心竞争力、提升国防科技工业现代化水平、加快发展面向工业生产的相关服务业。②

表7-2　　　　　　　"十二五" 时期工业转型升级的主要指标

类别	指标		2010 年	2015 年	累计变化
经济运行	工业增加值增速（%）		[8]①		
	工业增加值率提高（百分点）		2		
	全员劳动生产率增速（%）		[10]①		
技术创新	规模以上企业（R&D）经费内部支出占主营业务收入比重（%）		>1.0		
	拥有科技机构的大中型工业企业比重（%）		>35		
产业结构	战略性新兴产业增加值占工业增加值比重（%）		7	15	8
	产业集中度（%）②	钢铁行业前10家	48.6	60	11.4
		汽车行业前10家	82.2	>90	7.8
		船舶行业前10家	48.9	>70	21.1

①　"战略性新兴产业" 是存在以下特征产业：一是产品要有稳定并有发展前景的市场需求；二是要有良好的经济技术效益；三是能够带动一批产业的兴起。

②　参见《工业转型升级规划（2011—2015年）》，百度文库（http://wenku.baidu.com/view/e3809ec39ec3d5bbfd0a748f.html）。

续表

类别	指标	2010 年	2015 年	累计变化
"两化"融合	主要行业大中型企业数字化设计工具普及率（%）	61.7	85.0	23.3
	主要行业关键工艺流程数控化率（%）	52.1	70.9	17.9
	主要行业大中型企业 ERP 普及率（%）	80.0		
资源节约和环境保护	规模以上企业单位工业增加值能耗下降（%）	21		
	单位工业增加值二氧化碳排放量下降（%）	>21		
	单位工业增加值用水量下降（%）	30		
	化学需氧量、二氧化硫排放量下降（%）	10		
	氨氮、氮氧化物排放量下降（%）	15		
	工业固体废物综合利用率（%）	69	72	3

注：① [ ] 为年均增速；②按产品产量计算的产业集中度。

资料来源：《工业转型升级规划（2011—2015 年)》，百度文库（http://wenku.baidu.com/view/e3809ec39ec3d5bbfd0a748f.html）。

三　中国产业结构演变模式的反思

在对解决中国工业化过程中存在问题的现有对策进行反思之前，必须首先肃清有关中国当前工业发展和产业结构演变模式的一种流行的观点，即中国的产业结构演变模式应该以西方发达工业化国家，特别是美国的产业结构演变模式为样板。也就是说，中国当前和未来的产业结构演变模式恰恰不能以西方发达工业化国家的产业结构演变模式为样板。[①] 中国工业化路径和产业结构演变模式必须突破这种固化思维的窠臼，这也正是当前和未来中国工业化和经济发展的过程中首先且必须反思的问题。

诸如资本主义或工业主义等总体概念，都是决定社会制度和发展方向的重要的行动指南。例如，19 世纪建立教育制度时所遵循的那种具体的方法，就与有关当时属于何种社会的明确的或是含蓄的想法大有关系。做到了使自己提出的建议与社会前进方向这一点上公认的观点联系在一起的

---

① 关于这种观点的精辟论述，参见何自力《产业结构不能以西方为样板》，《环球时报》2011 年 9 月 14 日。

那些教育改革者，与自己的改革建议同社会科学的总概念相脱节者相比前者常就出色一些。[1] 在中国的工业化和中国工业未来发展方向，特别是在产业结构演变的问题上，也存在类似的总体概念。西方发达工业化国家的产业结构演变模式通常被认为是经济发展的必然现象和经济或产业结构"高级化"表现的印象，是这种总体概念产生的原因。人们通常不是去思考和甄别这种产业结构演变模式的弊端和产生原因，而总是以"拿来主义"的思维方式来指导自己的实践，因此，在这种固定思维下的产业结构演变模式的"路径依赖"实际上已经成为发展中国家和地区经济和产业发展方向的重要的行动指南。在这里，提出的建议与社会前进方向这一点上公认的观点联系在一起的那些教育改革者，与自己的改革建议同社会科学的总概念相脱节者相比就未必出色一些，而且是一定如此。

四 对现有问题和对策的反思

新型工业化道路、产业的转型和升级以及大力发展战略性新兴产业是站在十字路口上的中国经济和工业化发展的必由之路，是使中国成为"工业制造业"强国的必由之路，也是解决资源、能源和环境"瓶颈"问题的必由之路。然而，现有的关于中国工业发展和工业化的政策也应该充分考虑到中国发生去工业化的风险，特别是经济中产能过剩的问题。

实践证明，作为中国经济发展"三驾马车"之一的投资对中国经济增长贡献巨大，即使投资驱动型的经济增长模式备受诟病，但巨额投资对中国经济增长的意义也是不争的事实，如表7-3所示。巨额投资在拉动经济增长的同时，也形成了巨大的生产能力，并因此造就了中国从"短缺"经济到"过剩"经济的转变。同时，巨大生产能力的形成也是中国经济内部失衡的重要原因，当然，通过出口的方式可以消化掉过剩的生产能力，但出口导向型的经济发展和增长模式已经遇到了挑战，原因是这种方式容易受制于外部经济环境的变化和影响，已被证明是不可持续的。在这样的背景下，中国提出扩大内需的方针，旨在将经济由出口导向型增长模式转变为内需拉动型的增长模式，但这种方式受到了中国收入分配结构的影响。一方面，在将收入分配方式由按劳分配转变为按生产要素贡献分配后，工资性收入占国民收入的比重持续下降；另一方面，1985—2009

① 弗雷德·布洛克：《后工业的可能性——经济学话语批判》，王翼龙译，商务印书馆2010年版，第11页。

年，中国居民间的收入差距逐渐扩大。其中，城镇居民最高收入组与最低
收入组之间的人均年收入差距从 1985 年的 2.9 倍扩大到 2009 年的 8.9
倍，而且还有进一步扩大的趋势。在基尼系数方面，中国的基尼系数已从
改革开放初的 0.28 上升到 2007 年的 0.48，近两年又不断上升，已超过了
0.5。而国际上通常的标准是，基尼系数超过 0.4 就意味着财富已过度集
中。除了收入分配外，高房价等问题对居民消费的挤出和替代效应也是不
容忽视的。在这些因素的共同作用下，中国中低收入阶层的消费能力和生
活水平的提高受到了抑制，也就是说，以扩大消费的方式启动内需，面临
着现实收入分配的"瓶颈"等问题的制约。对中国而言，出口导向型的
经济发展和增长方式是一种无奈之举，因为，国内的产能过剩必须通过出
口的方式，利用国际市场加以解决。在这里，中国的产能过剩同样是一种
相对的产能过剩，是分配矛盾导致的必然结果，因此，在面临内部需求不
足和外部需求下降的双重挤压下，产能过剩的问题不仅得不到有效的解
决，而且会越发地凸显出来。

表 7 - 3　　1978—2009 年三大需求对国内生产总值增长的贡献率和拉动

年份	最终消费支出		资本形成总额		货物和服务净出口	
	贡献率 （%）	拉动 （百分点）	贡献率 （%）	拉动 （百分点）	贡献率 （%）	拉动 （百分点）
1978	39.4	4.6	66.0	7.7	-5.4	-0.6
1980	71.8	5.6	26.4	2.1	1.8	0.1
1985	85.5	11.5	80.9	10.9	-66.4	-8.9
1990	47.8	1.8	1.8	0.1	50.4	1.9
1995	44.7	4.9	55.0	6.0	0.3	
2000	65.1	5.5	22.4	1.9	12.5	1.0
2001	50.2	4.2	49.9	4.1	-0.1	
2002	43.9	4.0	48.5	4.4	7.6	0.7
2003	35.8	3.6	63.2	6.3	1.0	0.1
2004	39.5	4.0	54.5	5.5	6.0	0.6
2005	37.9	4.3	39.0	4.4	23.1	2.6
2006	40.0	5.1	43.9	5.6	16.1	2.0
2007	39.2	5.6	42.7	6.1	18.1	2.5
2008	43.5	4.2	47.5	4.6	9.0	0.8
2009	45.4	4.1	95.2	8.7	-40.6	-3.7

资料来源：国家统计局：《中国统计年鉴（2010）》，中国统计出版社 2011 年版。

　　实际上，中国产能过剩的问题不仅在可预见的未来会越发地凸显出来，而且伴随着工业化的推进以及生产能力的进一步形成，生产过剩的状况亦会越发严重。在内忧外患的情况下，产能过剩对中国经济来说必然是巨大的风险，无论是在短期还是在长期都是如此。有观点认为，中国经济发展现阶段的很多问题，特别是"三农问题"的根本出路在于进一步推进工业化和城市化历程，因为，与发达的工业化国家相比，中国的工业化和城市化水平还比较低，因此，通过工业化和城市化过程进一步将农业富余的劳动力吸收到工业和城市中来，并以此解决经济发展过程中的城乡差异和一些其他问题。但是，这种观点没有深入考虑一个问题，即工业化和城市化吸收劳动力的过程就是资本和劳动力相结合的过程，而这一过程也是新的生产能力的形成过程，即使一部分劳动力被以服务业为代表的第三产业吸收。不难想象，在中国巨大的人口基数下，伴随着工业化的推进，如果中国的城市化率达到 70% 或是更高的水平，那么中国将要形成多么巨大的生产能力。作为一种可能，也许到那时，世界上绝大多数产品都是由中国生产的，而中国也将成为真正意义上的"世界工厂"。当然，这只是一种可能的情况，但在理论上和逻辑上确实存在这样的可能性。

　　产能过剩的结果必然是利润率的下降。2007 年，中国工业利润占工业 GDP 的比重是 24.6%，到 2010 年仍然高达 24.4%，几乎没有发生变化。2008—2010 年这三年中，居民消费率下降了 2.2 个百分点。这说明在分配中生产成果的占有仍然向资本倾斜。而利润增长率大幅度减速的同时，利润占产值比重却基本不变。这个事实恰恰说明，企业利润下降的主要原因，不是原料、人工等成本的上升，而是由生产过剩引起的经济减速导致利润增长率下降。[①] 实际上，正如中国社会科学院工业经济研究所所长金碚认为的那样，面临资源环境和成本上升巨大压力的中国制造业的产业利润率明显偏低，甚至有"去制造业"或"去工业化"的恶性循环倾向和风险。温州就是这种状况的典型例子，这个曾靠制造业迅速崛起的地区，因为其制造业受到外部需求下降和内部成本上升的两重挤压，产业利润率大幅下降，并且在无法通过产业升级恢复利润率的情况下，落入融资泡沫的陷阱中。温州的融资泡沫和高息借贷的泛滥是资本逐利逻辑的必然反映，也就是说，资本在不能通过服装业、打火机、眼镜、皮革等传统产

---

① 王建：《产能过剩值得高度重视》，《中国证券报》2011 年 12 月 14 日。

业获利的情况下，必然要通过扩张债务和获取投机利润的方式寻找出路。①

工业化进程的推进将持续地把农业富余劳动力吸收到工业和城市中来，这是自然历史的过程，然而，以推动工业现代化，提高中国工业制造业质量为核心任务的新型工业化道路，产业的转型和升级以及战略性新兴产业的培育和发展，大多集中在资本密集，特别是技术密集型产业，或是将原有的产业向资本或是技术密集型产业转型。相对于劳动密集型产业而言，这些产业或这个过程对劳动力是排斥的，即单位资本只能吸收相对较少的劳动力。在这样的意义上，现有政策实际上形成对工业化吸收劳动力进程的一种逆转。在资本主义世界里，这种劳动力的排斥是资本逐利的本性使然，是机器等要素替代劳动力，榨取剩余价值的必然结果。因此，中国未来的工业化进程要化解劳动力的这种替代和排斥，并防止这种形式去工业化的形成。

最终的结论是，新型工业化道路、产业的改造和升级以及战略性新兴产业的发展只是保证中国经济增长，推进中国的工业现代化，提高中国制造品国际竞争力的权宜之计。从长远看，这些政策不足以保证工业制造业在中国经济中的主导和核心地位，并防止中国经济去工业化的发生。

第二节　中国经济的去工业化问题

工业化是任何一个国家和地区走向富裕和现代化的必经阶段，但从出现去工业化的国家和地区的"特征事实"来看，经济的去工业化似乎也是经济发展的必经阶段，而且使出现去工业化的国家和地区丧失了经济增长的动力和经济运行的基础。伴随着中国经济的发展和工业化进程的推进，中国当前和未来都面临着去工业化的可能性，其或者是像巴西等国家和地区出现的"早熟的去工业化"，或是像欧美等发达国家和地区在实现工业化和现代化后出现的去工业化，总之，中国无论如何都面临着去工业化的可能性和风险。

一　中国经济去工业化的可能性

社会主义市场经济体制的建立旨在发挥价值规律的作用，让市场机制

① John Bellamy Foster and Fred Magdoff. Financial Implosion and Stagnation. Monthly Review, 2008, Volume 60, Issue 07 (December).

来配置经济中的资源，以摆脱传统计划经济体制下资源配置无效率的状态。但是，价值规律的能动作用和市场的盲目性也确实在为中国经济的高速成长提供制度和市场保障的同时，给中国带来了产能过剩的问题。产能过剩必然会遇到产品出售和价值实现以及与此相关的利润率下降的问题，而利润率下降又会导致以投资停滞为特征的实体经济的停滞和虚拟经济的过度膨胀等一系列问题，进而导致实体经济的萎缩和经济的去工业化进程。这是一个动态的过程，是一个恶性循环的过程。工业化本身孕育了其自身的逆转的动因。换句话说，经济的工业化进程在提供给经济成长的动力和基础的同时，也为经济丧失其动力和基础的去工业化进程提供了可能。因此，可以肯定地说，在这样一个生产过剩的世界中，特别是在中国经济面临内忧外患的情况下，如果中国经济按照现有的模式继续走下去，即使在现有的政策安排下，中国经济必然会出现去工业化。但至少现在，这还是一种可能，因为这一切还都需要经受时间和实践的检验。

中国是世界上人口最多的国家，过剩的人口和丰裕的劳动力资源成就了中国经济30余年来的高速成长。低廉的劳动力成本是中国比较优势的核心所在，但一个在过去30多年中收获了巨大"人口红利"的国家，当老少人口关系逆转，人口红利开始消退，已经达到或越过了"刘易斯拐点"时，将意味着什么？现实的回答是，劳动力无限供给的时代已经或将要结束了，即使关于刘易斯拐点是否出现，或是人口红利是否终结还存有争议，但不争的事实是，劳动力成本已经而且还将进一步大幅上涨。因此，中国传统的经济增长方式已经越来越难以为继，以低工资、高强度、低保障的劳工代价换取人口红利的时代正在逐渐逝去。① 而这不仅是工业化和经济发展的必然结果，更是资本积累和资本过度积累的必然结果。

劳动力成本和原材料价格的大幅上涨正在侵蚀着中国工业制造业领域的利润。与美国相比，2010年，美国制造业产出仅略低于中国，但美国制造业只雇用了1150万工人，而中国制造业却雇用了大约1亿工人。很显然，美国拥有巨大的劳动生产率优势，相反，中国劳动力生产率低下。实际上，这种劳动生产率的巨大差异反映了中国制造业与美国制造业整体素质的差异，具体而言，与美国的制造业相比，中国制造业在整体上处于

① "人口红利"是指一个国家的劳动年龄人口占总人口比重较大，抚养率比较低，能为经济发展创造有利的人口条件，整个国家的经济呈现高储蓄、高投资和高增长的局面。

全球制造业产业链的低端。而劳动力成本对低端制造业利润的影响是最大的。发达国家和一些发展中国家和地区的去工业化实践已经表明，去工业化通常首先出现在劳动密集型的低端制造业领域。一般来说，低端制造业是去工业化的重灾区。温州的例子表明，温州的民间资本在不能通过传统的产业领域获得利润时，转而采取投机和高利贷的方式获得利润。[①] 实际上，这就是典型的经济去工业化现象。温州民间资本正在逃离制造业，昔日"制造之都"的产业"空洞化"趋势进一步凸显。如果这一趋势得不到有效控制和逆转，中国经济的去工业化将在深度和广度以及时间和空间上进一步拓展。

二　两个"替代效应"与中国经济的去工业化

程晓农、仲大军等一些学者在一系列文章中（程晓农，2000；仲大军、程晓农，2003；程晓农、仲大军，2005）谈论了高速成长下的中国经济和工业化进程的代价和缺陷以及中国经济的"去工业化"现象。也许这些代价和缺陷是中国经济高速增长必须面对的，但中国当前和未来的发展必须对这些代价和缺陷以及可能存在的风险有清醒的认识。

毋庸置疑，外资的引进和非正规制造业的繁荣发展对中国经济高速增长做出了巨大贡献，而且这也是中国改革开放基本国策的应有之义。但对中国正规制造业而言，外资的引进和非正规制造业的发展分别存在一种替代效应，即"外资替代效应"和"弱质替代强制"的效应，如表 7 - 4 所示。[②] 首先，大规模引进外资并未有效改善中国正规制造业的整体素质，而只是发生了外资替代本国正规制造业的现象。例如，中国正规制造业与外资企业增加值的比例，从 1992 年的 9：1 下降到了 2000 年的 6：4。其次，

---

① 有观点认为，温州高利贷产生的原因是银行业收缩银根，导致中小企业资金链紧张的结果。但实际上，温州的高利贷危机正是温州低端制造业在产能过剩，并在外部需求下降以及人民币升值和劳动力成本上涨的情况下，利润率下降的结果。而且这种情况在温州地区早就存在，其根源在于低端制造业利润率的下降和挤压，只是在面临内忧外患的特殊背景下，过剩的资本变得疯狂起来，并通过高利贷危机的极端形式表现出来。这正是资本逻辑的必然反应。

② 对外资参与下的工业化与本国工业企业自身发展的区分，是为了更好地了解本国企业构成的工业化的进展。中国本国工业企业的产出主要来自财务上独立核算、达到基本生产规模的正规企业，其余部分则来自非正规的工业生产组织。后者是指经营上不独立，附属于商业机构、学校、机关的小型工业生产车间，还包括乡村里的作坊型小型简单工业，它们通常技术设备和工艺都很简单，雇员很少，生产规模非常小。中国的工业统计制度对正规和非正规的工业生产活动有严格的区分，显然，这两类工业生产活动对工业化的作用是完全不同的。因此，将前一类工业称为"正规制造业"，而将后一类工业称为"非正规制造业"。（仲大军、程晓农，2003）

外资的引进并未有效地促进中国正规制造业的壮大和升级。汽车制造业"市场换技术"的失败便是这一结论的很好例证。仅从这两个方面来看，中国的工业化模式便与后发工业化国家的发展模式有着明显的不同，因为，后发国家的工业发展模式都成功地实现了本国制造业素质和规模的整体性提高，而这是在伴随着引进外资以及与外资合作扩大的情况下发生的，并最终实现了外资工业与本国制造业相互扶持共同繁荣的局面。相反，外资引进对中国工业发展的影响则明显不同，"外资替代效应"不但没能促进中国的工业化进程，提高中国工业的整体素质，还导致了中国工业化进程的停滞。有研究认为，造成这种结果的原因是，政府干预下的引资行为通常是短期性的经济行为，即重表而不重质，也就是说，中国的引资行为大多是"为了引资而引资"，根本不重视对技术的消化和吸收，而这是与日本和韩国完全不同的。（仲大军、程晓农，2003）

表7-4　　　20世纪90年代中国工业增加值的组成及工业化程度　　单位:%

年份	外商及港台企业比重A	采掘及原材料工业比重B	本国正规制造业比重C	本国非正规制造业比重D	工业化程度E
1992	5.5	26.9	42.1	25.5	18.4
1994	8.5	26.6	40.8	24.1	20.4
1996	9.8	21.5	30.7	38.0	17.4
1998	12.2	20.1	25.9	41.8	16.2
2000	15.4	22.3	26.5	35.8	18.5

注：本国正规制造业增加值=全部独立核算工业企业或全部国有及规模以上非国有工业企业增加值-外商及港台企业增加值-本国采掘及原材料工业增加值。非正规制造业增加值=工业增加值-本国正规制造业增加值-外商及港台企业增加值-本国采掘及原材料工业增加值。A、B、C、D各栏百分比分别由外商及港台企业增加值、本国采掘及原材料工业增加值、本国正规制造业增加值和非正规制造业增加值除以工业增加值而得，这四栏的百分比相加为100%。E栏数据由本国正规制造业增加值与外商及港台企业增加值之和除以国内生产总值而得。

资料来源：本表所使用的工业增加值取自"中国统计年鉴"上国民生产总值构成表。1998年以前外商及港台企业和本国采掘及原材料工业的增加值取自各年"中国统计年鉴"上的"全部独立核算工业企业主要指标"表，1998年以后取自"全部国有及规模以上非国有工业企业主要指标"表。转引自仲大军、程晓农《中国工业化的缺陷及经济增长的代价——20年来改革历程之检讨》，《开放导报》2003年第10期。

　　"弱质替代强制"的效应是指工业化过程中本国的非正规制造业替代正规制造业的现象。实践证明，非正规制造业的繁荣和发展是任何处于工业化进程中的国家和地区都会出现的现象，一般的情况是，正规制造业是工业发展的主体，而非正规制造业是正规制造业的有益补充。中国的情况却恰恰相反，正规和非正规制造业的角色被互换了。例如，1996 年中国正规制造业和非正规工业的增加值比上年增加了 3798 亿元，其中，正规制造业的贡献为 40%，而非正规工业的贡献为 60%；1997 年这些数字分别为 2010 亿元、25% 和 75%（仲大军、程晓农，2003）。

　　程晓农、仲大军（2005）认为，由于中国对外资的过度依赖和正规制造业的萎缩趋势，如果未来引进外资的速度放缓，中国将出现与工业化趋势相对的"去工业化"趋势，而这对一个失业压力极其沉重的发展中国家来说是相当危险的。实际上，此二位学者的观点自提出之日起就存在很大的争议，但参与这样的争论并不是我们提及此问题的出发点。我们仍将注意力集中在中国经济的去工业化问题上，但我们所提的去工业化尽管与上述意义上的去工业化有相似之处，但却是不完全相同的。

三　对外直接投资的"逆转"与中国经济的去工业化

　　以跨国公司为主体的对外直接投资是经济全球化，特别是生产全球化和国际产业分工的结果，资本逐利是对外直接投资背后的推动力量。1979—2009 年中国实际利用外资的状况见表 7 - 5。虽然，引进外资的放缓会影响中国经济发展和工业化进程，或者使中国出现去工业化的现象，但更为重要的是，在中国逐渐丧失劳动力成本等比较优势的情况下，对外直接投资的逆转对中国经济来说才是最大的风险。所有发生产业空洞化的国家都证明了这一点。在这里，这种逆转主要有两种状况，一是对外直接投资（流入中国）发生逆转，将资本重新配置到其他更有利可图的国家和地区；二是中国对国外的直接投资，即中国本土的资本流到其他国家和地区以获得更多的利润。而这两种逆转的结果就是产业的空洞化或是经济的去工业化。实际上，正如我们一直强调的，在这样一个生产持续过剩的世界里，对外直接投资也具有一种"零和"的性质，所以，在某种程度上，吸收对外直接投资的国家是以资本流出国的产业空洞化或去工业化为代价的，而且对外直接投资逆转流回本国或其他国家和地区，对吸收对外直接投资的原有国家来说也意味着产业空洞化或是去工业化。

表 7 –5　　　　　　　　　1979—2009 年中国实际利用外资状况

年　份	外商直接投资		年　份	外商直接投资	
	项目（个）	金额（亿美元）		项目（个）	金额（亿美元）
1979—1984	3724	41.04	1998	19799	454.63
1985	3073	19.56	1999	16918	403.19
1986	1498	22.44	2000	22347	407.15
1987	2233	23.14	2001	26140	468.78
1988	5945	31.94	2002	34171	527.43
1989	5779	33.92	2003	41081	535.05
1990	7273	34.87	2004	43664	606.30
1991	12978	43.66	2005	44001	603.25
1992	48764	110.08	2006	41473	630.21
1993	83437	275.15	2007	37871	747.68
1994	47549	337.67	2008	27514	923.95
1995	37011	375.21	2009	23435	900.33
1996	24556	417.26	1979—2009	683235	9426.46
1997	21001	452.57			

资料来源：国家统计局：《中国统计年鉴（2009）》，中国统计出版社 2009 年版。

　　在发达国家纷纷提出"再工业化"的背景下，中国对外投资的这种逆转的确存在很大的可能性，因此，中国存在着这种外资逆转的产业空洞化或去工业化的风险。而这明显不同于由引资放缓形成的去工业化趋势。2011 年 10 月，美国波士顿咨询集团发表题为《制造业重返美国》的报告说，10 年来中国的工资年均增长达 16%，这在很大程度上缩小了劳动力成本间的国别差异。中国已经不再是美国廉价货工厂的"默认位置"。计算机、电气设备、机械、汽车零部件、塑料和橡胶、金属制品甚至家具产业的"转折点"即将来临。波士顿咨询集团的哈罗德·西尔金说："过去 10 年涌向中国的大量工作岗位可能会很快开始返回美国"。如果再考虑到运输成本、可靠性问题和技术侵权等因素，美国无疑会重获优势。因此，波士顿咨询集团预计，到这个 10 年的中期，将有多达 80 万个制造业就业岗位重返美国，而乘数效应作用下的新增就业岗位总数将达到 320 万个。（安布罗斯·埃文斯—普里查德，2011）从宏观数据来看，外资流入中国的速度开始减缓。据中国商务部的统计数据显示，2011 年，中国全年实际使用外资（FDI）同比增长 9.72%，而这一数据在 2010 年为 17.4%。

　　相比过去依靠便宜地价、廉价劳力、优惠政策吸引外企的时代，传统比较优势的丧失，使在中国开展业务的跨国公司面临着经营困难。有观点认为，对于众多行业来说，中国已不再是一个"新兴市场"，企业维持高利润率（15%—20%）的时代已经一去不复返。另外，政策准入门槛的提高和优惠政策取消所带来的成本变动，也让跨国公司在中国的经营比以前更为艰难。因此，从百思买到芭比娃娃，从百事中国到达能、雀巢，数家跨国公司正在收缩中国生产经营规模。而这一过程的结果对于中国来说就是典型的产业空心化或是经济的去工业化。更为重要的是，这一外资的逆转过程只是刚刚开始，因此，在中国过去的比较优势不断丧失的情况下，这一过程将持续下去。

　　除了外国对中国投资的逆转外，中国本土资本向其他国家和地区的流动也将使中国经济发生去工业化。上文中已经指出，温州的民间资本在无法通过产业资本的形式获得利润时，通过金融化和投机的方式获得利润。实际上，作为过剩资本的出路，资本可以通过空间配置的方式解决获利的问题，只不过这样的趋势对于中国本土的资本来说还不是很明显，但是在持续的国内成本上涨和国外需求萎缩的双重压力下，特别是在不能通过金融化和投机的方式获得利润时，资本必然会在国外寻找利润。这是由资本的本性决定的，对于社会主义市场经济中的私人资本而言也是如此。而且通常的情况是，这些资本大多首先集中在劳动密集型和低端制造业领域。正如上文中所提及的，经济的去工业化通常首先发生在劳动密集型和低端制造业领域，因此，温州的例子已经预示着中国经济去工业化端倪的出现，这也正符合经济去工业化的一般趋势和规律。

第三节　中国避免去工业化的对策

一　中国模式及其核心

　　一些学者认为，中国的高速经济增长受益于"中国模式"。新加坡国立大学东亚研究所所长郑永年认为，中国模式是一种混合模式，既不是苏联模式，也不是西方模式的延伸；既否定了苏联的完全公有化模式，也破除了西方的极端私有化模式。它整合了各个方面的动力机制，因此，成为中国高速发展的基础。与此同时，也有一些其他学者认为，中国模式的核心是社会主义基本经济制度与市场经济体制的结合，是"看得见的手"和"看不见的手"的结合。因此，它既克服了传统社会主义的缺点，又避免了传统自由主义的弊病。

尽管对于是否存在"中国模式"还存在很大的争议，而且特别地，很多学者明确否认中国模式的提法，或是慎谈中国模式的提法，但中国经济成长的现实的确在某些方面显示出了不同于传统西方经济发展的路径或模式。我们认为，如果说存在这样的中国模式，那么中国模式的核心应该是国家力量对价值规律全面介入，同时，国家或政府作为价值规律的一种执行机构，既保证了价值规律的能动作用，又克服了价值规律下整个经济过程的无意识状态。具体而言，就是通过国家的力量消除积累过程的周期性紊乱，即经济内生停滞（萧条）的倾向。在这一点上，中国模式是完全不同于晚期资本主义国家对市场、价值规律和资本主义生产过程的介入和干预的。正如哈贝马斯所言："如果在晚期资本主义社会中还继续存在着经济危机的倾向，这就表明，国家干预资本运作过程的行为和交换过程一样，也服从于自发的经济规律，……因此，国家行为不可能弥补利润率下降的趋势。国家顶多对此加以调节，也就是说，国家本身通过政治手段来阻止利润率的下降"。[①] 换句话说，国家的干预和调节无法终止商品生产的无政府状态，它能限制资本主义生产，但不能像集体的计划权威那样控制资本主义生产。与自由世界的资本主义国家不同，干预主义的国家进入了社会总资本的再生产过程；因此，它不仅能够保障再生产的一般条件，而且本身也变成了价值规律的一种执行机构。国家行为没有终止价值规律的能动作用，而是听从于价值规律。因此，从长远角度看，行政行为必然会强化经济危机。[②]

由于国家已经卷入生产过程，因此，他就改变了资本实现过程本身的决定因素。在阶级妥协的基础上，行政系统获得了一种有限的计划能力。在这种情况下，维护集体资本主义的利益一方面与个别资本集团的利益发生矛盾和竞争，另一方面与各种大众集团以使用价值为取向的普遍利益发

---

① 阿尔特瓦特：《关于国家干预主义的若干问题》。转引自尤尔根·哈贝马斯《合法化危机》，刘北成、曹卫东译，上海世界出版集团 2005 年版，第 53 页。作者将晚期资本主义这个术语理解为国家调节的资本主义。

② 尤尔根·哈贝马斯：《合法化危机》，刘北成、曹卫东译，上海世界出版集团 2005 年版，第 59 页。

生矛盾和竞争。① 实际上，资本主义的历史发展恰恰证明了这一点，即国家就是为资本家，特别是大资本家集团的利益服务的，并且这种服务是在与集体资本主义和大众利益相竞争的同时，更是以集体和大众的利益为代价的。

与之不同的是，在中国政府治理的框架中，国家或政府在发挥与资本主义国家的相同作用时，其目标和价值取向是以大众的利益为基本前提和出发点的，这不仅体现在政府的具体政策制定中，更体现在中国共产党的指导思想中。

与此同时，以大众利益为导向不仅是中国特色社会主义的基本内涵之一，而且也是"中国模式"的基本内涵之一。

二　关于避免中国经济去工业化的一些建议

资本主义历史发展的实践证明，经济的去工业化是经济发展过程中不可逾越的历史阶段。经济的去工业化是资本主义制度的必然产物，它代表了工业资本主义的终结。但是，中国特色的社会主义却有可能并且只有中国有可能打破经济"去工业化"的历史魔咒，并最终实现经济的可持续发展和人民的共同富裕。在如何避免经济去工业化的问题上，中国的发展必须突破常规，走出一条既不同于西方的发展道路，又不同于自身的现有发展道路的一种真正的中国特色的经济发展模式。为此，我们提出以下建议：

1. 坚定不移走新型工业化道路，加快产业的优化和升级，大力发展和培育战略性新兴产业。这样做的目的是，首先逐渐化解中国工业化进程中的资源、能源和环境的"瓶颈"问题，改变传统的"先污染，后治理"的经济发展模式，提高中国经济发展的效益和工业化的质量，实现中国的工业化和现代化；其次提高中国制造品的国际竞争力，打破发达国家的技术和品牌垄断，扭转中国制造品与发达国家制造品贸易间不平等交换的局面；最后通过大力发展和培育战略性新兴产业，争夺经济和科技的战略制高点，以科技创新引领中国的经济发展，并使其成为中国经济发展新的增长极。

2. 加强经济计划在经济中的作用，全面介入价值规律和再生产过程，

---

① 尤尔根·哈贝马斯：《合法化危机》，刘北成、曹卫东译，上海世界出版集团 2005 年版，第 68 页。

在保证价值规律能动作用的前提下，克服经济过程的无政府状态和收入分配两极分化的状态。具体而言，首先，通过行政规划和产业政策调整主要行业的产能，避免重复建设和过度竞争，淘汰过剩的产能，特别是落后的产能；其次，全面介入社会再生产过程，强化经济计划在经济中，特别是关系到国计民生等重点行业的作用，按照各行业对国民经济发展的职能和重要性原则与市场配置资源的原则，配置经济中的资源；最后，全面介入收入分配领域，强化按劳分配在分配领域中的主导地位，改变现有收入分配不合理的状态，缩小收入差距，并以此化解扩大内需所面临的收入分配"瓶颈"问题，恢复内需在经济增长中的主导地位，避免经济由于外部需求的波动而受到影响，努力使再生产过程成为经济自身的自我循环为主和对外经济交流为辅的动态可持续发展过程。

3. 利用产业规划和政策支持，推动产业的梯度转移和产业承接。针对东部沿海地区的一些产业，特别是劳动密集型的加工制造业产业，加大这些产业在国内空间转移的政策扶持力度，使相关产业在地理空间上形成合理配置。这样做的目的是，在东部地区进行产业优化升级的基础上，通过沿海地区产业向中西部地区的梯度产业转移，一方面，中西部地区能够通过产业承接在产业结构的调整中促进本地区的经济发展；另一方面，避免这些产业向其他具有较低成本的国家和地区转移，避免过剩资本通过金融化和投机方式获得利润，防止在整体上出现产业空洞化和去工业化的现象。

4. 通过减税等方式减少利润率挤压，恢复实体经济领域的利润率水平。劳动密集型产业是竞争最为激烈，也是最容易出现去工业化的产业。当前，中国的中小劳动密集型企业面临着内忧外困的状况，企业的利润率水平过低。因此，有必要通过降低税收水平的方式为中小企业减负，恢复其盈利水平，进而防止实体经济出现去工业化和产业空洞化的现象。同时，通过减税恢复利润率，也是防止私人资本绕过实体经济，通过债务扩张和投机的方式获得利润的主要途径。总之，需要通过减税等方式，防止资本重金融、轻实业，进而导致过剩的资本绕过实体经济流向虚拟经济，推升金融和房地产市场泡沫的产生，并引发金融危机的发生。

5. 完善金融监管体系，强化金融规制。货币信贷领域和产业资本是资本获得利润的两种主要的方式。因此，当资本不能通过产业资本的方式获利时，便通过信贷领域获得利润，而且通常的情况是，通过投机或过度金融化的方式获得利润。实践证明，20 世纪 70 年代，特别是 80 年代以来虚拟经济的过度膨胀和经常发生大规模的金融投机和泡沫就是伴随着发达国家和一些发展中国家和地区的去工业化进程而出现的，换句话说，去工业化和虚拟经济的过度膨胀是同一深层次原因在经济上的两种不同的表现形式，或者它们是同一枚货币的两面。上文中提到的温州高利贷危机实际上就是投机危机的一种形式，只不过它只是一种局部性的投机危机，但随着产业资本获利空间的逐渐萎缩，中国的确存在着发生这种全面投机危机的风险。因此，必须加强货币金融领域的规制，防止产业资本流入货币金融领域，一方面，防止虚拟经济的过度膨胀和大规模投机造成的泡沫化以及泡沫破裂造成的经济大起大落；另一方面，防止以去工业化为特征的实体经济萎缩。

6. 市场和政府是配置资源的两种最基本的方式，但这两种方式并不排斥其他资源配置方式的存在。在这一点上，资源的配置类似于最优控制问题，因此，以何种方式配置经济中的资源应该以其对中国社会经济发展的相对重要性为最基本的前提，当然，具体的配置方式应该既具有灵活性，又具有实用性，通常是市场和政府相结合的方式。事实上，在抽掉市场和政府等资源配置方式时，经济中剩下的就是劳动力、资本和自然资源等要素，但资源的配置和组织方式以及实施资源配置的具体组织形式是灵活多样的，并且其本身就要求，只要是对中国的经济社会发展有益的资源配置方式就是有效的资源配置方式。① 因此，突破传统的资源配置方式寻找适合中国经济社会可持续发展的资源配置方式是中国特色社会主义市场经济的核心内涵，也是创新和发展中国特色社会主义市场经济理论的最基本要求。在这样的意义上，中国的发展必须突破常规，寻找最佳的资源配置方式及其执行配置职能的有效的组织形式。例如，作为一种防止去工业化的方式，当某一关系到国计民生的行业对于私人资本来说变得无利可图而面临去工业化的风险时，政府可以通过政策扶持或是通过提供公共物品（组织机构或是制度）的方式将经济中的资源整合起来，而这种整合是不以营利为目的的。一个不是太恰当的例子是保障性住房的建设，即使这一例子不是在私人资本无利可图的状况下防止发生去工业化的例子，但却反

---

① 这种资源配置方式的效率标准完全不同于建立在最优化原则基础上的西方经济学的效率标准。实际上，新古典主义的经济效率观是一种狭隘的效率观，是建立在不现实假设之上，用数学模型推倒出来的效率观。关于经济效率观的论述，参见杨成林、何自力，2011a，2011b。

映了政府以某种方式整合经济中的资源，解决经济社会问题和困难的方式。

7. 保持现有的土地基本产权制度不变，发挥土地的社会保障和失业保险职能。上文中已经提到，工业化进程伴随着农村富余劳动力向城市流动的城市化进程，而这一过程的结果是农业劳动力和土地的割裂以及农地作为社会保障和失业保险职能的丧失。即使这是工业化和城市化的应有之义，但由于中国人口众多的基本国情，特别是在工业化过程中所形成的巨大生产能力以及经济去工业化的可能性，因此，作为去工业化发生时解决失业的重要缓冲器，特别是发生经济危机时缓解失业危机的重要蓄水池，一定要保障农地作为保障失业农民的社会保障和失业保险的职能，特别是在社会保障体系还无法覆盖全部中国农村的情况下更是如此。而现有的农村土地产权制度形成了最基本的制度性保障。[①] 虽然有观点认为，解决"三农问题"和缩小城乡差异的根本途径是工业化和城市化，但是将农民从农村吸收到城市和工业，在不能给予适当的社会保障和失业保险的情况下，必须保障农地作为其社会保障和失业保险的职能。因此，在当前和未来的一段时期，中国人口众多的基本国情必然要求土地作为最基本的生产要素要发挥其应有的社会保障和失业保险职能。

第四节　小结

60 余年的发展见证了中国的工业制造业从无到有，从有到不断完善，并最终成为"世界工厂"的历程。这一历程是支撑了"中国经济奇迹"的出现，然而，任何事情总是有其两面性，或者说，事情通常会走向它自身的反面。现在，这一点体现在了中国的工业制造业，尤其是支撑很多地区经济社会发展的劳动密集型行业。

资源、能源的瓶颈、自主创新能力差、产能过剩以及盈利能力的危机都是中国制造业亟待解决的问题。现在，产业的跨国迁移、制造业向发达国家的回流、产业资本向金融、保险和房地产行业的流动，都在昭示着中

---

① 杨成林、何自力（2011）讨论了经济危机发生时，农地对于中国农民的意义和作用，并以此作为最基本的论据之一对土地"私有化"的观点提出了质疑。

国经济的去工业化进程。因此，必须采取综合性的政策措施（宏观、中观和微观等多领域），尤其是突破固有的政策思维范式，才能恢复中国工业制造业的活力和竞争力，并使之继续支撑中国经济社会的发展。否则，中国经济的去工业化进程不可避免。

结　束　语

　　嵌于长期停滞中的不断动荡一直是资本主义世界经济自 20 世纪 70 年代以来的基本特征。这一动荡趋势在 20 世纪 90 年代以来，尤其是在 2000 年以来越发严重了。21 世纪的第一个十年是全球经济在更加强烈的繁荣与动荡中前行的十年。从成因上看，动荡的不断加剧是长期停滞的必然结果。这一时期是罗伯特·布伦纳的全球动荡经济学在时间和逻辑上的进一步延伸。时至今日，全球经济不仅没能走出 2008 年经济金融危机的阴霾，而且又持续地笼罩在主权债务危机的阴影之下！

　　工业制造业的成长奠定了中国经济增长的奇迹，同时造就了中国作为世界制造业中心的地位。然而，我们不难发现，中国改革开放的历史"分水岭"重叠于资本世界经济自 1973 年以来的长期停滞之中，因此，关于中国工业制造业的成长以及今天中国工业制造业，尤其是劳动密集型制造业所面临的问题，必须置于这一历史进程中去考察。而当我们这样做的时候，一切似乎都应然地出现了。中国工业制造业凸显的问题再一次在经验上验证了去工业化的发生机制——马克思的经济理论与经济思想在逻辑上的一种自然延伸。

　　过去，依靠后发国家的比较优势，尤其是过剩人口所产生的红利，中国的工业制造业能够在生产过剩以及由此造成的盈利能力危机的世界经济中获得较为丰厚的利润；现如今，30 多年过去了，随着人口红利以及其他领域比较优势的丧失，盈利能力的危机如魔咒般地在中国的工业制造业中出现了，尤其是在缺乏技术优势的劳动密集型产业中。今天，无论是浙江的温州，还是广东的东莞，这些原来以工业制造业为支撑的城市都经历着劳动力成本的上升，利润率的下降，工厂规模的缩减，甚至是大规模的倒闭，以及由此而导致的痛苦的转型。见诸于网络、报纸杂志等相关媒体的报道也在见证着中国工业制造业出现的危机，并将这些信息传递给中国的普通公众。

工业制造业是支撑一个国家运行和增长的基础，工业制造业的增长和繁荣支撑了中国经济增长的奇迹，相反，工业制造业的危机、衰落，有可能导致中国经济增长的停滞。同样，未强先衰也可能同时出现。因此，如何摆脱工业制造业的危机，如何避免中国经济的去工业化，是摆在中国面前的重大课题。尽管，一些宏观的经济政策、中观的产业政策以及企业的微观政策能够在一定程度上缓解中国制造业的盈利能力危机，但这些政策无法解决制度层面存在的问题，尤其是工业制造业在全球范围内的长期过剩——根源于资本主义生产方式，是资本主义制度的必然产物。显然，必须寻找到一条切实可行的且是根本的解决之道。

今天，中国的经济已经走到了十字路口，经济下行压力大，并要主动适应"新常态"。如何在全球经济长期停滞的背景中，保持中国经济的中高速增长，保障中国经济的繁荣，是一代经济学人面临的首要问题，也是一代经济学人的历史使命。群策群力，汇聚共识，共同为中国经济把脉。尤其是打破传统思维，从制度层面进行设计，并转变现有的发展方式，仍是中国经济的根本出路所在。放眼世界，世界范围的制度转型和创新仍为世界经济走出阴霾的根本出路所在。

参考文献

一　中文参考文献

[1] A. P. 瑟尔瓦尔：《增长与发展》，金碚等译，中国财政经济出版社 2001 年版。

[2] 阿米泰·埃兹厄尼：《"再工业化"的由来》，张君一摘译，《外国经济与管理》1980 年第 10 期。

[3] 安布罗斯·埃文斯—普里查德：《油气自给自足制造业复兴：世界权力回归美国》，［英］《每日电讯报》（http：//www. cceec. com. cn/html/Oil/Crude/News/2011/1102/85792. html）。

[4] 彼得·F. 德拉克：《美国的"再工业化"》，沈锦昶译，《外国经济与管理》1980 年第 10 期。

[5] 彼得·J. 巴克利、马克·卡森：《跨国公司的未来》，中国金融出版社 2005 年版。

[6] 布鲁厄：《马克思主义的帝国主义论》，陆俊译，重庆出版社 2003 年版。

[7] 陈佳贵、黄群慧：《中国工业化与工业现代化问题研究》，经济管理出版社 2009 年版。

[8] 陈佳贵、黄群慧：《工业化现代化的标志、衡量指标及对中国工业的初步评价》，《中国社会科学》2003 年第 3 期。

[9] 陈佳贵、黄群慧：《中国工业化报告（2009）：15 个重点工业行业现代化水平的评价与研究》，社会科学文献出版社 2009 年版。

[10] 陈剑波：《农地制度：所有权问题还是委托—代理问题?》，《经济研究》2006 年第 7 期。

[11] 陈柳钦：《现代化的内涵及其理论演进》，《经济研究参考》2011 年第 44 期。

[12] 陈伟：《国家竞争力之争辩》，《经济研究参考》2010 年第 38 期。

[13] 程晓农、仲大军:《中国为何出现"去工业化"的现象》,《山东经济战略研究》2005 年第 Z1 期。

[14] 程晓农:《繁荣从何而来——中国经济现状与趋势的分析》,《开放时代》2000 年第 9 期。

[15] 李其庆:《从马克思主义经济学的观点看当前的金融和经济危机——张宇教授访谈》,《国外理论动态》2009 年第 7 期。

[16] 丁浩金:《试论美国工业在经济中的地位和作用——兼论美国经济的"非工业化"和产业"空心化"》,《世界经济》1991 年第 5 期。

[17] 杜鹏、宗刚:《产业空洞化对一国经济发展的影响》,《国际贸易问题》2002 年第 11 期。

[18] 方甲:《产业结构问题研究》,中国人民大学出版社 1997 年版。

[19] 费尔南·布罗代尔:《资本主义论丛》,顾良、张慧君译,中央编译出版社 1997 年版。

[20] 冯宗宪、姜昕、赵驰:《资源诅咒传导机制之"荷兰病"——理论模型与实证研究》,《当代经济科学》2010 年第 4 期。

[21] 弗雷德·布洛克:《后工业的可能性——经济学话语批判》,王翼龙译,商务印书馆 2010 年版。

[22] 弗雷德里克·普赖尔:《美国资本主义的未来——决定美国经济制度的长期因素及其变化》,黄胜强等译,中国社会科学出版社 2004 年版。

[23] 格·R. 克里普纳:《美国经济的金融化》(上),丁为民、常盛等译,《国外理论动态》2008 年第 6 期。

[24] 格·R. 克里普纳:《美国经济的金融化》(下),丁为民、常盛等译,《国外理论动态》2008 年第 7 期。

[25]《工业转型升级规划(2011—2015 年)》,百度文库(http://wenku.baidu.com/view/e3809ec39ec3d5bbfd0a748f.html)。

[26] 国际货币基金组织:《世纪经济展望》,中国金融出版社 1997 年版。

[27] 国家统计局:《改革开放 30 年报告之九:工业经济在调整优化中实现了跨越式发展》,中国网(http://www.china.com.cn/economic/txt/2008 –11/06/content_ 16720838.htm)。

[28] 郭克莎:《中国工业化的进程、问题与出路》,《中国社会科学》2000 年第 3 期。

[29] 郭万达、朱文晖:《中国制造:世界工厂正转向中国》,江苏人民出版社 2002 年版。

[30]《国务院关于加快培育发展战略性新兴产业的决定》,金融界(http: // finance. jrj. com. cn/2010/10/1816368357525 – 1. shtml)。

[31] H. 钱纳里、S. 鲁宾逊、M. 赛尔奎因:《工业化和经济增长的比较研究》,吴奇、王松宝等译,上海三联书店 1995 年版。

[32] 韩国左翼学者丁圣镇对罗伯特·布伦纳的访谈:《布伦纳认为生产能力过剩才是世界金融危机的根本原因》,蒋宏达、张露丹译,《国外理论动态》2009 年第 5 期。

[33] 何自力:《产业结构不能以西方为样板》,《环球时报》2011 年 9 月 14 日。

[34] 季建林:《现代化的内涵、标准与进程的多样性》,《吉林省经济管理干部学院学报》2007 年第 3 期。

[35] 简新华、余江:《中国工业化与新型工业化道路》,山东人民出版社 2009 年版。

[36] 姜江:《我国部分新兴产业存在"潜在产能过剩"问题》,《宏观经济管理》2010 年第 10 期。

[37] 金碚、刘戒骄:《美国"再工业化"观察》,《决策》2011 年第 Z1 期。

[38] 金碚、刘戒骄:《美国"再工业化"的动向》,《中国经济导刊》2009 年第 22 期。

[39] 金碚等:《2009 中国工业发展报告:新中国工业 60 年》,经济管理出版社 2009 年版。

[40] 金碚:《中国工业化60 年的经验与启示》,《求是》2009 年第 18 期。

[41] 金碚:《世界工业化历史中的中国改革开放 30 年》,《财贸经济》2008 年第 11 期。

[42] 金慰祖、于孝同:《美国的"再工业化"问题》,《外国经济与管理》1980 年第 10 期。

[43] 约翰·科迪、海伦·休斯、戴维·沃尔:《发展中国家的工业发展政策》,张虹等译,经济科学出版社 1990 年版。

[44] 西蒙·库兹涅茨:《各国的经济增长》,常勋等译,商务印书馆 1985 年版。

[45] 李大元、王昶、姚海琳:《发达国家再工业化对我国转变经济发展

方式的启示》，《现代经济探讨》2011 年第 8 期。

［46］李东阳：《对外直接投资与国内产业空心化》，《财经问题研究》
2000 年第 1 期。

［47］李钢、金碚、董敏杰：《中国制造业发展现状的基本判断》，《经济
研究参考》2009 年第 41 期。

［48］李向阳：《巴西的技术引进与经济发展》，《管理世界》1990 年第
6 期。

［49］刘戒骄：《美国再工业化及其思考》，《中共中央党校学报》2010 年
第 4 期。

［50］刘慧芳：《跨国企业对外投资研究》，中国市场出版社 2007 年版。

［51］刘世锦、李佐军、杨建龙等：《传统与现代之间——增长模式转型
与新型工业化道路的选择》，中国人民大学出版社 2006 年版。

［52］罗伯特·布伦纳：《繁荣与泡沫——全球视角中的美国经济》，王生
升译，经济科学出版社 2003 年版。

［53］罗荣渠：《"现代化"的历史定位与对现代世界发展的再认识》，
《历史研究》1994 年第 3 期。

［54］罗荣渠：《论现代化的世界进程》，《中国社会科学》1990 年第 5 期。

［55］罗荣渠：《建立马克思主义的现代化理论的初步探索》，《中国社会
科学》1988 年第 1 期。

［56］罗荣渠：《现代化理论与历史研究》，《历史研究》1986 年第 3 期。

［57］吕炜：《美国产业结构演变的动因与机制——基于面板数据的实证
分析》，《经济学动态》2010 年第 8 期。

［58］吕政：《我国新型工业化道路探讨》，《经济与管理研究》2003 年第
2 期。

［59］M. C. 霍华德、J. E. 金：《马克思主义经济学史》（第 2 卷，1929—
1990），顾海良等译，中央编译局出版社 2003 年版。

［60］M. M. 波斯坦、D. C. 科尔曼等：《剑桥经济史》（第 7 卷），经济科
学出版社 2002 年版。

［61］马克思：《资本论》（第 1 卷），人民出版社 2004 年版。

［62］马克思：《资本论》（第 3 卷），人民出版社 2004 年版。

［63］《马克思恩格斯选集》（第一卷），人民出版社 1995 年版。

［64］《马克思恩格斯全集》（第 10 卷），人民出版社 1995 年版。

[65] 《马克思恩格斯全集》（第 29 卷），人民出版社 1972 年版。

[66] 《马克思恩格斯全集》（第 30 卷），人民出版社 1972 年版。

[67] 《马克思恩格斯全集》（第 32 卷），人民出版社 1998 年版。

[68] 《马克思恩格斯全集》（第 34 卷），人民出版社 2008 年版。

[69] 钱乘旦：《第一个工业社会》，四川人民出版社 1988 年版。

[70] 乔万尼·阿瑞吉、贝弗里·J. 西尔弗等著：《现代世界体系的混沌与治理》，王宇洁译，生活·读书·新知三联书店 2003 年版。

[71] 乔万尼·阿瑞吉：《亚当·斯密在北京——21 世纪的谱系》，路爱国等译，社会科学文献出版社 2003 年版。

[72] 翟书斌：《中国新型工业化路径选择与制度创新》，中国经济出版社 2006 年版。

[73] 翟雪玲、赵长保：《巴西的工业化、城市化与农业现代化的关系及启示》，《上海农村经济》2007 年第 2 期。

[74] 热拉尔·杜梅尼尔、多米尼克·莱维：《美国金融道路必须终结》，张春颖译，《国外理论动态》2009 年第 3 期。

[75] 沈汉：《资本主义史——从世界体系形成到经济全球化》，学林出版社 2008 年版。

[76] 史东辉：《后起国工业化引论——关于工业化史与工业化理论的一种考察》，中国人民大学出版社 1997 年版。

[77] 苏振兴、陈作彬、张宝宇等：《巴西经济》，人民出版社 1983 年版。

[78] 宋养琰：《西方国家并购的五大浪潮》，人民网（http：//theory. people. com. cn/GB/40537/6619499. html）。

[79] 特里·伊格尔顿：《马克思为什么是对的》，李杨等译，新星出版社 2011 年版。

[80] 田青：《中国居民消费需求变迁及影响因素研究》，科学出版社 2011 年版。

[81] 佟福全：《美国的"再工业化"战略》，《世界经济》1982 年第 7 期。

[82] 王广谦：《经济发展中的金融化趋势》，《经济研究》1996 年第 9 期。

[83] 王建：《产能过剩值得高度重视》，《中国证券报》2011 年 12 月 14 日。

[84] 王金照等：《典型国家工业化历程比较与启示》，中国发展出版社 2010 年版。

[85] 威廉·K. 塔布：《当代世界资本主义体系面临四大危机》，唐科译，《国外理论动态》2009 年第 6 期。

[86] 巫宁耕：《中国和印度、巴西工业化道路的比较》，《北京大学学报》1991 年第 4 期。

[87] 巫永平：《跨国公司在巴西工业化进程中的作用》，《拉丁美洲研究》1988 年第 6 期。

[88] 吴志华：《评巴西政府颁布的新工业政策》，东北新闻网（http：// news. nen. com. cn/guoneiguoji/36/3905536. shtml）。

[89] 西蒙·克拉克：《经济危机理论：马克思的视角》，杨建生译，北京师范大学出版社 2011 年版。

[90] 约翰·伊特韦尔、默里·米尔盖特、彼得·纽曼：《新帕尔格雷夫大辞典》（第 2 卷），陈岱孙主编译，经济科学出版社 1996 年版。

[91] 徐险峰：《论以信息化带动工业化》，西南财经大学出版社 2006 年版。

[92] 西里尔·E. 布莱克：《比较现代化》，杨豫、陈祖洲译，上海译文出版社 1996 年版。

[93] 亚当·斯密：《国富论》，郭大力、王亚南译，上海三联书店 2009 年版。

[94] 杨成果：《美国共产党论美国金融危机的根源与出路》，《国外理论动态》2009 年第 2 期。

[95] 杨成林、何自力：《重树马克思科学抽象法在经济学研究中的重要地位——马克思主义经济学和西方主流经济学研究范式的比较分析》，《当代经济研究》2011 年第 11 期。

[96] 杨成林、何自力：《土地职能和土地产权制度选择——中国土地产权私有化有效性质疑》，《经济理论与经济管理》2011 年第 10 期。

[97] 杨成林、何自力：《经济危机的机制分析——基于马克思和后凯恩斯主义危机理论的视角》，《当代经济科学》2010 年第 4 期。

[98] 杨成林：《主权债务危机发生根源的马克思主义分析——实体经济的视角》，《马克思主义研究》2012 年第 4 期。

[99] 杨涤：《经济发展中的"经济金融化"趋势》，《国际金融报》2000 年 4 月 6 日。

[100] 杨仕文：《美国非工业化研究》，江西人民出版社 2009 年版。

［101］姚洋：《中国农地制度：一个分析框架》，《中国社会科学》2000年第 2 期。

［102］尤尔根·哈贝马斯：《合法化危机》，刘北成、曹卫东译，上海世界出版集团 2005 年版。

［103］约翰·贝拉米·福斯特、弗雷德·马格多夫：《当前金融危机与当代资本主义停滞趋势》，陈弘译，《国外理论动态》2009 年第 7 期。

［104］约瑟夫·E. 斯蒂格利茨：《私有化更有效率吗?》，《经济理论与经济管理》2011 年第 10 期。

［105］约瑟夫·E. 斯蒂格利茨：《全球化及其不满》，李扬、张添香译，机械工业出版社 2010 年版。

［106］张磐：《从"巴西奇迹"到经济滞胀的经验教训》，《管理世界》1992 年第 3 期。

［107］张培刚：《发展经济学教程》，经济科学出版社 2001 年版。

［108］张培刚：《新发展经济学》，河南人民出版社 1999 年版。

［109］张培刚：《论工业化与现代化的涵义及其相互关系》，《经济学家》1992 年第 4 期。

［110］张培刚：《发展经济学通论：农业国工业化问题》（第 1 卷），湖南人民出版社 1991 年版。

［111］张培刚：《农业与工业化》，华中工学院出版社 1984 年版。

［112］张贤淳：《战后日本经济高速发展的原因》，吉林大学出版社 1985年版。

［113］赵磊、周洲：《外企掀起退出中国潮：业内称企业高利润日子不复返》，《中国经济周刊》2012 年 2 月 7 日。

［114］周世秀：《巴西从自主工业化向负债工业化的转折》，《湖北大学学报》1995 年第 5 期。

［115］周振华：《现代化是一个历史的世界性的概念》，《经济研究》1979年第 8 期。

［116］仲大军、程晓农：《中国工业化的缺陷及经济增长的代价——20 年来改革历程之检讨》，《开放导报》2003 年第 10 期。

［117］朱虹：《中国制造业超美国跃居世界第一虚名背后存隐患》，《中国青年报》2011 年 12 月 27 日。

［118］朱理胜：《外国投资与巴西的工业化》，《拉丁美洲研究》1986 年

第 1 期。

[119] 张小蒂、王焕祥:《国际投资与跨国公司》,浙江大学出版社 2004 年版。

[120] 赵春明:《跨国公司与国际直接投资》,机械工业出版社 2007 年版。

二　英文参考文献

[1] Adlaie. Stevenson, Richard D. Bartel. Reindustrialization: Politics and Economics. Challenge. Vol. 23, No. 6, JANUARY/FEBRUARY, 1981, 39.

[2] Aiginger, Karl. Competitiveness: From a Dangerous Obsession to a Welfare Creating Ability with Positive Externalities, Journal of Industry, Competition and Trade, 2006, 6: 161 – 177.

[3] A. M. Rugman. Inside the Multinationals: the Economics of Internal Markets. London: Croom. Helm Ltd. , 1981.

[4] Alderson, Arthur S. "Globalization, Deindustrialization, and the Great U – Turn: The Growth of Direct Investment in 18 OECD Countries, 1967 – 1990. " Ph. D. thesis, Department of Sociology, University of North Carolina, Chapel Hill, NC, 1997.

[5] Alderson, Arthur S. and Frangois Nielsen. "Globalization and the Great U – Turn: Income Inequality Trends in 16 OECD Countries", American Journal of Sociology, 2002, 107: 1244 – 99.

[6] American Mirage. A Post – industrial economy, current history, january 1989, pp. 53 – 54.

[7] Amitai Etzioni. Re – Industrialize, Revitalize, Or What? . National Journal, 1980 – 10 – 25.

[8] Antonio Spilimbergo. Deindustrialization andTrade, 1997. http://www. iadb. org/intal/intalcdi/PE/2010/07211. pdf.

[9] Arthur S. Alderson. Explaining Deindustrialization: Globalization, Failure, or Success? . American Sociological Review, Vol. 64, No. 5 (Oct. , 1999), 701 – 721.

[10] Barry Bluestone and Bennett Harrison. The Deindustrialization of America: Plant Closing, Comminity Abandonment and the Dismantling of Basic Industry, New York, Basic Books, 1982, 6.

[11] Barry P. Bosworth and Jack E. Triplett. The Early 21st CenturyU. S. Productivity Expansion is Still in Services. NUMBER 14, SPRING, 2007. http://www. csls. ca/ipm/14/ipm – 14 – bosworth – e. pdf.

[12] Bell, Daniel. The Coming of Post – industrial Society: A Venture in Social Forecasting. New York: Basic Books, 1973.

[13] Bernanke, Ben S. "Remarks by Governor Ben S. Bernanke: The Global Saving Glutand the U. S. Current Account Deficit", The Sandridge Lecture, Virginia Associationof Economists, Richmond, VA (March 10), 2005. URL: http://www. federalreserve. gov/boarddocs/speeches/2005/20050414/default. htm.

[14] Bluestone, B. "The inequality express", The American Prospect (Winter), 1995, 81 – 93.

[15] Booth Alan. The Manufacturing Failure Hypothesis and the Performance of British Industry During the Long Boom. Economic History Review, 2003, 56 (1): 1 – 33.

[16] Boulhol Herve and Fontagne Lionel. Deindustrialisationand the Fear of Relocations in the Industry. CEPII, Working Paper, No. 2006 (07).

[17] David Brady, Michael Wallace. Deindustrialization and Poverty: Manufacturing Decline and AFDC Recipiency in Lake County, Indiana 1964, 93. Sociological Forum, Vol. 16, No. 2 (Jun. , 2001), pp. 321 – 358.

[18] Christopher Kollmeyer. Explaining Deindustrialization: How Affluence, Productivity Growth, and Globalization Diminish Manufacturing Employment. AJS Volume 114 Number 6 (May 2009), 1644 – 1674.

[19] Clark, Colin. The Conditions of Economic Progress, 3d ed. London: Macmillan, [1940] 1957.

[20] C. P. Kindleberger, "American Business Abroad: Six Lectures Direct Investment", New Haven, Yale University Press, 1969.

[21] Cohen, S. S. , & Zysman, J. Manufacturing matters: The myth of the post – industrial economy. New York: Basic Books, Inc. , 1987.

[22] Coleman, Wilbur John. "Accommodating Emerging Giants", 2007. http://faculty. fuqua. duke. edu/_ coleman/web/ColemanAEG. pdf.

[23] Cowie Jefferson, and Joseph Heathcott. The Meanings of Deindustrializa-

tion. http： / /digitalcommons. ilr. cornell. edu /cbpubs /33, Cornell U-
niversity, 2003.

[24] David Kucera and William Milberg. Deindustrialization and Changes in
Manufacturing Trade： Factor Content Calculations for 1978 -
1995. Review of World Economics 2003, Vol. 139 (4).

[25] Dennis Snower J. Causes of Changing Earnings Inequality. IZA Discussion
Paper No. 29, January, 1999.

[26] Diana Kassem. Premature Deindustrialization - The Case of Colomiba.
http://www. cseg. ynu. ac. jp/doc/dp/2010 - CSEG -06. pdf.

[27] Donald Reid. the Miners of Decazeville： A Genealogy. New York： toEx-
cel, c1999, p. 1.

[28] Doussard, Marc and Peck, Jamie, etal. After Deindustrialization： Une-
ven Growth and Economic Inequality in " Postindustrial " Chica-
go. Economic Geography, 2009, 85 (2)： 183 - 207.

[29] Economist Intelligence Unit. Globalization and manufacturing, 2010.

[30] Fligstein Neil. Is Globalization the Cause of the Crises of Welfare
States. University of California, Berkeley, Working Paper, 1999.

[31] Fred L. Block. Postindustrial Possibilities： A Critique of Economic Dis-
course, Berkeley： University of California Press, 1990.

[32] Gottschalk, P. and M. Joyce. "The impact of technological change, de-
industrialization, and the internationalization of trade on earnings ine-
quality", In K. McFate, R. Lawson, and W. J. Wilson (eds.) Poverty,
Inequality, and the Future of Social Policy. New York： Russell
Sage, 1995.

[33] Gustafsson, Bjorn and Mats Johansson. "In Search of Smoking Guns：
What Makes Income Inequality Vary Over Time in Different Countries?"
American Sociological Review, 1999, 64： 585 - 605.

[34] Harrison, Bennett and Barry Bluestone. The Great U - Turn. New York：
Basic Books, 1988.

[35] Hersh Adam and Weller Christian. Dose Manufacturing Matter? Chal-
lenge, Vol. 46, No. 2.

[36] John Bellamy Foster and Fred Magdoff. Financial Implosion and Stagna-

tion. Monthly Review, 2008, Volume 60, Issue 07 (December).

[37] José Gabriel Palma. Four Sources of "De – industrialization" and A New Concept of the "Dutch Disease". Senior Lecturer, Faculty of Economics, Cambridge University. http: //listweb. bilkent. edu. tr/bsb/2005/ Jul/att – 0025/04 – Ch. _ 3. doc.

[38] Jose Marcio Vargas da Cruz, etc. Structural Change and the Service Sector in Brazil. www. economiaetecnologia. ufpr. br /. . . /texto _ para _dis-cussao_ ano_ 2008_ texto_ 05. pdf.

[39] Kaldor, N. Causes of the Slow Rate of Economic Growth of the United Kingdom, Cambridge University Press: Cambridge, 1966.

[40] Kaldor, N. Strategic Factors in Economic Development, New York State School of Industrial and Labour Relations, Cornell University: Ithaca NY, 1967.

[41] Kamitake Yoshiro. The Process of De – industrialisation in Modern Economic History: Lessons from British Historical Experience. Hitotsubashi Journal of Economics, 1990, 31: 51.

[42] Kongar Ebru. Is Deindustrialization Good for Women? Evidence from the United States. Feminist Economics, 2008, 14 (1): 73 – 92.

[43] Krugman, Paul, and Robert Lawrence. "Trade, Jobs, and Wages", Working Paper No. 4478. National Bureau of Economic Research, Cambridge, Mass, 1993.

[44] Krugman, P., "Technology's revenge", Wilson Quarterly (Autumn), 1994, 56 – 64.

[45] Krugman, P, "Growing world trade: causes and consequences", Brookings Papers on Economic Activity, 1, 1995, 327 – 377. 36.

[46] Krugman, P. Peddling Prosperity. New York: W. W. Norton, 1995.

[47] Leslie McCall. Sources of RacialL Wage Inequality in Metropolitan Labor Markets: Racial, Ethnic, and Gender Differences. American Sociological Review, Vol. 66, No. 4 (Aug. , 2001). 520 – 541.

[48] Lester C. Thurow. "American Mirage: A Post – industrial economy, current history", January 1989, 53 – 54.

[49] Lester C. Thurow. "The Zero – Sum Solution", Simon & Schueter,

Inc. , 1986, 289 – 290 and 383.

[50]　letto – Gillies, Grazia. International Production: Trends, Theories, Effects. Cambridge, England: Polity, 1992.

[51]　Liikanen Erkki. Adjustment of Europe's Industries in a Competitive World. CESifo Forum, 2 /2004.

[52]　Matsuyama, Kiminori. "Structural Change", In The New Palgrave Dictionary ofEconomics, ed. Lawrence Blume and Steven N. Durlauf, Palgrave Macmillan, 2008.

[53]　Murat üng? r. De – industrialization of the Riches and the Rise of China, 2010. http: //www – scf. usc. edu/ ~ ungor/Ungor_ China_ paper. pdf.

[54]　Nicholas Abercrombie, Stephen Hill and Bryan S. Turner. the Penguin Dictionary of Sociology, London, New York: Penguin Books, 1994, 103 – 104.

[55]　Nicholas Crafts. Deindustrialization and Economic Growth. The Economic Journal, Vol. 106, No. 434 (Jan. , 1996), 172 – 183.

[56]　Ostry AS, Hershler R, Kelly S, et al. Effects of deindustrialization on unemployment, reemployment, and work conditions in a manufacturing workforce. BMC Public Health, 2001, 1: 15.

[57]　Pain, Nigel. "An Econometric Analysis of Foreign Direct Investment in the United Kingdom", Scottish Journal of Political Economy, 1993, 40: 1 – 23.

[58]　Paul Knoxt and John Agnew. "The Geography of World Economy", (4th edition), Arnold, 1996, 422.

[59]　Pieper Ute. Deindustrialization and the Socialand Economic Sustainability Nexus in Developing Countries: Cross – Country Evidence on Productivity and Employment. The Journal of Development Studies, 2000, 36 (4): 66 –99.

[60]　"Revitalizing the U. S. Economy", Business Week, June 30th, 1980, 56.

[61]　Robert J. Thornton, Attiat F. Ott and J. Richardn Aronson. Reindustrialization: implications for US industrial policy, JALPress Inc. , 1984, 74.

[62]　Robert Z. Lawrence, Richard N. Cooper, George M. von Furstenberg. Is Trade Deindustrializing America? A Medium – Term Perspec-

tive. Brookings Papers on Economic Activity, Vol. 1983, No. 1 (1983), 129 – 171.

[63] Rowthorn, Robert, and John R. Wells. De – industrialisation and Foreign Trade. Cambridge: Cambridge University Press, 1987.

[64] Rowthorn, Robert, and Ken Coutts. "De – industrialisation and the Balance of Payments in Advanced Economies", Cambridge Journal of Economics, 2004, 28 (5): 767 – 790.

[65] Rowthorn, Robert and Ramana Ramaswamy. "Deindustrialization: Causes and Implications." pp. 61 – 77 in Staff Studies for the World Economic Outlook, by the Research Department of the International Monetary Fund. Washington, D. C. : International Monetary Fund, 1997.

[66] Rowthorn, Robert and Ramana Ramaswamy. "Growth, Trade, and Deindustrialization", International Monetary Fund Staff Papers, 1999, 46 (1): 18 – 41.

[67] Roy Rothwell Roy, Walter Zegveld. Reindustrialization and technology. M. E. Sharpe, Inc. , 1985, 1.

[68] R. Vernon, "International Investment and international trade in the Product Cycle, Quarterly Journal of Economics ", May 1966.

[69] Seymour Meiman and Jon Rynn. "After Deindustrialization and Financial Collapse: Why the U. S. economy must be made production – centered", 1983, 14 – 15.

[70] Singh, Ajit. "Third World Competition and De – Industrialization in Advanced Countries", Cambridge Journal of Economics, 1989, 13: 103 – 20.

[71] Singh, Ajit. "UK Industry and the World Economy: A Case of Deindustrialization?" Cambridge Journal of Economics, 1977, 1: 113 – 136.

[72] Sorokina Olga. Globalization, Deindustrializationand Adult Education. MPRA Paper No. 2079, March 2007.

[73] Spilimbergo Antonio. Deindustrialization and Trade. Review of International Economics, 1998, 6 (3): 450 – 460.

[74] Stephanie Moller, Evelyne Huber, et al. Determinants of Relative Poverty in Advanced Capitalist Democracies. American Sociological Review, Vol. 68, No. 1 (Feb. , 2003), 22 – 51.

[75] Stephen Bazen, Tony Thirlwall. UK Industrialization and Deindustrialization (3rd), Heinemann, 1997, 15 – 19.

[76] Sukti Dasgupta and Ajit Singh. Manufacturing, Services and Premature Deindustrialization in Developing Countries: A Kaldorian Analysis, 2007.

[77] S. Hymer. "International Opertions of National Firms: A Study of Direct Foreign Investment", Doctoral Dissertation, Massachusetts Institute Technology, 1960. http://bbu. yolasite. com/resources/advancing _ development. pdf#page = 474.

[78] Tchesnokova Tatiana. Immiserzing Deindustrialization: A Dynamic Trade Model with Credit Constraints. Working Paper, Pennsylvania State University, October 2003.

[79] The Business Week Team. The Reindustrialization of America, McGraw – Hill Book Company, 1982, 184 – 185.

[80] Triplett JE and Bosworth BP. " Productivity measurement issues in services industries: Baumol's disease has been cured", Federal Reserve Bank of New York Economic Policy Review, September, 2003, 23 – 33.

[81] Ute Pieper. Deindustrialisation and the Social and Economic Sustainability Nexus inDeveloping Countries: Cross – Country Evidence on Productivity and Employment. The Journal of Development Studies, Vol. 36, No. 4, April 2000, 66 – 99.

[82] Wood, Adrian. North – South Trade, Employment, and Inequality. Oxford, England: Oxford University Press, 1994.

[83] Young, A. "Increasing Returns and Economic Progress", The Economic Journal, 1928, 38 (152): 527 – 42.

[84] Yong Kang Du. Macroeconomic consequence of deindustrialization – the case of Korea in the 1990's, Economic Papers, 2005, 7.